高等职业教育旅游大类"十三五"规划教材

高等职业教育旅游大类"十三五"规划教材

总主编◎马　勇

旅游
服务礼仪

主　编◎孙东亮

副主编◎姚　伟　刘丽敏

Tourism
Service Etiquette

华中科技大学出版社
http://www.hustp.com
中国·武汉

内 容 提 要

《旅游服务礼仪》第一章绪论对礼仪的概念、起源、发展、性质、作用等做了诠释;第二章仪容仪表礼仪,明确了旅游从业人员礼仪的具体操作规范;第三章日常交往礼仪,对人际交往中礼仪的具体做法给予明示;第四章接待礼仪,介绍了旅游职业人员在旅游接待中的礼仪规范;第五章餐饮礼仪,介绍了中西餐的就餐礼仪及宴请组织礼仪;第六章会议礼仪,主要介绍各种会议礼仪的要求规范,婚庆礼仪的要求规范以及仪典礼仪的要求规范;第七章涉外礼仪,就主要客源国的礼仪风俗做法做了扼要介绍;第八章宗教礼仪,介绍了三大宗教的礼仪和三大宗教的主要节日与禁忌;第九章习俗礼仪,就中国部分节日习俗与禁忌和世界部分国家和民族的传统节日习俗与禁忌做了明示。各章节内容相对独立,又互为联系。全书的整体知识体系是一个完整的系统,并与高职高专的实训性达到了完美统一。

图书在版编目(CIP)数据

旅游服务礼仪/孙东亮主编. —武汉:华中科技大学出版社,2017.1(2024.9 重印)
全国高等职业教育旅游大类"十三五"规划教材
ISBN 978-7-5680-2325-2

Ⅰ.①旅… Ⅱ.①孙… Ⅲ.①旅游服务-礼仪-高等职业教育-教材 Ⅳ.①F590.63

中国版本图书馆 CIP 数据核字(2016)第 258739 号

旅游服务礼仪
Lǚyou Fuwu Liyi

孙东亮 主编

策划编辑:李 欢 周小方
责任编辑:李家乐
封面设计:原色设计
责任校对:李 琴
责任监印:周治超
出版发行:华中科技大学出版社(中国·武汉)   电话:(027)81321913
        武汉市东湖新技术开发区华工科技园   邮编:430223
录   排:华中科技大学惠友文印中心
印   刷:武汉市洪林印务有限公司
开   本:787mm×1092mm 1/16
印   张:16.75 插页:2
字   数:411 千字
版   次:2024 年 9 月第 1 版第 4 次印刷
定   价:48.00 元

总序 Introduction

　　大众旅游时代,旅游业作为国民经济战略性支柱产业,对拉动经济增长和实现人民幸福发挥了重要作用。2015 年,中国旅游业步入了提质增效时期,旅游业总收入超过 4 万亿元,对 GDP(国内生产总值)的综合贡献率高达 10.51%,成为推动我国供给侧改革的新的增长点。伴随着旅游产业的迅猛发展,旅游人才供不应求。因此,如何满足社会日益增长的对高素质旅游人才的需要,丰富旅游人才层次,壮大旅游人才规模,释放旅游人才红利,提升旅游专业学生和从业人员的人文素养、职业道德和职业技能,成为当今旅游职业教育界亟待解决的课题。

　　国务院 2014 年颁布的《关于加快发展现代职业教育的决定》,表明了党中央、国务院对中国职业教育的高度重视,标志着我国旅游职业教育进入了重要战略机遇期。教育部 2015 年颁布的《普通高等学校高等职业教育(专科)专业目录(2015 年)》中,在旅游大类下设置了旅游类、餐饮类与会展类共 12 个专业,这为全国旅游职业教育发展提供了切实指引,为培养面向中国旅游业大转型、大发展的高素质旅游职业经理人和应用型人才提供了良好的成长平台。同年,国家旅游局联合教育部发布的《加快发展现代旅游职业教育的指导意见》中,提出"加快构建现代旅游职业教育体系,培养适应旅游产业发展需求的高素质技术技能和管理服务人才"。正是基于旅游大类职业教育变革转型的大背景,出版高质量和高水准的"全国高等职业教育旅游大类'十三五'规划教材"成为当前旅游职业教育发展的现实需要。

　　基于此,在教育部高等学校旅游管理类专业教学指导委员会和全国旅游职业教育教学指导委员会的大力支持下,在"十三五"开局之时我们

率先在全国组织编撰出版了"全国高等职业教育旅游大类'十三五'规划教材"。该套教材特邀教育部高等学校旅游管理类专业教学指导委员会副主任、中国旅游协会教育分会副会长、中组部国家"万人计划"教学名师马勇教授担任总主编。为了全方位提升旅游人才的培养规格和育人质量，为我国旅游业的发展提供强有力的人力保障与智力支撑，同时还邀请了全国近百所旅游职业院校的知名教授、学科专业带头人、一线骨干"双师型"教师和"教练型"名师，以及旅游行业专家等参与本套教材的编撰工作。

为了更好地适应"十三五"时期新形势下旅游高素质技术技能和管理服务人才培养与旅游从业人员的实际需要，本套教材在以下四大方向实现了创新与突破。

一是坚持以"新理念"为引领，通过适时把握我国旅游职业教育人才的最新培养目标，借鉴优质高等职业院校骨干专业建设经验，围绕提高旅游专业学生人文素养、职业道德、职业技能和可持续发展能力，尽可能全面地凸显旅游行业的新动态与新热点。

二是坚持以"名团队"为核心，由中国旅游教育界的知名专家学者、骨干"双师型"教师和业界精英人士组成编写团队，他们教学与实践经验丰富，保证了教材的优良品质。

三是坚持以"全资源"为抓手，全面发挥"互联网＋"的优势，依托配套的数字出版物，提供教学大纲、PPT、教学视频、习题集和相关专业网站链接等教学资源，强调线上线下互为配套，打造独特的立体教材。

四是坚持以"双模式"为支撑，本套教材分为章节制与项目任务制两种体例，根据课程性质与教材内容弹性选择，积极推行项目教学与案例教学。一方面增加项目导入、同步案例、同步思考、知识活页等模块，以多案例的模式引导学生学习与思考，增强学生的分析能力；另一方面，增加实训操练模块，加大实践教学比例，提升学生的技术技能。

本套教材的组织策划与编写出版，得到了全国旅游业内专家学者和业界精英的大力支持并积极参与，在此一并表示衷心的感谢！应该指出的是，编撰一套高质量的教材是一项十分艰巨的任务，本套教材中难免存在一些疏忽与缺失，希望广大读者批评指正，以期在教材修订再版时予以补充、完善。希望这套教材能够满足"十三五"时期旅游职业教育发展的新要求，让我们一起为现代旅游职业教育的新发展而共同努力吧！

规划教材编委会

2016 年 5 月

前言 Preface

　　近年来，高职高专毕业生备受用人单位青睐，发展职业教育是解决"十三五"经济社会发展人才瓶颈的有效途径。据有关专家称，中国经济目前仍然是短缺经济，其中最大的短缺就是教育短缺，而现阶段最短缺的就是职业教育。职业教育脱离实际、体制不甚合理、教材编写无法满足需要也是重要原因之一。

　　根据以上形势要求，本书力求从内容上尽量做到齐、全、专、新、趣、浅、博，形式上做到活泼、新颖、多样，既符合教学大纲的要求，又做到齐全且具有专业特色。另外，所引案例有古有今，有正有反，"古"体现博，"今"做到了与时俱进，体现新，并且尽量加入一些实践中的案例，拉近与企业对接的距离，引导学生学以致用。

　　除内容风格外，教材体例每章插入"学习目标"、"同步案例"、"知识活页"、"教学互动"等版块。其中，"学习目标"帮助学生了解学习每章内容应达到什么样的教学目标或效果；"同步案例"为每章内容的引导案例及评析，以实际案例帮助学生加深对知识点的理解；"知识活页"是在文中加入相关的礼仪知识、故事及案例；"教学互动"是学生与教师之间关于相关问题的探讨与互动。

　　《旅游服务礼仪》共九章，其中，第一、六、九章由天津青年职业学院孙东亮编写，第二、四章由天津科技大学姚伟和南开大学滨海学院刘丽敏编写，第三章由河北工业大学张树鹏编写，第五章由天津铁道职业技术学院闫莹娜编写，第七章由天津商务职业学院柳礼奎编写，第八章由天津青年职业学院周圩和天津工业大学解锦羿编写。同时天津青年职业学院的杨晨和崔倩倩负责部分章节内容和相关案例的修订工作，全书由孙东亮统稿。

　　鉴于编者编写水平有限，本书仍有不足之处，恳请广大读者批评指正。

编　者

2016 年 11 月

目录 Contents

第一章
礼仪概述

通过本章学习,应当达到以下目标:

职业知识目标:学习和把握礼仪的概念与特性,礼仪的种类,旅游礼仪的概念和主要内涵,了解礼仪的起源和发展历程,把握礼仪的原则和特征,认识礼仪的功能和作用,能用其指导"旅游"的相关认知活动,规范其相关技能活动。

职业能力目标:运用本章专业知识研究相关案例,培养与礼仪相关的旅游服务情境中分析问题与决策能力;通过礼仪知识在旅游服务中应用的实训操练,培养相关专业技能。

职业道德目标:结合礼仪教学内容,依照行业道德规范或标准,分析企业或从业人员服务行为的标准与规范程度,强化职业道德素质。

引例:维护好个人形象

背景与情境:郑伟是一家大型国有企业的总经理。一次,他获悉一家著名的德国企业的董事长正在本市进行访问,并有寻求合作伙伴的意向。于是他想尽办法,请有关部门为双方牵线搭桥。让郑总经理欣喜若狂的是,对方也有兴趣和他的企业合作,而且希望尽快与他见面。到了双方会面的那一天,郑总经理对自己的形象刻意进行了一番修饰,他根据自己对时尚的理解,上穿夹克衫,下穿牛仔裤,头戴棒球帽,足蹬旅游鞋。无疑,他希望自己能给对方留下精明能干、时尚新潮的印象。然而事与愿违,郑总经理自我感觉良好的这一身时髦的"行头",却偏偏坏了他的大事。郑总经理的错误在哪里? 他的德国同行对此有何评价?

根据惯例,在涉外交往中,每个人都必须时时刻刻注意维护自己的形象,特别是要注意自己在正式场合留给初次见面的外国友人的第一形象。郑总经理与德国同行的第一次见面

属国际交往中的正式场合,应穿西服或传统中山服,以示对德方的尊敬。但他却没有这样做,他的德国同行认为:此人着装随意,个人形象不合常规,给人的感觉是过于前卫,尚欠沉稳,与之合作之事应当再作他议。

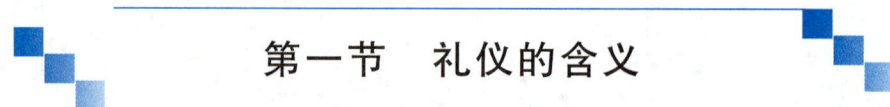

第一节　礼仪的含义

　　礼仪是在人际交往中,以一定的、约定俗成的程序方式来表现的律己敬人的过程,涉及穿着、交往、沟通、情商等内容。从个人修养的角度来看,礼仪可以说是一个人内在修养和素质的外在表现。从交际的角度来看,礼仪可以说是人际交往中适用的一种艺术、交际方式或交际方法,是人际交往中约定俗成的示人以尊重、友好的习惯做法。从传播的角度来看,礼仪可以说是在人际交往中相互沟通的技巧。

　　今天,礼仪在人们的生活和工作中的作用非常重大,礼仪可以使人们相互尊重、沟通感情、以礼相待、调节关系、加深友谊、促进文明。

一、礼

　　礼在中国古代是社会的典章制度和道德规范。作为典章制度,它是社会政治制度的体现,是维护上层建筑以及与之相适应的人与人交往中的礼节仪式。作为道德规范,它是国家领导者和贵族等一切行为的标准和要求。在孔子以前已有夏礼、殷礼、周礼。夏、殷、周三代之礼,因革相沿,到周公时代的周礼,已比较完善。作为观念形态的礼,在孔子的思想体系中是同"仁"分不开的。孔子说:"人而不仁,如礼何?"他主张"道之以德,齐之以礼"的德治,打破了"礼不下庶人"的限制。到了战国时期,孟子把仁、义、礼、智作为基本的道德规范,礼为"辞让之心",成为人的德行之一。荀子比孟子更为重视礼,他著有《礼论》,论证了"礼"的起源和社会作用。他认为礼使社会上每个人在贵贱、长幼、贫富等等级制中都有恰当的地位。

　　在长期的历史发展中,礼作为中国社会的道德规范和生活准则,对中华民族精神素质的修养起到了重要作用;同时,随着社会的变革和发展,礼不断被赋予新的内容,不断发生着改变和调整。

二、礼仪

　　"礼仪"是"礼"和"仪"两个词的合成词,而组成这个词组的两个词的含义又非常丰富。要真正理解现代礼仪的概念,首先要弄清"礼"的含义。

(一)"礼"的含义

"礼"的含义主要有四项:

1. 礼物

如送礼、礼品。

2．表示敬意的通称

如敬礼、礼貌。

3．表示敬意或表示隆重而举行的仪式

如婚礼、丧礼、典礼。

4．泛指社会生活中的某种社会规范和道德规范

如"齐之以礼"；朱熹语曰："礼，谓制度品节也。"

(二)"仪"的含义

"仪"的含义主要有四项：

1．人的外表

如仪表、仪态。

2．形式、仪式

如仪式、司仪。

3．典范、表率

如"上者，下之仪也"，礼仪小姐。

4．礼物

如贺仪、谢仪。

"礼仪"一词，在《诗经》和《礼记》中早已出现，只是当时表现出的含义比较狭窄，与我们今天对礼仪概念的理解有很大不同。那么，礼仪的概念是什么呢？礼仪是人们在社交活动中形成的，为表示尊重、敬意、友好而共同遵循的行为准则和规范。

礼仪就是律己、敬人的一种行为规范，是表现对他人尊重和理解的过程和手段。礼仪的"礼"字指的是尊重，即在人际交往中既要尊重自己，也要尊重别人。古人讲"礼仪者敬人也"，实际上是一种待人接物的基本要求。礼仪的"仪"字，顾名思义，仪者仪式也，即尊重自己、尊重别人的表现形式。总之礼仪是尊重自己尊重别人的表现形式，简而言之，礼仪其实就是交往艺术，就是待人接物之道。礼仪是指人们在社会交往中由于受历史传统、风俗习惯、宗教信仰、时代潮流等因素而形成的，既为人们所认同，又为人们所遵守，是以建立和谐关系为目的的各种符合交往要求的行为准则和规范的总和。总而言之，礼仪就是人们在社会交往活动中应共同遵守的行为规范和准则。

同步案例 事业成功的手段是什么？

背景与情境：据说，希尔顿在成功之初，他母亲就希望他能找到一种简单、易行、不花本钱却又行之长远的经营秘诀。希尔顿冥思苦想，终于发现只有微笑才同时符合他母亲提出的上述四条标准。从此他给员工定下一个信条："无论酒店本身遭遇何种困难，希尔顿酒店的服务员脸上的微笑永远是属于旅客的阳光。"几十年来，希尔顿酒店正是凭着"微笑"的魅力，不仅挽救了经济大萧条、大危机时代的希尔顿酒店，而且造就了今天遍及世界五大洲、近百家的五星级希尔顿酒店集团，从而赢得了事业上的巨大成功。

（资料来源：李柳缤.商务礼仪［M］.北京：中国商业出版社，1996.）

问题：从礼仪的角度评析本案例。

分析提示：塞万提斯曾说过："礼貌不花钱，却比什么都值钱。"有的礼仪形式看起来十分简单，只不过是一个微笑、一声谢谢、一次举手之劳，但它却是人们立身处世的无价之宝。

三、礼节

礼节是人们在日常生活，特别是在交际场合中，相互问候、致意、祝愿、慰问以及给予必要协助与照料的惯用形式。礼节是礼貌的具体体现，如中国古代的作揖、跪拜，当今世界各国通行的点头、握手，南亚诸国的双手合十，欧美国家的拥抱、亲吻，少数国家和地区的吻手、吻脚、拍肚皮、碰鼻子等，都是不同国家礼节的表现形式。

对旅游工作者来说，礼节往往是本国或本民族对接待服务对象表示尊敬、善意和友好的行为。对一个人来说，是其心灵美的外化。如餐厅的引位员在接待客人时，要主动微笑问候："小姐（先生），您好！""请问，预定过吗？一共几位？"在服务时，餐厅值台员送茶、上菜、斟酒、送毛巾等应按照先主宾后主人，先女宾后男宾等礼遇顺序进行。

因此在旅游岗位上，礼节是每位旅游职业人员的岗位职责和岗位要求，所以，作为旅游职业人员要熟知各国、各民族的礼节，了解各民族的风俗习惯，以免在实际工作中出现不必要的错误。

四、礼貌

礼貌是指一个人在人际交往中的言谈举止。礼貌是人与人之间在交往过程中相互表示尊重和友好的行为准则，它体现了时代的风貌与道德品质，体现了人们的文化层次和文明程度。礼貌是一个人在待人接物时的外在表现，它通过言谈、表情、姿态等来表示对人的尊重。礼貌的具体要求是：热情友好，尊重他人；待人接物落落大方，不卑不亢；办事慎重而不推诿；行为举止有教养，符合职业素质要求等。

礼貌是一个人尊重他人的体现，也是一个良好素养的体现，更是旅游职业人员尊重宾客，体现服务意识和服务水平的标志。旅游职业人员接待宾客时面带微笑，心存真诚，举止有礼，同时又考虑对象和把握分寸，那么他不仅是一个礼貌的人，还是一个称职的员工。

第二节　礼仪的起源与发展

中国是世界四大文明古国之一，也是人类文明的发源地之一。中国自古就是一个讲究礼仪的国度，素有"礼仪之邦"的美称。礼仪在我国社会的政治文化生活中占有重要地位，并渗透在社会生活的方方面面。

一、礼仪的起源

礼仪起源于原始社会和奴隶社会时期。归纳起来,大体有五种礼仪起源说:一是天神生礼仪;二是礼为天地人的统一体;三是礼产生于人的自然本性;四是礼为人性和环境矛盾的产物;五是礼生于理,起于俗。

(一)天神生礼说

这是人们还没有认识到礼仪的真正起源时的一种信仰说教,是崇拜神的反映,代表了人类图腾崇拜时期对原始礼仪的一种认识。《左传》有言:"礼以顺天,天之道也。"意思是说,礼是用来顺乎天意的,而顺乎天意的礼就合乎"天道"。"天神生礼说"虽然不科学,却反映了礼仪起源的某些历史现象。

(二)礼是天地人统一的体现说

这种观点是春秋以后兴起的一股思潮。它认为,天地与人既有制约关系和统一性,又具有高于人事的主宰性。把礼引进到人际关系中来讨论,比单纯的"天神生礼说"有了很大进步,但仍没有摆脱原始信仰,所以仍是不科学的。

(三)礼起源于人性说

这是儒家的创见,儒家学派把礼和人性结合起来,以为礼起源于人的天性。孔子以仁释礼,一方面把"礼"作为处理人际关系的总则,另一方面把"仁"当作"礼"的心理依据。克己以爱人,就是"仁";用仁爱之心正确而恰当地处理好人际关系,就是"礼"。

(四)礼是人性和环境矛盾的产物

这一学说的目的,在于解决人和环境的矛盾。孔子"克己复礼"的观点,就是看到了人和环境的矛盾,而解决这种矛盾的方法是"克己"。人的好恶欲望如不加以节制,什么坏事都干得出来,于是圣人制礼,节制贪欲。

(五)礼生于理,起于俗说

这是对礼仪起源的更深入的探讨。理,是指事物的必然性的道理。人们为了正常生存和发展,根据面临的生存条件,制定出合乎人类生存发展必然性和道理的行为规范,就是"礼"。"礼"是理性认识的结果。事物的礼落到实处,使之与世故习俗相关,所以又有了礼起源于俗的说法。荀子说:"礼以顺民心为本……顺人心者皆礼也。"从理和俗上说明礼的起源。

根据上述的种种说法,可以认为,"礼"先于"仪",有了"礼"这个道德规范,才用"仪"这种形式去表现。"礼"与"仪"常常密不可分。礼仪与部落群居的形成过程同步产生,并随着社会组成形式和国家制度的变化而变化,随着人类社会生活的发展而逐步完善。

二、中国礼仪的发展

我国礼仪的发展大体可以划分为以下四个阶段。

(一)礼仪形成阶段(约公元前 21 世纪至公元前 771 年)

这一阶段主要是指夏商周时期。从史料来看,夏代已开始制礼,商代礼仪已渗透到社会

生活的各个方面。记载周代礼仪的书籍《三礼》的出现,标志着《周礼》已经达到了系统完备阶段。在这一时期,礼仪的特征已从单纯祭祀天地、鬼神、祖先的形式,跨入了全面制约人们行为的领域。在这一阶段,礼的内容主要体现在《周礼》中的"王礼"部分。所谓"王礼",就是分别用于祭祀、冠婚、宾客、军旅和丧葬的"吉礼"、"嘉礼"、"宾礼"、"军礼"和"凶礼"。这是对我国古代礼仪的总结汇编。这些礼仪内容,对后世人们的行为规范、人际交往以及社会公德的形成,都产生了极大的影响。

(二)封建礼仪阶段(公元前 771 年至 1911 年)

这一阶段主要是指从儒学的产生,到以儒学为基础的封建礼仪形成、强化和衰落时期。以孔子为祖师的儒家学派逐步形成,这一时期,礼仪成为儒家学派的核心——"礼教"。在这个时期,礼仪的明显特征,就是把人们的行为纳入封建道德的轨道,把人们教化成"非礼勿视,非礼勿听,非礼勿言,非礼勿动"的精神奴隶。礼教文化是这个时期"礼"的核心和基本内容。

(三)近代礼仪阶段(1911 年至 1948 年)

辛亥革命的胜利,结束了统治中国 2000 多年的封建专制制度。新的礼仪礼俗也随之出现。这一时期的礼仪,体现了近代自由、平等的原则,因此,资产阶级的平等思想、文化习俗和审美观点开始渗透到社会生活中的各个方面,冲击了森严的封建意识和等级观念,对当今中国社交礼仪产生了重大影响。

(四)当代礼仪阶段(1949 年以来)

1949 年以后,新型的社会关系和人际关系的确立,标志着我国礼仪进入了一个新的历史时期。这一时期,确立了同志式的合作互助关系和男女平等的新型社会关系,而尊老爱幼、讲究信义、以诚待人、先人后己、礼尚往来等中国传统礼仪中的精华则得到继承和发扬。

改革开放以来,随着国际交往的日益频繁,我国又吸取了世界上一些先进的文明礼仪,融入我国当代礼仪部分。借鉴国际上一些通行的礼仪规则和惯例,为我国的社会主义现代化建设服务。

同步案例 一毛钱,还想买态度?

背景与情境:据《春城晚报》载文:在某地一辆公共汽车上曾发生了一起乘客与乘务员之间争吵的事件。乘务员:"往里走,塞在门口为哪样?"乘客:"同志,态度好一点嘛!"乘务员:"态度?态度多少钱一斤?"乘客:"刚才我不是跟你说了嘛,我到前一站就下车。"乘务员:"我不也在跟你说吗,你一毛钱,想要买什么态度?"

问题:从礼仪的角度评析本案例。

分析提示:本案例中乘务员居然把态度跟钱联系在一起,表现出来的不仅是对乘客的不尊重,更重要的是他也贬低了自己,以钱来决定对客态度的服务人员,是得不到别人的尊重的。

在四大文明古国中,只有中国有"礼仪之邦"的美称。在现实生活中,新中国也一直倡导文明礼貌十字用语,这既是人际关系和谐的润滑剂,也是尊重别人、尊重自己的客观要求,更是中华民族精神文明的具体体现。作为服务性行业，"您好、请、谢谢、对不起、再见"是对客服务的基本态度。

知识活页

古代生活礼仪

一、诞生礼

从妇女未孕时的求子到婴儿周岁，一切礼仪都围绕着长命的主题。高禖之祭即是乞子礼仪，此时，设坛于南郊，后妃九嫔都参加。汉魏时皆有高禖之祭，唐宋时制定了高禖之祭的礼仪，金代高禖祭青帝，在皇城东永安门北建木制方台，台下设高禖神位。清代无高禖之祭，却有与之意义相同的"换索"仪式。诞生礼自古就有重男轻女的倾向。诞生礼还包括"三朝"、"满月"、"百日"、"周岁"等。"三朝"是婴儿降生三日时接受各方面的贺礼。"满月"是在婴儿满一个月时剃胎发。"百日"时行认舅礼，命名礼。"周岁"时行抓周礼，以预测小儿一生命运、事业吉凶。

二、成年礼

成年礼也叫冠礼，是跨入成年人行列的男子加冠礼仪。冠礼从氏族社会盛行的男女青年发育成熟时参加的成丁礼演变而来。汉代沿袭周代冠礼制度。魏晋时，加冠开始用音乐伴奏。唐宋元明都实行冠礼，清代废止。中国少数民族不少地区至今还保留着古老的成年礼，如拔牙、染牙、穿裙、穿裤、盘发髻等仪式。

三、飨燕饮食礼仪

飨在太庙举行，烹太牢以饮宾客，重点在礼仪往来而不在饮食，燕即宴，燕礼在寝宫举行，主宾可以开怀畅饮。燕礼对中国饮食文化的形成有深远影响。节日设宴是在中国民间食俗上形成的节日饮食礼仪。正月十五吃元宵，清明节吃冷饭寒食，五月端阳的粽子和雄黄酒，中秋月饼，腊八粥，辞岁饺子等都是节日仪礼的饮食。在特定的节日吃特定的食物，这也是一种饮食礼仪。宴席上的座次，上菜的顺序，劝酒、敬酒的礼节，也都有社会往来习俗中男女、尊卑、长幼关系和祈福避讳上的要求。

四、宾礼

主要是对客人的接待之礼。与客人往来的馈赠礼仪有等级差别。士相见，宾见主人要以雉为贽；下大夫相见，以雁为贽；上大夫相见，以羔为贽。

五、五祀

指祭门、户、井、灶、中（中室）。周代是春祀户，夏祀灶，六月祀中溜，秋祀门，冬祭井。汉魏时按季节行五祀，孟冬三月"腊五祀"，总祭一次。唐、宋、元时采用"天子七祀"之说，祀司命（宫中小神）、中、国门、国行、泰厉（野鬼）、户、灶。明清两代仍祭五祀，清康熙之后，罢去门、户、中、井的专祀，只在十二月二十三日祭灶，与民间传说的灶王爷腊月二十四朝天言事的故事相合，国家祀典采用了民间形式。

六、傩仪

滥觞于史前，盛行于商周。周代的傩仪是四季驱邪逐疫。周人认为自然的运转与人事的吉凶息息相通。四季转换，寒暑变异，瘟疫流行，鬼魂乘势作祟，所以必须适时行傩以逐邪恶。傩仪中的主神是方相氏。两汉，傩仪中出现了与方相氏相配的十二兽。魏晋南北朝隋唐沿袭汉制，傩仪中加入了娱乐成分，方相氏和十二神兽角色，由乐人扮演。至今仍有遗存的贵州土家族傩堂仪最为完整典型。

三、东西方礼仪的差异

东方礼仪主要是指以中国、日本、朝鲜、泰国、新加坡等为代表的亚洲国家所代表的具有东方民族特点的礼仪文化。西方礼仪主要指流传于欧洲、北美各国的礼仪文化。

（一）在对待血缘亲情方面

东方人非常重视家族和血缘关系，"血浓于水"的传统观念根深蒂固，人际关系中最稳定的也是血缘关系。

西方人独立意识强，相比较而言，不是很重视家庭血缘关系，他们将责任、义务分得很清楚，责任必须尽到，义务则完全取决于实际能力，绝不勉为其难。处处强调个人拥有的自由，追求个人利益。

（二）在表达形式方面

西方礼仪强调实用，表达率直、坦诚。东方人以"让"为礼，凡事都要礼让三分，与西方人相比，常显得谦逊和含蓄。

在面对他人夸奖所采取的态度方面，东、西方人大不相同。面对他人的夸奖，中国人常常会说"过奖了"、"惭愧"、"我还差得很远"等字眼，表示自己的谦虚；而西方人面对别人真诚的赞美或赞扬时，往往会用"谢谢"来表示接受对方的美意。

（三）在礼品馈赠方面

在中国，人际交往特别讲究礼数，重视礼尚往来，往往将礼作为人际交往的媒介和桥梁。东方人送礼的名目繁多，除了重要节日互相拜访需要送礼外，平时的婚、丧、嫁、娶、生日、提职、加薪都可以作为送礼的理由。

西方礼仪强调交际务实，在讲究礼貌的基础上力求简洁便利，反对繁文缛节、过分客套造作。西方人一般不轻易送礼给别人，除非相互之间建立了较为稳固的人际关系。在送礼形式上也比东方人简单得多。一般情况下，他们既不送过于贵重的礼品，也不送廉价的物品，却非常重视礼品的包装，特别讲究礼品的文化格调与艺术品位。

在送礼和接受礼品时，东西方也存在差异。西方人送礼时，总是向受礼人直截了当地说明"这是我精心为你挑选的礼物，希望你喜欢"，或者说"这是最好的礼物"之类的话；西方人一般不推辞别人的礼物，接受礼物时先对送礼者表示感谢，接过礼物后总是当面拆看礼物，并对礼物赞扬一番。而东方人则不同,中国人及日本人在送礼时也费尽心机、精心挑选,但在受礼人面前却总是谦虚而恭敬地说"微薄之礼不成敬意,请笑纳"之类的话;东方人在受礼时,通常会客气地推辞一番。接过礼品后,一般不当面拆看礼物,唯恐对方因礼物过轻或不尽如人意而难堪,或显得自己重利轻义,有失礼貌。

(四)在对待"老"的态度方面

东西方礼仪在对待人的身份地位和年龄上也有许多观念和表达上的差异。东方礼仪一般是老者、尊者优先,凡事讲究论资排辈。

西方礼仪崇尚自由平等,在礼仪中,等级的强调没有东方礼仪那么突出,而且西方人独立意识强,不愿老,不服老,特别忌讳"老"。

(五)在时间观念方面

西方人时间观念强,做事讲究效率。出门常带记事本,记录日程和安排,有约必须提前到达,至少要准时,且不应随意改动。西方人不仅惜时如金,而且常将交往方是否遵守时间当作判断其工作是否负责、是否值得与其合作的重要依据,在他们看来这直接反映了一个人的形象和素质。

遵守时间秩序,养成了西方人严谨的工作作风,办起事来井井有条。西方人工作时间和业余时间区别分明,休假时间不打电话谈论工作,甚至在休假期间断绝非生活范畴的交往。相对来讲,中国人使用时间比较随意,时间观念比较淡漠。包括改变原定的时间和先后顺序,中国人开会迟到,老师上课拖堂,开会做报告任意延长时间是经常的事。这在西方人看来是不可思议的,他们认为不尊重别人的时间是最大的不敬。

(六)在对待隐私权方面

西方礼仪处处强调个人拥有的自由(在不违反法律的前提下),将个人的尊严看得神圣不可侵犯。在西方,冒犯对方"私人的"所有权利,是非常失礼的行为。因为西方人尊重别人的隐私权,同样也要求别人尊重他们的隐私权。

东方人非常注重共性拥有,强调群体,强调人际关系的和谐,邻里间的相互关心,嘘寒问暖,是一种富于人情味的表现。

知识活页

握手礼的起源

握手礼的起源,最早可以追溯到人类"刀耕火种"的原始社会。当人类刚刚从动物界脱胎出来,还带有几分野蛮时,人们不仅在狩猎或战争中,甚至在日常交往时,手上常常拿着石块、棍棒等"武器"以防不测。当人们在路上遇到不属于自己部落的陌生人时,如果双方都没有恶意,就会主动放下手中的"武器",双手伸开,让对方摸掌心,表示自己手中没有藏着什么武器,并以此来证实自己的亲善、友好。这种习惯逐渐演变成人们今天作为见面和告辞礼的"握手"礼节,并且被大多数国家认同接受。

第三节　旅游礼仪的原则与特征

旅游礼仪是在旅游接待服务过程中,对旅游者表示尊重和友好的一系列行为规范,是礼仪在旅游接待服务过程中的具体运用。旅游礼仪以礼仪为基础内容,与礼仪有着共同的基本原则。

一、旅游礼仪的基本原则

社会发展到今天,那些旨在维护封建等级制度的礼仪,尤其是那些落后的繁文缛节,作为封建社会的糟粕,早就被世人抛弃。我们所说的礼仪,已体现出现代意义。时至今日,礼仪更多地表现为一个人待人接物是否有礼节等方面。每个旅游职业人员,都应该通过礼仪修炼让自己变得更加彬彬有礼。一般来说,在具体运用尤其是在工作场合中运用各种礼仪时,旅游职业人员必须遵循以下基本原则。

(一)系统原则

经过数千年,礼仪早已发展成为一个包罗万象且系统完整的独特体系,因而在为人处世过程中,我们必须高度关注其整体性,在分析相关信息时应完整、全面,以便对交往对象施以恰到好处的礼仪,从而赢得他人的好感,促进自己的人脉和事业。

(二)公平对等原则

古人的"投桃报李"、"礼尚往来"之说都是礼仪公平对等原则的具体体现。毫无疑问,从古至今,在社会交往过程中,任何人都希望得到他人的尊重,傲慢、冷漠等无疑都是无礼的代称。因此,我们在社会交往中应遵循公平大方、不卑不亢、主动友好、热情又有所节制的原则。

(三)尊重习俗原则

俗话说得好,"五里不同风,十里不同俗",因此我们应该"到什么山唱什么歌",做到"进门见礼,出门问忌",对于不同的交往对象要具体对待,尤其是对于不同民族、不同国家的交往对象,我们更应该做到有的放矢,从而避免因不了解风俗禁忌造成的不愉快。

(四)和谐适度原则

使用礼仪时,我们还必须根据具体情况通盘考虑,做到因人、因事、因时、因地制宜,如在涉外交际中应遵循西方社会的女士优先等原则。

(五)"一视同仁"原则

服务工作中的"一视同仁"指所有的客人都应该受到尊重,在这一点上决不能厚此薄彼。具体运用礼仪时,可以因人而异,根据不同的交往对象,采取不同的礼仪形式,但是在对客人表示恭敬和尊重态度上一定要一视同仁。

（六）热情原则

能否积极主动解决客人的各种要求、满足客人的各种心理需求,是衡量旅游服务质量的一个重要标准,因此旅游活动中的礼仪行为应该是积极主动的。

（七）宽容原则

礼仪的宽容原则,指不过分计较对方礼仪上的差错过失。在旅游服务过程中运用礼仪时,既要严于律己,更要宽以待人,要多理解他人、体谅他人,切不可求全责备、斤斤计较,甚至咄咄逼人。面对客人提出的过分甚至失礼的要求时,工作人员应冷静而耐心地解释,不要穷追不放,把客人逼至窘境,否则会使客人产生逆反心理形成对抗,引起纠纷。当客人有过错时,我们要"得理也让人",学会宽容,让客人体面地下台阶,保全客人的面子。在客人对我们提出批评意见时,本着"有则改之,无则加勉"的态度,认真倾听。

（八）自律原则

礼仪的最高境界是自律,即在没有任何监督的情况下,仍能自觉地按照礼仪规范约束自己的行为。旅游工作者不仅要了解和掌握具体的礼仪规范,而且要在内心树立起一种道德信念和行为修养,从而获得内在的力量。在对客服务中从自我约束入手,时时检查自己的行为是否符合礼仪规范,在工作中严格按照礼仪规范接待和服务客人,而且做到有没有上级主管在场一个样,客前客后一个样,把礼仪的规范变成自觉的行为、内在的素质。

同步案例　　一口痰"吐掉"一项合作

背景与情境:《文汇报》曾有一篇名为《一口痰"吐掉"一项合作》的报道。说某医疗器械厂与外商达成了引进"大输液管"生产线的协议,第二天就要签字了。可当这个厂的厂长陪同外商参观车间的时候,习惯性地向墙角吐了一口痰,然后用鞋底去擦。这一幕让外商彻夜难眠,他让翻译给那位厂长送去一封信:"恕我直言,一个厂长的卫生习惯可以反映一个工厂的管理素质。况且,我们今后要生产的是用来治病的输液皮管。贵国有句谚语:人命关天! 请原谅我的不辞而别⋯⋯"一项已基本谈成的项目,就这样被"吐"掉了。

问题:从礼仪的角度评析本案例。

分析提示:一个人的举止风度不仅仅代表自己的形象,体现自己的教养,在一定场合,个人的行为代表组织行为,个人形象代表组织形象。所以,必须养成良好习惯,提高个人修养,从小处做好,商机才不会溜走。

二、旅游礼仪的特征

（一）广泛性

现代旅游包含吃、住、行、游、购、娱六大环节,是综合性强、跨度大的服务性行业,其接待与服务工作涵盖面广。旅游的六大环节都需要按照一定的礼仪规范做好服务与接待工作,

旅游礼仪贯穿于整个旅游活动的全过程,任何一个环节工作出现差错,都会影响旅游业的整体形象。因此只有提高全行业的礼仪素养,每个环节都严格按照旅游礼仪的各种规范来接待,并注意各行业(部门)间的协调与衔接,才能适应旅游者的消费需求。

(二)可操作性

切实有效,实用可行,规则简明,易学易会,便于操作,是礼仪的一大特征。旅游礼仪直接服务于旅游行业,是礼仪在旅游活动中的具体应用,具有很强的实用性和针对性。不同的旅游服务门类,各有其特点,接待程序、操作规范也不相同。因此不同的服务门类、不同的部门,甚至不同的岗位,都有自己针对性很强的礼仪规范。如酒店、旅行社都有自己的一整套礼仪规范;在交通服务方面,飞机、火车、轮船和汽车的接待服务礼仪也各有区别。

(三)规范性

旅游礼仪的规范性是指它的一些规范要求,是人们在旅游接待过程中应该共同遵守的。尽管旅游业涉及的"六大要素"有接待程序和接待规范上的差异,但都是在旅游接待活动中调节客人与业者之间最一般关系的行为规范,礼仪的基本内涵是一致的。"宾客至上"、"把尊贵让给客人"应该是旅游行业各个部门共同的行为准则,是旅游行业全体成员应该共同遵守的人际和社交准则。

(四)灵活性

旅游礼仪的规范是具体的,但不是死板的教条,它是灵活的、可变的。旅游工作者应该在不同的场合下,根据交往对象的不同特点,灵活地处理各种情况。同时旅游工作者要特别注意了解来自不同国家、地区、民族的旅游者在文化背景、风俗习惯上的差异,充分尊重他们的礼俗禁忌,更加体贴周到地接待好每一位客人。

第四节 旅游工作礼仪修养

修养是指一个人在道德、学识、技艺等方面通过刻苦学习、自我磨炼和不断熏陶,从而逐渐使自己具有某些素质和能力或者达到一定的境界。

礼仪修养是指人们按照一定的礼仪规范要求自己,结合自己的实际情况,在礼仪品质、意识等方面进行的自我锻炼和自我修养。

一、旅游工作者礼仪修养的意义

(一)礼仪修养反映了一个国家的形象

来自五湖四海的旅游者,不可能有较长时间来了解某一地区或者国家,他们往往通过与其接触的旅游工作者来判断、评价一个国家或一个地区的文明程度和精神风貌。旅游工作者良好的礼仪修养会产生积极的宣传效果,能为其所在的企业、城市、国家树立良好的形象,赢得荣誉。

（二）礼仪修养是旅游优质服务的关键

在旅游活动中，旅游者除了物质需求外，更重要的是精神上的满足。研究表明，在旅游企业硬件设施相同的情况下，影响旅游服务质量的主要因素是服务意识和服务态度。旅游工作者"宾客至上"的服务意识，热情友好、真诚和蔼的服务态度，优雅的举止，得体的言谈，会对旅游者的心理满意程度产生十分积极的效果，直接使客人在感官上、精神上产生尊重感和亲切感，给客人留下美好的印象。

（三）礼仪修养是解决旅游服务纠纷的润滑剂

旅游服务接待工作接触面广，不同国家、不同民族甚至不同个人的信仰与生活习惯都不相同，在旅游服务过程中，发生一些纠纷是不可避免的。要处理好纠纷，需要旅游工作人员有较高的礼仪修养水平。无论纠纷是物质性服务引起的还是精神性服务引起的，也不管是旅游工作人员的原因还是旅游者的问题，处理纠纷的第一原则是有理有节。不管发生什么事情，都要发扬"礼让"的精神，以平息事态，不允许有任何与旅游者争吵、打斗的不礼貌言行。因为旅游工作人员的不礼貌行为只会激化矛盾，使事态进一步恶化。

（四）礼仪修养可以改善企业内部的经营环境

一个旅游企业往往由多个分工不同的部门组成，每个部门之间都存在着相互协作、相互支持的关系。要想建立良好的内部和外部环境，提高自身的知名度和美誉度，就需要企业人员之间、部门与部门之间都能够相互支援、相互体谅，遇事都能够从对方的角度着想，在沟通方面注意礼仪和分寸。这样不仅可以调节旅游职工之间、部门之间的关系，形成相互尊重、团结协作的风气，而且可以减少工作内耗，提高工作效率。

（五）礼仪修养利于员工的个人发展

礼仪修养反映出一个人的学识、修养、品格、风度，是一个人人格的外在体现。人格是人类社会地位和作用的统一，是一个人做人的价值和品格的总和，因而礼仪修养是个体人生发展的重要内容，不仅能够促进个体人生的发展，而且能够提升个体的人生价值。

礼仪也是现代社会的通行证。我们要顺利地步入社会、走向世界，求得个人发展，就必须有良好的礼仪修养，做一个有教养、有礼貌、受欢迎的现代人。

二、礼仪修养的基本准则

（一）遵守公德

公德是指一个社会的公民为了维护整个社会生活的正常秩序而共同遵循的最简单、最起码的公共生活准则。公德是日常生活中的道德，是人们普遍应该做到，又不难做到的最低限度的行为要求，是道德体系中的最低层次，是文明公民应该具备的最基本的品质。其内容包括尊重妇女、尊老爱幼、爱护公物、遵守公共秩序、救死扶伤等。社会公德是礼仪的基础，是形成礼仪的前提，礼仪的内容基本涵盖了社会公德的全部。遵守公德，表现了人与人之间的互相尊重及对社会的责任感。所以遵守公德是文明公民应该具备的品质，也是礼仪修养的基本要求。

（二）遵时守信

遵时，就是要遵守规定的时间和约定的时间，不得违时，不可失约。守信，就是要讲信用，对自己的承诺认真负责。遵时守信是人际交往中极为重要的礼仪。

在旅游接待服务中，与宾客约定的时间或给出的承诺，一般不要轻易变更，因发生不可抗拒因素不得已改动时，应及早打招呼，做好说明解释工作，尽量避免给对方造成麻烦或令人产生误会。凡是需要承诺的事情，要量力而行，不要因为顾及面子答应不能做到的事情，一旦失约，不仅会对别人造成损失，也会给自己的形象和所在部门的声誉造成损失。

（三）真诚友善

以诚待人，是礼仪的本质特征。在人际交往中礼仪不是虚伪的客套，而是表达对人的尊重和友好，需要诚心待人，表里如一。"尊重，还是贬低"是人际交往中最敏感的问题。从善良的愿望出发，以诚相待，才能赢得别人的依赖和尊重，保证交往的顺利与成功。

（四）谦虚随和

谦虚随和的人，待人处事自然大方。这样的人，待人态度亲切，善于听取他人的意见，有事能与他人商量，表现出虚怀若谷的胸襟，容易同他人建立亲近的关系。社会生活中常常可以见到越是博学多识、修养越好的人，越平易近人，也更能得到人们的敬重；相反，若是自视高明、目中无人，或夸夸其谈、妄自尊大、卖弄学问，这种自以为是的言行，往往会被人视为傲慢无理，对其敬而远之。但是谦虚也要适度，过分谦虚也会让人反感。

（五）理解宽容

理解，就是懂得别人的思想感情，意识到和理解别人的立场、观点和态度，能够根据具体的情况体谅别人、尊重别人，心领神会地理解别人心灵深处的喜、怒、哀、乐。在人际交往和旅游服务接待工作中，最怕的就是互相缺乏理解，甚至产生误解。缺乏理解就无法沟通感情，产生误解则往往容易导致失礼，在交往者之间产生妨碍交流思想的隔膜，甚至会使关系僵化。宽容就是大度、宽宏大量、能容人，尤其在非原则问题上，能够原谅别人的过失。如果你谅解了他人的过失，不仅可以化解矛盾，还能赢得他人的敬重，有利于大局的发展。

（六）热情有度

热情会使人感到亲切、温暖，从而拉近他人与你的感情距离，愿意与你接近、交往。但热情过分，会使人感到虚情假意，或别有用心，因而有所戒备，无意中筑起一道心理防线。

（七）注意细节

细节体现教养，细节展示素质，从细节可以看出一个人的修养水平。在注重礼仪的社会交往场合，不注意细节的人是不受欢迎的。作为旅游工作者，注意细节，彬彬有礼，是最起码的交往行为修养。

（八）风度高雅

风度是一个人的内在素质、修养及其外在行为的总和，是人们在社会生活中逐步形成的，是人们对于人的形态、举止、谈吐、装扮的一种衡量尺度。

风度不是单指人的某一个方面，而是指人的全部生活姿态所提供给人们的综合印象。风度不是表面上的穿着打扮，也不是简单地模仿别人的行为举止。风度是一个人深层次的精神状态、个性气质、品质修养、文化品位、生活情调的外在表现,它以内在的气质为基础。

三、提高礼仪修养的途径

(一)加强道德修养

道德品质,也称品德或德行,它是社会道德现象在个人身上的具体体现,是指一定的社会道德原则和规范在个人思想行动中所表现出的某种比较稳定的特征和倾向。道德品质的修养和礼仪行为的养成有着密切的联系,二者是相辅相成的统一的过程。礼仪行为从广义上来说就是一种道德行为,处处渗透和体现着一种道德精神。一个人想要在礼仪方面达到较高的造诣,离开了道德品质方面的修养是不可能的;一个人要形成一种高尚的道德品质,就应该从日常礼仪规范这一基础层次做起。

(二)提高文化素质

礼仪学是一门综合性的专门学科,它和公共关系学、传播学、美学、民俗学、社会学等许多学科都有密切关系,一个人只有具备广博的文化知识,才能深刻理解礼仪的原则和规范。只有具备较高的文化层次,才能更加自如地在不同场合具体运用礼仪。因此,要提高自己的礼仪修养,必须有意识地广泛涉猎多种科学文化知识,使自己具备见多识广的综合知识素养,提高文学、艺术欣赏能力,以及审美能力。这样,就会有意无意地按照美的规律来认识生活和改造周围的环境,同时,在人际交往中,自己的言行也更具美感。

(三)自觉学习礼仪知识,接受礼貌教育

世界各国的礼仪风俗成千上万,我国各个民族的礼节习俗也各不相同。在涉外工作和旅游服务工作中,如对其他国家或某一具体活动的礼仪知识不了解,只凭以往的经验办事,轻则闹笑话,重则影响工作效果,甚至造成误解。我国几千年的文明,各个历史阶段都有浩繁的有关礼仪的知识,我们应该注意收集、学习和领会各种礼仪知识,以便在实践中运用,久而久之,不但在礼仪方面博闻多识,而且在礼仪修养的实践上也能提升到新的高度。

(四)积极参加礼仪实践

实践是动机和效果由此及彼的桥梁。对礼仪知识的学习,停留在仅仅从理论上弄清礼仪的含义和内容的层面,而不去实践中运用是远远不够的。在提高礼仪修养时,要以积极的态度,坚持理论联系实际,将自己学到的礼仪知识积极运用于社会实践的各个方面。积极投身到实践中,在文明气氛较浓的环境里去接受熏陶,对增强自己的文明意识、培养礼貌的行为、涤荡各种粗俗不雅的不良习惯、提高礼仪修养水平,是大有好处的。要在旅游职业岗位上,时时处处自觉从大处着眼、小处着手,以礼仪的规范来要求自己的言谈举止,在社交场所多听、多看、多学,通过各种人际交往的接触强化,不断提高自己的礼仪修养。

(五)养成良好的行为习惯

礼仪是人们交际活动中的一种行为模式。这种行为模式只有通过长期的自觉练习,变成自身的一种自动的动作,形成习惯,才能在交际活动中更好地发挥作用。礼仪修养实际上就是人自觉用正确的思想战胜不正确的思想,用良好的行为习惯纠正不良行为习惯的过程。检验一个人的礼仪修养如何,很重要的一条标准就是看他是否已把交际礼仪规范变成自身

个性中的稳定成分,是否能在各种交际场合自然而然地遵循交际礼仪要求。

知识活页

中国传统饮食习俗

饮食习俗与人们的生活、生产、环境等有着密切的关系,不同地区、不同民族因地理环境、经济文化、宗教信仰等方面有别,其包含的习俗也各不相同,形成了富有特色的饮食文化。中国人的传统饮食习俗以植物性食料为主。主食是五谷,辅食是蔬菜,外加少量肉食。形成这一习俗的主要原因是中原地区以农业生产为主要的经济生产方式。但在不同阶层中,食物的配置比例不尽相同。因此古代有称在位者为"肉食者"。

以热食、熟食为主,也是中国人饮食习俗的一大特点。这和中国文明开化较早和烹调技术发达有关。中国古人认为:"水居者腥,肉臊,草食即膻。"热食、熟食可以"灭腥去臊除膻"(《吕氏春秋·本味》)。中国人的饮食历来以食谱广泛、烹调技术精致而闻名于世。史书载,南北朝时,梁武帝萧衍的厨师,一个瓜能变出十种式样,一个菜能做出几十种味道,烹调技术之高超,令人惊叹。

在饮食方式上,中国人也有自己的特点,就是聚食制。聚食制的起源很早,从许多地下文化遗存的发掘中可见,古代炊间和聚食的地方是统一的,炊间在住宅的中央,上有天窗出烟,下有篝,在火上做炊,就食者围火聚食。这种聚食古俗,一直传至后世。聚食制的长期流传,是中国重视血缘亲属关系和家族家庭观念在饮食方式上的反映。

在食具方面,中国人饮食习俗的一大特点是使用筷子。筷子,古代叫箸,在中国有悠久的历史。《礼记》中曾说:"饭黍无以箸。"可见至少在殷商时代,已经使用筷子进食。筷子一般以竹制成,一双在手,运用自如,既简单经济,又很方便。许多欧美人看到东方人使用筷子,叹为观止,赞其为一种艺术创造。实际上,东方各国使用筷子其源多出自中国。中国人的祖先发明筷子,确实是对人类文明的一大贡献。

教学互动

互动问题:在国际交际中,礼宾是一项很重要的工作,许多外事活动,往往是通过各种交际礼宾活动进行的。一般来说,各种交际活动,国际上都有一定惯例,但各国往往又根据本国的特点和风俗习惯,采用自己独特的做法,我们在对外交往中除了应发扬我国礼仪之邦的优良传统,注意礼貌、礼节之外,还应尊重各国、各民族的风俗习惯,了解不同的礼节、礼貌,从而使我们在对外活动中真正做到不卑不亢、以礼相待。

1. 结合上述现象谈谈在国际交往中应该注意哪些举止方面的问题。

2. 结合上述现象谈谈在国际交往中谈吐方面的交往礼仪。

要求：

1. 教师不直接提供上述问题的答案，而引导学生结合本章教学内容就这些问题进行独立思考、自由发表见解，组织课堂讨论。

2. 教师把握好讨论节奏，对学生提出的典型见解进行点评。

本章小结

内容提要

本章简要地阐述了礼节、礼仪的基本概念，尽管它们名称不同，但其本质都是尊重人、体贴人。在旅游接待服务中，继承和发扬中华民族文明礼貌的优良传统，是实现"宾客至上，优质服务"的基础。

本章还简要地叙述了礼的起源与发展，剖析了礼仪的功能、原则和特征，阐明了旅游礼仪修养的意义、基本准则，并提出了提高礼仪修养的途径，增强文明礼貌意识，不断提高自己的文明素质，铸造美好的心灵，从而自觉地规范自己的行为，努力做好旅游接待工作，提高服务质量，使海内外游客乘兴而来、满意而归。

核心概念

礼节　礼仪　礼貌　旅游礼仪　职业道德

重点实务

礼仪知识在旅游服务中的运用；旅游礼仪知识在旅游服务中的运用。

本章训练

知识训练

一、名词解释

1. 礼节

2. 礼貌

3. 旅游礼仪

4. 职业道德

5. 礼仪

二、简答题

1. 旅游职业道德的主要规范有哪些?

2. 礼仪的基本原则是什么?

3. 旅游礼仪的特征是什么?

能力训练

一、理解与评价

熟练掌握社交礼仪的基本准则,提高旅游服务质量。

二、案例分析

背后的鞠躬

背景与情境:日本人讲礼貌,行鞠躬礼是司空见惯的,我国某留学生在日本期间有一次看到日本人行鞠躬礼却在脑海中留下了深深的印象。一天,这位留学生来到日航大阪饭店的前厅。那时,正值日本国内旅游旺季,大厅里宾客进进出处,络绎不绝。一位手提皮箱的客人走进大厅,行李员立即微笑地迎上前去,鞠躬问候,并跟在客人身后问客人是否要帮助提皮箱。这位客人也许有急事吧,嘴里说了声:"不用,谢谢。"便头也没回径直朝电梯走去,那位行李员朝着那匆匆离去的背影深深地鞠了一躬,嘴里还不断地说:"欢迎,欢迎!"这位留学生看到此情景困惑不解,便问身旁的日本经理:"当面给客人鞠躬是为了礼貌服务,可那位行李员朝客人的后背深鞠躬又是为什么呢?""既是为了这位客人,也是为了其他客人。"经理说,"如果此时那位客人突然回头,他会对我们的热情欢迎留下印象。同时,这也是给大堂里的其他客人看的,他们会想,当我转过身去,饭店的员工肯定对我一样礼貌"。

问题:

1. 本案例中,行李员的着眼点是什么? 涉及了本章的哪些知识点?

2. 你能从该行李员的做法中得到什么启示?

第二章
仪表礼仪

通过本章学习,应当达到以下目标:

职业知识目标:学习和把握仪表礼仪的概念与特性,掌握影响仪表礼仪的因素,了解仪表礼仪的种类,旅游中仪容、仪态和服饰的概念和主要内涵,旅游仪表美对旅游行为的作用及其在旅游服务中的应用;能用仪表、仪容、仪态以及服饰的基本规范指导旅游相关认知活动,规范相关技能活动。

职业能力目标:运用本章专业知识研究相关案例,培养学生运用旅游仪表、仪容、仪态以及服饰等基本技能在相关旅游服务情境中的分析问题与决策能力;通过在旅游服务中的应用与实训操练,培养相关专业技能。

职业道德目标:结合旅游职业仪表、仪容、仪态和服饰基本规范教学内容,依照行业道德规范或标准,分析企业或从业人员的服务行为,强化职业道德素质。

引例:智审间谍

背景与情境:第二次世界大战期间,盟军部队进入比利时,德军狼狈溃退。一天,两名士兵在驻地附近逮捕了一个叫艾米里约·布朗格尔的人。著名的反间谍专家奥莱斯特·平托上校感觉到这个人的穿着和谈吐虽然是典型的北方农民,口音也是地道的比利时瓦隆地区的土音,但他粗壮的颈部和魁梧的运动员体型,与当地人截然不同,于是决定对他进行审讯。

第一次审讯。

问:你是农民吗?

答:过去是,现在不是。

问:会数数吗?

答:数数?

问:对,把桌子上这盘豆子数一数吧。

答:一、二、三……(慢慢地用法语数)

在第一次审讯中,上校未发现任何破绽,但他仍不气馁,决定进行第二次审讯。

这次审讯换用了一种特殊的方式:他派人在布朗格尔的住处放了几捆草,一个士兵将草点着后,烟从门的下面进到了屋里,执勤的士兵用德语大喊:"着火了!"布朗格尔惊醒,动了动,又睡了。接着平托上校用法语大声喊道"着火了!"布朗格尔一下子跳了起来,绝望地敲打着门。这一次,上校仍未发现破绽。

第三次审讯,上校又用了新的方案。在布朗格尔被带来时,上校拿起一支从他身上搜出的铅笔。

问:你带这个干什么?

答:不就是支铅笔吗?

问:用它来写情报?

答:(流露出不屑回答的样子)

"可怜的家伙!"上校用德语向身边的军官说,军官也用德语反问:"为什么?"上校说:"他还不知道明天上午就要被绞死,已经21点了。他肯定是个间谍,不会有别的下场。"

平托上校边说边用眼睛斜视布朗格尔,特别注意他的眼睛和喉头。但布朗格尔没有任何表示,他以神态证明自己不懂德语。很明显第三次审讯仍然没有结果,到此为止,上校几乎绝望了,开始怀疑自己最初的判断。但直觉让他进行了最后一次审讯——第四次审讯。如果还是没有破绽,就决定释放布朗格尔。

最后一次审讯是这样进行的:当布朗格尔像平时一样走进平托上校的办公室时,平托上校装作正在看一份文件,看完后拿起铅笔在上面签了字,然后抬起头突然用德语对布朗格尔说:"好啦,我满意了,你自由了,现在就可以走了。"布朗格尔长长地舒了一口气,动了动肩膀,像是卸下了一个沉重的包袱,他仰起脸,眼睛放着光,愉快地呼吸着自由的空气。当他发现平托上校嘲笑的眼光时,一切都已经晚了,身后的士兵已经紧紧地抓住了他。

人的内心隐秘不可能每时每刻都隐藏得那么深,总有流露之时,不同的仪态具有不同的含义,相同的体姿也往往具有不同的含义。正如达·芬奇所说:"从仪态了解人的内心世界、把握人的本来面目,往往具有相当的准确性和可靠性。"

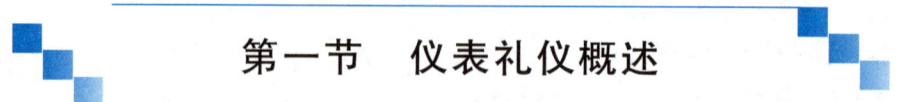

第一节　仪表礼仪概述

随着社会文明程度的提高,追求仪表美越来越成为人们的一种共识。"仪表堂堂,风度翩翩"总是被人们所艳羡,称慕。美的仪表是件亮丽的外衣,能衬托你的风度和威仪。美的仪表还可能成为一张日常生活的特别通行证。我们应当正确认识仪表,正确地修饰、完善自己的仪表,并让它在人际交往中,发挥出形象魅力,帮助自己取得主动权和有利地位。

一、仪表的含义

仪表,即人的外表,是一个人精神面貌、内在气质的外观体现,一般包括人的仪容、仪态、服饰等具体因素。

仪容,即人的容貌,由发型、面容以及人体所有未被服饰遮掩的肌肤等内容所构成,它是一个人仪表的基础内容。

仪态,在心理学上称为"形体语言",是指人的肢体动作和态度表情,包括手势、坐姿、站姿、走姿和面部表情等,是风度、气质的具体体现,它是一个人仪表的动态因素。

服饰,即人的穿戴打扮,是指经过修饰或后天影响形成的个体特征,它是一个人仪表的补充成分。

仪表美就是这几个方面的协调统一。仪表不仅是指人的物质躯体的外壳,而且与一个人的道德修养、文化水平、审美情趣、文明程度有着密切的联系。

二、注重个人仪表的意义

心理学家曾经做过这样一个试验:分别让一位身着笔挺漂亮军服的海军军官,一位戴金丝边框眼镜、手持文件夹的青年学者,一位打扮入时的漂亮女郎,一位挎着菜篮子、脸色疲惫的中午妇女以及一位留着怪异发型、衣着邋遢的男青年到马路边去搭车。结果是漂亮女郎、海军军官、青年学者的搭车成功率相对较高,中年妇女次之,而那个男青年几乎无法搭到车。由此可见,个人的外表、形象在社会交往中往往起着十分重要的作用。

(一) 仪表美能够给人留下良好的第一印象

心理学家认为,一个人对交往对象的印象和评价,大体是在见面之初的那一刹那间形成的,在见面后很短的时间里就有了对对方的独特看法,并且这种瞬间形成的看法不但在此后难以改变,而且还会左右双方交往的密切程度。这在心理学上叫做"首因效应",也称"第一印象效应"。

仪表是构成交际第一印象的基本因素。在人际交往的最初阶段,仪表往往是最能引人注意的,对交往对象所产生的第一印象,多半来自于对方的仪表。好的仪表会产生吸引力,使人感到愉悦,这在交际活动中的作用是可想而知的。特别是素不相识,第一次见面所形成的感觉,即第一印象,对以后的交往影响很大。因为第一印象具有感受鲜明、印象深刻的特点。所以,人们在交往时都会非常重视给人的第一印象,都会为了留下好的第一印象而煞费苦心,赢得对方的好感,为以后的交往打下良好的基础。

(二) 仪表美是自尊自爱的需要

一个热爱生活、富有理想、工作态度严谨的人,应当是注重仪表的,仪表端庄大方、整齐美观,体现了一个人的精神风貌,也是自尊自爱的表现。衣冠不整、不修边幅,会被认为作风拖沓、生活懒散、社会责任感不强,难以得到人们的信任。仪表美还体现了自信、热情、向上

的精神风貌。

（三）仪表美是尊重他人的需要

尊重是人们在社交活动中最普遍的心理需要，注重仪表是讲究礼节、礼貌的表现，是对他人的一种尊重。仪表美使人们在思想上、感情上更容易沟通，在一定程度上有调整人际关系、增进友谊的作用。

（四）仪表美有助于社交活动的成功

仪表，除了能够反映个人的精神面貌外，更重要的是代表着某一组织的形象。人们每天接触各行各业的公众，仪表美会产生积极的宣传效果，给公众留下良好的印象。比如，职场工作人员的仪表仪态，可能反映着企业的管理水平和服务质量。美观整洁、端庄大方的仪容仪表，能使人产生好感，取得良好的工作效果。仪表美对接待服务工作的影响也是不可低估的。旅游职业人员仪表美，有利于获得服务对象的认可。

三、仪表美的基本要求

作为精神修养和内在气质的外在体现，仪表必须给人以美感。仪表美的具体要求主要有容貌端正、举止大方、行为端庄、遇事稳重、态度诚恳、待人亲切、服饰整洁、打扮得体、不卑不亢、彬彬行礼。总体来说可以概括为以下几点。

（一）内在美与外在美的统一

仪表美必须是内在美和外在美的协调统一。同一种穿着打扮在不同的人身上，可能会产生"形似神不似的感觉"。真正的美，应该是个人良好的内在素质的自然流露，要想有好的仪表，要想在人际交往中给人良好的印象，就必须从文明礼貌、文化修养、道德情操、知识才能等各方面不断提高个人的内在素养。

没有内涵作为支撑，所有外在的容貌、服饰、打扮、举止，只会被人视为徒有其表，使人感到矫揉造作。内外不协调，不会让人产生任何美感。

（二）整体和谐

仪表美应当是整体美，它强调整体的形象效果。秀美的皮肤，端正的五官，让人赞叹；修长的身材，优美的线条，让人羡慕；时髦的服装，精美的饰品，更使人增加几分姿色。但仪表美绝不仅局限于此，它应当是多方面因素的和谐统一。有些人的仪表单从某个局部看非常美，然而一旦从头到脚打量，却只能让人感觉是一个牵强的拼凑，这就是失败的仪表。某一局部的美不等于是仪表美，而且过分突出某一局部的美，会使美变得支离破碎，破坏了整体的和谐。真正懂得美的人，会综合考虑自身的相貌、身材、职业以及所处的环境等，用色彩、线条、款式将美协调统一于一身，并与所处的环境相称，这样才有可能塑造出和谐的形象。当然，这种协调美感的能力，需要具有良好的修养并经过长期的实践积累才能培养出来。

但是，一味追求面面俱到的美，也会使美失去平衡。另外，若是不顾自己的特点去模仿别人，难免会俗不可耐，有"东施效颦"之嫌。美是风格，美是和谐，仪表美应当是一种独具匠心的和谐的整体美。当一个人的仪表从整体上表现出和谐，并与周围的环境相称时，其审美观与涵养就不言而喻了。

（三）注重个人卫生

仪表美还要求注重个人卫生,在与人交往时必须要注意仪表的修整与清洁,清洁卫生是树立良好个人形象的首要原则。无论多么美丽的容颜、时髦的着装、精美的饰品,如果以肮脏、凌乱的形象出现在社交场合,都是大煞风景的;反之,衣着整洁、干净利落,则会给人以精干文明的印象。

一般来说,整洁卫生原则上有两个方面的要求:一是保持干净卫生;二是在保持卫生的基础上树立整齐的形象,即精神振作、服装挺括,避免给人以凌乱、懒散之感。整齐清洁会使他人感到愉悦,并在无形中拉近人与人之间的距离。比如勤洗澡、勤换衣;男生要经常修面,女生要适当使用化妆品,保持肌肤的细润;保持口腔清洁,养成勤刷牙的习惯,防止口气,工作前一般不要食用葱、蒜等有刺激性气味的食物;走上工作岗位后,在工作期间不要浓妆艳抹和佩戴华丽的饰物,更不应在众人面前炫耀自己;头发要适时梳洗,发型要大方得体,指甲应经常修剪,保持手部的清洁等。

（四）打扮得体

穿着打扮必须适合自身条件。各种发型、服装、美容方法、首饰等,对于不同的人来说,效果是完全不同的。当前社会上存在着一种不良倾向,即只要是流行的就盲目追随、穿戴上身,但往往会弄巧成拙。因此,穿着打扮应该考虑容貌、身材等各种先天条件。合体的穿着打扮会展现出美感,反之只会使他人看着别扭;"合适"也是衣着打扮的一项基本要求,需要根据特定场合、地点、气氛来决定如何打扮,比如,参加丧事不适合过分装扮,而盛大宴请也不可穿着随意。

此外,穿着打扮还要讲究适度的原则。在社会交往中,每个人都充当着特定的角色,如果仪表与身份、场合不符,就有损个人形象。例如,细心的人在社交中,会根据上下级、主宾、尊卑、长幼之间的不同关系,或社交场合的不同,选择与社交场合和谐、得体、适度的穿着打扮。

（五）自然大方

仪表具有情感属性,我们可以从一个人的穿着打扮上大致判断出其情感倾向。自然大方的装扮,能让人产生平易近人、亲切友好的感觉;装扮过于华美或过分修饰,不仅会使人觉得刺眼、产生反感,也会破坏人本身的自然美。"清水出芙蓉,天然去雕饰",人们往往更注重自然美。在追求仪表美时,只有相貌不美或天生有缺陷,才会靠极力修饰来遮掩短处。不少人天生丽质,却过分浓妆艳抹,结果失去了与生俱来的天然美,令结果适得其反。当然,这里强调的自然大方绝不等同于过分随意或不修边幅。

（六）展现个性

常言道:"穿衣戴帽,各有所好。"仪表在一定程度上体现着个人的兴趣爱好、审美观和气质。因此,每个人不必强求一致、随波逐流。对服装、化妆等不能被动接受,而应主动选择,选择能表现自己独特魅力的装扮方式,从而展现自己的活力与个性以及在社交场合下的个人魅力。当然,这里所说的体现个性,并非指故意标新立异、奇装异服,那是不可取的。

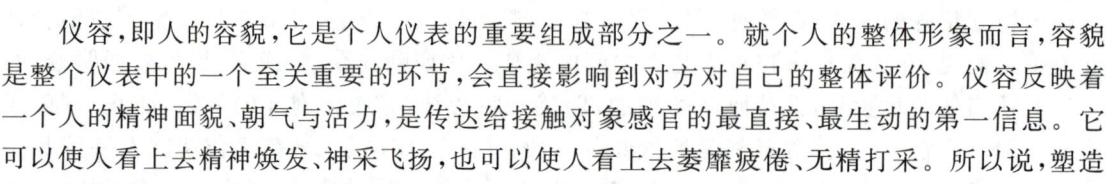

第二节 仪容礼仪

　　仪容，即人的容貌，它是个人仪表的重要组成部分之一。就个人的整体形象而言，容貌是整个仪表中的一个至关重要的环节，会直接影响到对方对自己的整体评价。仪容反映着一个人的精神面貌、朝气与活力，是传达给接触对象感官的最直接、最生动的第一信息。它可以使人看上去精神焕发、神采飞扬，也可以使人看上去萎靡疲倦、无精打采。所以说，塑造良好的自我形象，首先应当考虑的便是仪容。

　　值得注意的是，一个人的容貌虽然是父母给的，但相对定型的容貌，却可以通过各种途径来美化、增色，乃至锦上添花。有些看上去似乎并不怎么起眼的年轻女孩经过一番修饰，却能在激烈的选美比赛中获得佳绩；一些善于修饰打扮的中老年妇女，即使韶华已逝，却仍然姿容秀丽，风采依旧。这些都说明，适度的修饰可以使人们靓丽自信、青春常驻。关键在于必须懂得一定的美容常识，懂得如何发挥自己容貌的优势，并通过有效的途径来弥补自身的缺陷与不足。

一、仪容美的内容

　　仪容美主要有三层含义。

（一）自然美

　　自然美是指仪容的先天条件好，天生丽质，尽管以貌取人有失偏颇，但先天美好的仪容相貌，无疑会令人赏心悦目，感觉愉快。

（二）修饰美

　　修饰美是指依照礼仪规范与个人条件，对仪容进行必要的修饰，扬长避短，设计、塑造出美好的个人形象，在人际交往中能令自己自信有神采。

（三）内在美

　　内在美是指通过努力学习，不断提高个人的文化、艺术素养和思想、道德水准，培养出自己高雅的气质与美好的心灵，使自己秀外慧中，表里如一。

二、仪容礼仪的规范

　　要做到仪容美，基本规则是美观、整洁、卫生、得体。其重点在发部、面部、肢体修饰三个方面。

（一）头发修饰

　　当今社会，头发的功能已不再单纯地表现人的性别，而是更全面地表现着一个人的道德修养、审美情趣、知识结构及行为规范。我们可以通过某人的发型准确地判断出其职业、身份、所受教育程度、生活状况及卫生习惯,更可以感受出其身心是否健康和对生活事业的态度,所以我们首先要"从头做起"。修饰头发应当注意以下四个方面的问题。

1. 干净清洁

头发清洁能给人留下干净卫生、神清气爽的印象;披头散发、蓬头垢面、头屑乱飞则给人委靡不振甚至缺乏教养的感觉。因此,无论有无交际应酬活动,平日都要对头发勤于梳洗,保持卫生清洁,不要临阵磨枪,更不能忽略或疏于对头发的管理。通常情况下,男生应半个月理一次发,女生可根据自己的情况而定。夏季应当 1 至 2 天洗一次头发,冬季则可 2 至 3 天洗一次。如有重要的公务活动,还应当事前认真洗发、理发、梳发。但注意要在私下完成,绝不能当着他人的面进行。

2. 长短适中

虽说一个人头发的长短是"萝卜青菜,各有所爱",但从社交礼仪和审美的角度看,它仍然受到若干因素的制约。

(1) 性别。一般来说,大众都能接受女性剪短发,但仍对女性留过短的头发或不留头发(如寸头、光头)难以认同;男性头发可以稍长,但不宜长发披肩、梳辫挽髻。不过时尚界等有些人士,则另当别论。

(2) 身高。头发的长度,在一定程度上和个人身高有关。以女性为例,头发的长度与身高可成正比。个子高,头发可留得长些;个子小,头发不宜过长。

(3) 年龄。人有长幼之分,头发的长度亦受此影响。年龄渐大,头发要渐短。一位少女长发披肩,看起来美丽动人;而老太太也这样,大家看了肯定会觉得不太合适。

(4) 职业。不同的职业对头发的长度有不同的要求。例如,野战军战士为了负伤后抢救方便,通常理光头,而其他行业人士则不必如此。职场人员头发的长度要方便工作,符合工作要求:女性的刘海不能遮眉眼,在某些特殊岗位不能披散长发;男性不宜留鬓角、发帘,做到前发不触及额头、侧发不触及耳朵、后发不触及衣领。

3. 适当美化

人们在修饰头发时,往往会有意识地运用某些技术手段对其进行美化,即所谓的美发。美发不仅要美观大方,而且要自然,雕琢痕迹不宜过重。美发的方法有以下几种。

(1) 烫发。运用物理或化学手段,将头发做成适当的形状。如发量少的人通过烫卷的方法,使发量显得多一些;头发毛糙的人通过离子烫等方法使头发顺滑等。一般来说,烫发前要了解自己的发质。

(2) 染发。有白发或是想改变发色,可以通过染发达到目的。东方人最适合的还是黑发,不过只要发色不太刺眼、工作单位认可,也可以改变自己的发色。但须知,染发剂对身体健康有影响,最好隔半年染一次或使用植物染发剂。

(3) 假发。头发有先天缺陷或想改变发型者,均可使用假发。现在市场上假发品种很多,分为真人发和尼龙发两种。无论使用哪一种,看起来一定要自然,不可过于俗气。

(4) 发型。头发是衬托面容的框架,发型的变化与个人的审美有很大关系。一般来说,个人的发型要与自己的发质、脸形、体形、年龄、服饰、性格、风格及工作环境等因素很好地结合起来,才能塑造整体美的形象。

其中,脸形对发型的选择影响最大。发型一定要适合自己的脸形。如椭圆形的脸,俗称

瓜子脸,适宜各种发型;圆脸,应选择视觉上显长不显宽的发型,让顶部头发蓬高,两侧收紧,忌头发中分;长脸形,原则上用圆线条来弥补,男性发脚可稍微蓄低一点,女性顶发平贴头皮,前额留刘海儿,而且尽量让头发向两边分散,以增强横向扩张的感觉;正三角形脸,顶部头发蓬松,发梢稍微遮掩两颊;倒三角脸形,上半部头发不要蓬松,不宜取无缝式或全部后掠式,头发从前至后形成蓬松的弧度,女性长发至下巴以下,卷成弯曲的形状,可增加下边宽度,使脸形匀称;菱形脸形,挡住前额,耳后的头发蓬松,男生忌梳背头,女生可将头发剪至中长烫卷,使脸形看起来呈椭圆形。总的来说,脸型与发型应互补。

(二)面部修饰

面部,又称脸面、面孔,指包括人的耳、目、口、鼻等五官在内的头的前部,是人的头部最为引人注目之处。你希望别人注意你的脸部,就应当重点修饰眼部、口部、鼻部和耳部,以整洁、卫生、简约、端庄的状态示人。

1. 面容洁净

修饰面容,首先要做到洁净,即应勤洗脸,使之干净清爽,无灰尘、无汗渍、无泥垢、无泪痕、无分泌物。要照顾到包括眼角、鼻孔、耳后、脖颈在内的方方面面。洗脸,每天不仅要在早上起床之后与晚上入睡之前各洗一次,而且,午休、出汗、劳动后都要及时洗脸。

2. 口部修饰

口部修饰的范围包括口腔和口的周围。口部修饰的重中之重是注意口腔卫生,要勤刷牙、勤漱口,保持牙齿洁白、口气清新,避免牙齿污染、口腔产生异味。从卫生保健的角度讲,每天应当刷牙三次、每次在饭后三分钟内进行,每次刷三分钟,即"三个三"标准。保持口腔清洁,是个人卫生方面的一种美德,也是尊敬他人、有修养的表现。

与人交往应酬,进入公共场合前应禁食容易产生异味的食物,如葱、蒜、韭菜、腐乳、虾酱、臭豆腐等刺激性食物,还包括烟、酒。如果不得已而为之,可用口香糖或茶叶将口气减轻。

嘴唇的护养也要列入口部修饰的范畴之内,要注意适当呵护自己的嘴唇,防止干裂、暴皮和生疮,还要避免唇边残留分泌物和其他异物,与别人交谈时不能放任口沫四溅。男士还应当坚持每天剃胡须、修剪鼻毛。"胡子拉碴"、"鼻毛乱飞"是不修边幅的表现,以这样的形象与人交往,只能落得一个印象不佳的结果。

3. 耳部修饰

修饰耳部主要是保持耳部的清洁,及时清除耳垢和修剪耳毛。有些人在冬季不注意耳朵的防寒保暖,耳部发生习惯性冻疮,疮痂布满耳廓,很是难看。耳朵里沟回很多,容易藏污纳垢,应注意耳朵的清洁,及时清除耳垢。若有耳毛生长到耳朵外面,要及时修剪。

4. 皮肤保养

人人都希望自己的皮肤滋润、细腻、柔嫩、富有弹性。然而,有些人的皮肤显得黯黑粗糙,不尽如人意。分析原因,除一部分是遗传因素及疾病影响外,在许多情况下,还与后天不善于保养有密切关系。

人的皮肤按皮脂腺的分泌状况,一般可分为四种类型,即中性皮肤、干性皮肤、油性皮肤和混合性皮肤。在实际操作过程中,也经常会遇见敏感性皮肤。大家可以对照表2-1,看看自己的皮肤属于哪种类型。了解了自己的皮肤类型就可以有针对性地进行护理和保养。

表 2-1　皮肤的几种类型及特征

皮肤类型	皮肤特征
中性皮肤	健康理想的皮肤,多见于青春期少女,皮脂分泌量适中,皮肤既不干也不油,红润细腻、光滑、富有弹性,不易起皱,毛孔较小,对外界刺激不敏感,但受季节影响,夏季趋于油性,冬季趋于干性
干性皮肤	肤色白皙,毛孔细小而不明显。皮脂分泌量少,比较干燥,容易产生细小皱纹。角质层含水量低于 10%,毛细血管表浅、易破裂,对外界刺激比较敏感。分缺水性和缺油性两种
油性皮肤	肤色较深,毛孔粗大,皮脂分泌量多,油腻光亮,不容易起皱纹,对外界刺激不敏感。由于皮脂分泌过多,容易生粉刺、痤疮。常见于青春期的年轻人
混合性皮肤	兼有油性皮肤和干性皮肤的特征,在面部 T 形区(前额、鼻、口周围)呈油性状态,眼部及两颊呈干性。80% 的女性都是混合性皮肤
敏感性皮肤	角质层较薄,对外界刺激很敏感。当受到外界刺激时,会出现局部微红、红肿,出现疮、块及刺痒等症状

5. 化妆技巧

美容化妆是运用多种化妆用品和工具,采取合乎规则的步骤和技巧,对面部、五官及其他部位进行预想的渲染、描画和整理,以强调和突出人所具有的自然美,掩饰存在的不足和缺陷。化妆,不仅是对自己的美化,更是对交往对象的尊重。在许多场合,素面朝天的面容已经远远满足不了社会交往的需要。

在一般情况下,女生对化妆应更加重视。但化妆并不是女性的专利,男性要显得有风度,也应注意外形的修饰,如可以通过润肤露来修饰皮肤的光泽,用一点唇油使面容更生动,从而使人感到清洁、庄重、文雅、有朝气和有品位。

1) 化妆的礼仪要求

美容化妆首先要体现内在气质、性格,体现人体的自然美。化妆不仅仅是描眉打鬓,而是要借助这些化妆技术,体现化妆者的形象,所以,每个人在化妆之前,对自己要有一个整体和理想的形象设计。

其次,化妆要掩饰容貌上的缺陷和不足。一般宜化淡妆,绝不能浓妆艳抹,否则会显得轻浮、怪异甚至荒诞。具体来说,化妆要符合以下规范。

(1) 妆容的浓淡程度视时间和场合而定。白天是人们工作的时间,宜化淡妆,轻点朱唇淡扫眉,妆色健康、明朗、端庄。晚宴妆、舞会妆宜化得浓艳些。外出旅游或参加剧烈运动时,不适合化浓妆,在自然光下浓妆的效果会显得很不自然。

(2) 不应在他人面前化妆。生活中有很多女士,她们对自己的装饰和形象十分在意,不论是工作、学习、上街、社交,还是赴宴,一旦有了空闲,就马上掏出化妆盒旁若无人地对着镜修饰一番。殊不知,在众人面前化妆是非常失礼的,既有碍他人,也是对自己的不尊重。假如确实需要化妆或补妆的话,只能在无他人在场处进行。尤其要避开异性,否则会被认为有卖弄表演吸引异性之嫌。

(3) 不应残妆露面。如因就餐、休息等原因造成妆面残缺,应及时避开他人补妆。

（4）不要对他人的妆容妄加评论。由于民族、文化传统的不同，肤色的差异以及个人审美情趣的不同，每个人化的妆不可能都一样。美国一些老太太喜欢把脚趾涂得鲜红，东南亚一些国家的妇女喜爱嚼槟榔，因而把牙齿染成黑色，对此并没有必要少见多怪。化妆没有定式，也不可对他人评头论足。

（5）不要借用他人的化妆品。处于卫生与礼貌，无论是谁，无论是否急用，都不要去借用他人的化妆品。

（6）不要因化妆而对他人产生不良影响。有人一次性使用过多的或味道比较浓烈的化妆品，香气四溢，令人窒息，无形中造成对他人的妨碍。

（7）男性施妆勿显妆痕。在正式场合，男性稍作化妆也是必要的。但应当注意男女有别，千万不要在化妆后让人觉得"男扮女装"。通常，男性使用化妆品不宜过多，所选色彩以接近原肤色为宜。男性不宜装扮得油头粉面，容易令人生厌。

2）女性化妆的基本步骤

①洗面；②拍收缩水（化妆水）；③搽营养霜（液）；④涂隔离霜；⑤上粉底；⑥定妆（涂干粉）；⑦修眉；⑧画眉；⑨化眼影；⑩画眼线；⑪涂睫毛膏；⑫涂腮红；⑬涂口红。化妆步骤的繁简可以根据场合不同而定。

化妆是一种技巧，它是有规律可循的。只要按照科学、正确的方法去练习，每个人都可以成为化妆高手。

3）男性化妆和修饰

男性化妆最好用专用化妆品。如做不到，也应结合自己的肤型妥善选择。干性皮肤应用油质护肤化妆品，油性皮肤应用水质护肤化妆品。男性一般不用油脂类护肤品，而要用霜蜜类。不同行业人员所用的化妆品也应有所不同。男性不宜过多使用化妆品，平时只使用一些适合自己皮肤的护肤霜就可以了，特别是正值发育期的青年，新陈代谢旺盛，皮肤毛孔很容易被堵塞，更不可多用化妆品。

在大部分情况下，男性护肤主要以自我保健为主，一般只使用护肤品。但在某种场合以及特定的情况下，也可化妆和修饰以掩饰疲劳的面容及面部的某些缺点。如有需要，可按如下步骤加以修饰。

（1）先清洁皮肤，去角质及污垢。

（2）涂抹适合自己皮肤的护肤霜。

（3）用粉底调整皮肤色调时应选择深于自己肤色的颜色。

（4）如肤色灰黄苍白，可在面颊及眼圈周围用微量的浅红膏状腮红（亦可用浅红唇膏代替）淡淡地揉匀。

（5）肤色比较理想者，可不必涂粉底，只用浅红膏状腮红（亦可用浅红唇膏代替）涂在脸颊及眼睛周围即可。

（三）肢体修饰

在人际交往中，人们的肢体动作往往很多，也最受关注，所以，不仅要注意肢体卫生，还要注意肢体修饰。

1. 手与胳膊的修饰

手被称作"个人形象的第二张名片"。对手部与胳膊的具体要求有以下四点。

（1）清洁。在一些特殊的工作岗位上，除了勤洗手保持清洁外，按规定还必须戴上专用手套。

（2）不使用醒目的指甲油。适当使用指甲油，能够增添手部的魅力，给他人留下美好的印象，例如一些与指甲颜色相近的指甲油就能够起到很好的修饰作用。

（3）不蓄长指甲。指甲应定期修剪，最好每周修剪一次。指甲的长度以不超过手指指尖为宜。

（4）腋毛不外现。在他人面前，尤其是在外人或异性面前，腋毛是不应为对方所见的。女生要特别注意这一点。

2．腿、脚的修饰

在人际交往中，有"远看头，近看脚"的习惯，所以应注意：

（1）在正常情况下，要勤洗脚、勤换袜子、勤换鞋。尤其是夏天，要保持鞋袜洁净、无异味，鞋面干净。

（2）在正式场合，女性着裙装时，不得光腿，要穿肉色长筒丝袜。男性必须穿长裤，不能露出腿毛。男女在正式场合都不得穿凉鞋，应前不露脚趾，后不露脚后跟。

同步案例　为什么？

背景与情境：某航空公司要面向社会招一批空姐，前来报名的人络绎不绝。其中有几个女孩，心想空姐是多么时髦的职业，招的都是那些漂亮的女孩。于是，几个姑娘就到美容院将自己浓墨重彩地打扮了一番，活像电视剧里的日韩明星。她们高高兴兴地来到报名地点，谁知工作人员连报名的机会都不给她们，就让她们走。看着别的姑娘一个个报上了名，她们几个很纳闷："这是为什么呢？"

问题：根据本章所学的理论解释这几个女孩的困惑。

分析提示：这几个女孩的问题在于没有注意化妆的场合。化妆的浓淡及技巧应视当时的场合而定，除此之外，面试时更应注意将要应聘的岗位要求。

第三节　仪态礼仪

人的仪态，每时每刻都在传递信息，传达人的思想和感情，它所包含的信息是十分可观的。心理学家有一个有趣的公式：一条信息的表达＝7%的语言＋38%的声音＋55%的人体动作。可见，人们获得的信息大部分来自视觉印象。如我们"表示同意"时会点点头，说"不要"时会摇摇手，说"欢迎光临"时满面笑容，喊着"你滚出去"时则怒目圆睁，高兴时手舞足蹈，愤怒时以沉默表示抗议。对聋哑人来说，体态语更是表情达意、传递信息的主要手段。因而美国心理学家艾德华·霍尔曼十分肯定地说："无声语言所显示的意义要比有声语言显

示的多得多。"对人际沟通来说,体态语言因其独特的有形性、可视性和直接性,具有不可低估的特殊价值。

从一个人的仪态可以看出他(她)的品格、学识、能力、文明修养程度以及他(她)的内心世界,潇洒的风度、优雅的举止,常常让人羡慕、称赞,给人留下好印象。而在社交中用良好的体态礼仪表情达意,往往比语言更让人感到真实、生动。所以,我们每个人都应养成文明的举止行为习惯,给自己的外在形象增光添彩,在生活、学习、工作、社交场合中给公众以良好的体态视觉,同时,也应当善于从他人的各种具体的体姿、仪态中了解他人的真实思想轨迹。

仪态,包括人的举止行为、姿势、态度表情等。日常生活中人们的起立、坐下、行走,举手投足,一颦一笑都是仪态的表现。平日里,这些行为举止并没有一成不变的姿势,也不需像军人那样整齐划一,但总体要做到:站有站相,坐有坐相,走有走姿。

古人要求人们:坐如钟,站如松,行如风。这也正是大学生仪态规范的起码要求。下面就手势、站姿、坐姿、走姿及表情的礼仪规范分别做介绍。

一、手势

手是人体最富灵性的器官。如果说眼睛是心灵的窗户,那么手就是心灵的触角,是人的第二双眼睛。手势在传递信息、表情达意方面发挥着重要的作用。在日常生活中,我们可以从他人手的动作来猜测和判断对方的心理,比如,搓手掌往往是人们用来表示对某一事情结局的一种急切期待的心理,也就是说,搓手掌是当人们对某事的未来结果有一定成功的把握,或是期待着成功的结果,或者在一种不知如何是好而且又急切盼望尽快知道结果的情况下,手掌所流露出来的一种期待信号。当一个推销员神气活现地走进经理办公室,搓着手掌,并喜笑颜开地对经理说:"经理,我看咱们这次一定能大赚一笔。"这就暗示出推销员对这笔生意的期待。

在人际交往中,手势是沟通情感的重要媒介,同时,大方、恰当的手势可以给人以肯定、明确的印象和优美文雅的美感,为人的交际形象增辉。生动形象的有声语言再配合准确精彩的手势动作,必然会使交流更富有感染力、说服力和影响力。

(一) 手势的区域

手势活动的范围,有上、中、下三个区域。此外,还有内区和外区之分。

1. 上区

肩部以上称为上区,多表示理想、希望、宏大、激昂等情感,表达积极肯定的意思。

2. 中区

肩部至腰部为中区,多表示比较平静的意思,一般不带有浓厚的感情色彩。

3. 下区

腰部以下称为下区,多表示不屑、厌烦、反对、失望等,表达消极否定的意思。

(二) 手势的基本类型

人的手势通常可分为以下四种类型。

1. 情意性手势

主要用于带有强烈感情色彩的内容,其表现方式极为丰富,感染力极强。例如,海外的老华侨说"我非常思念我的祖国,我热爱我的祖国"时用双手捧胸,以表示一腔真诚之情。

2. 象征性手势

主要用来表达一些比较复杂的感情和抽象的概念,从而引起对方的思考和联想。例如,用右手五指并齐,并用手臂前伸这个手势来形容大军乘胜追击的场面,象征着奋勇杀敌,勇往直前的大军,能引起听众的联想。

3. 指示性手势

主要用于指不具体事物或数量。其特点是动作简单、表达专一,一般不带感情色彩。例如,当讲到自己时,用手指向自己;谈到对方时,用手指向对方。

4. 形象性手势

主要用于模拟事物的形状,以引起对方的联想,给人一种具体明确的印象。例如,说到高山,手向上伸;讲到大海,手平伸外展。

(三) 手势含义

一般来说,掌心向上的手势有一种诚恳、尊重他人的含义;掌心向下的手势意味着不够坦率、缺乏诚意等;攥紧拳头暗示进攻和自卫,也表示愤怒;伸出手指来指点,是要引起他人的注意,含有教训人的意味;双手自然摊开,表明心情轻松,坦诚而无顾忌;以手支头,表明对方要么正在全神贯注于某事,要么十分厌烦或者已经走神;用手成"八"字形托住下巴,是沉思与深算的表现;用手挠后脑,抓耳垂,表明有些羞涩或不知所措;手无目的地乱动,说明很紧张,情绪难以控制;如果不自觉地摸嘴巴、擦眼睛,十有八九没说实话;双手相搓,如果不是天冷,就是在表达一种期待;与人交谈时,双手插于口袋,则显示出没把对方放在眼里或不信任对方。图 2-1 所示为几种比较常见的手势符号。

"V"形	竖大拇指	"OK"手势	右手握拳伸出食指	"我爱你"手势	"摇滚"手势	握拳

图 2-1　常见的手势符号

1. "V"形手势

"V"形手势通常表示胜利,暗示对工作或某项活动充满信心。这种手势要求手掌向外。若是手掌向内,就变成了侮辱人的信号了。在欧洲大多数国家,做手背朝外、手心朝内的"V"形手势是表示让人"走开",在英国则指伤风败俗的事。在中国,"V"形手势亦可表示数目"2"、"第二"或"剪刀"。在非洲国家,"V"形手势一般表示两件事或两个东西。

2. 竖大拇指

中国人认为竖大拇指表示赞赏、夸奖,暗示某人"真行"。而在美国、英国、澳大利亚等国,这种手势则有三种含义:搭便车,表示 OK,骂人;在希腊,这种手势意味着"够了"、"滚

开",是侮辱人的信号;在德国,表示"1";在日本,表示"5"。将大拇指指向自己,是自夸的意思,而指向别人,通常是看不起人的表示。一般来说,在社交场合,不宜将拇指跷向自己或别人。这样做,往往给人一种很粗鲁的感觉。

3. "OK"手势

"OK"手势在欧美通常表示同意,暗示赞成或欣赏对方的观点。在日本则表示"懂了";在缅甸、韩国表示"金钱";在印度表示"正确";在泰国表示"没问题";在巴西,常以之指责别人作风不正确;在突尼斯表示"无用";在印尼表示"不成功";在地中海国家,常用它来影射同性恋;在德国表示"笨蛋";在法国表示"微不足道"或"一钱不值";斯里兰卡的佛教徒用右手做同样的手势,放在额下胸前,同时微微欠身领首,以此表示希望对方"多多保重";在希腊和意大利的撒丁岛,这是一种令人厌恶的污秽手势。

4. 右手握拳伸出食指

这个手势在我国,表示"一次"或"一",或是"提醒对方注意"的意思;在日本、韩国等表示"只有一次";在法国是"请求"、"提出问题"的意思;在缅甸表示"拜托";在新加坡表示"最重要";而在澳大利亚则表示"请再来一杯啤酒"。

5. "我爱你"(I Love You)手势

"我爱你"手势其实由三个部分组成:在美国的手势字母中,只伸出小拇指,表示"I";伸出食指和大拇指,表示"L"(Love);伸出大拇指和小指,表示"Y"(You)。简化连起来,伸出大拇指、食指和小指就是"I Love You"。

6. "摇滚"手势(意大利语 corna,也写作 mano cornuta 或是 horned hand)

我们现在看到的"摇滚"手势看上去像是山羊。此手势将食指与小指伸直,与此同时要用拇指压住弯下的中指和无名指。在西方文化中,山羊通常表示魔鬼的化身,因此这个手势原是一种在地中海沿岸国家的居民用的粗俗手势,可追溯至古希腊时期,被叫作"魔鬼之角"、"山羊之角"、"摇滚之角"、"甩出山羊"、"邪恶手指"或直接称为"角"等等。随着时代的发展,"山羊角"在 Black Sabbath 时期被引进金属摇滚中,并逐渐发展,成了全世界摇滚迷的共同手势。在美国的一些摇滚音乐亚文化中也被称作"继续摇滚"手势(Rock On),得克萨斯大学运动队的啦啦队用这一手势为队员加油,自然是跟撒旦魔鬼毫无关系,纯粹表示"出色、极好"。在你称赞某人很棒时,也能使用这个手势,表示"You Rock!"

运用此手势时,注意其跟"我爱你"手势的区别,前者要同时伸开大拇指,而后者则不。

7. 握拳

这个手势表示好斗的、威胁性的、挑战性的,如果手指向自己则表示骄傲、权力、胜利。

(四)社交活动中常用的手势

社交活动中常用的手势主要包括迎接、引领、示坐等,主要方式有以下几种。

1. 直臂式

需要给宾客指方向时或做"请往前走"手势时,采用直臂式,其动作要领:将右手由前抬到与肩同高的位置,前臂伸直,用手指向来宾要去的方向。一般男士使用这个动作较多。注意指引方向,不可用一根手指指出,显得不礼貌。图 2-2 所示为直臂式。

图 2-2　直臂式

2. 横摆式

迎接来宾做"请进"、"请"时常用横摆式。其动作要领:右手从腹前抬起向右横摆到身体的右前方。腕关节要低于肘关节。站成右丁字步,或双腿并拢,左手自然下垂或背在后面。头部和上身微向伸出手的一侧倾斜,目视宾客,面带微笑,表现出对宾客的尊重、欢迎,同时加上礼貌用语,如"女士,请跟我来"、"里边请"、"这边请"等。图 2-3 所示为横摆式。

3. 斜臂式(斜摆式)

请来宾入座做"请坐"手势时,手势应摆向座位的方向。其动作要领:一只手先从身体的一侧抬起,到高于腰部后,从上向下摆动到距身体 45°处,手臂向下形成一斜线。图 2-4 所示为斜臂式(斜摆式)。

图 2-3　横摆式

图 2-4　斜臂式(斜摆式)

4. 曲臂式

"请"或指示方向时采用。以右手为例,从身体的右侧前方,由下向上抬起,至上臂离开身体 45°的高度时,以肘关节为轴,手臂由体侧向体前的左侧摆动,距离身体 20 厘米处停住;掌心向上,手指尖指向左方,头部随服务对象由右转向左方,面带微笑。图 2-5 所示为曲臂式。

5. 双臂横摆式

当举行重大庆典活动，接待较多来宾做"诸位请"或批示方向的手势时采用。表示"请"可以动作大一些。其动作要领是：将双手由前抬起到腹部再向两侧摆到身体的侧前方，这是面向来宾。指向前进方向一侧的臂应抬高一些，伸直一些，另一手稍低一些，曲一些。若是站在来宾的侧面，则两手从体前抬起，同时向一侧摆动，两臂之间保持一定距离。

运用手势时还要注意与眼神、步伐、礼节相配合，才能使宾客感觉到这是一种"感情投入"的热诚服务。图 2-6 所示为双臂横摆式。

图 2-5　曲臂式

图 2-6　双臂横摆式

6. 递接物品

递送物品时，应注意以下几个方面的问题。

（1）双手为宜。双手递物于人最佳，不方便双手并用时，也要采用右手，以左手递物被视为失礼之举。

（2）递于手中。递给他人的物品，以直接交到对方手中为好。

（3）主动上前。若双方相距过远，递物者当主动走近接物者。

（4）方便接拿。在递物于人时，应当为对方留出便于接取物品的地方，不要让其感到接物时无从下手，比如餐具。

（5）物品正面面对对方。将带有文字的物品递交他人时，还须使之正面面对对方。

（6）尖、刃向内。将带尖、带刃或其他易伤人的物品递于他人时，切勿将尖、刃直接指向对方，合乎礼仪的做法是使其朝向自己，或是朝向他处。

接取物品时，应注意以下几个方面的问题。

（1）应当目视对方，而不要只顾注视物品。

（2）一定要用双手或右手，绝不能单用左手。

（3）必要之时，应当起身而立，并主动走近对方。

（4）等对方递过物品时，再以手前去接取，而切勿急不可耐地直接从对方手中抢取物品。

(五) 手势禁忌

1. 易误解的手势

易被人误解的手势大致有两类情形：一类是个人的习惯手势动作，但并不通用，他人难以理解；另一类是，某一手势因风俗习惯或文化背景不同，而使人产生不同或完全相反的理解。所以在使用手势语言时，一定要十分注意所在的场合和所面对的对象，否则，就很容易引起误解。

2. 不文明的手势

在他人面前，毫无顾忌地掏耳朵、搔头皮、剜眼屎、抠鼻孔、剔牙齿、摸脚丫、抓痒痒等均属不文明、不卫生的手势，令人厌恶。

3. 有失稳重的手势

在大庭广众下，双手乱动、乱摸、乱扶、乱放，或咬指尖、折衣角、抱大腿、捂脑袋、摆弄手指等，均属不稳重的手势，应予禁止。

4. 失敬于人的手势

竖中指、以食指指点他人，勾动食指或拇指以外的四指招呼他人、双臂环抱等。

5. 手势过多

过于繁杂、多余的手势，会给人留下装腔作势、缺乏涵养的感觉，有时会喧宾夺主。

二、站姿——端正、挺拔、舒展、俊美

站姿指人的双腿在直立静止状态下呈现出的姿势，是一切姿态的基础。一个人想要表现出得体雅致的姿态，首先要从规范站姿开始。"站如松"是说人的站立姿势要像青松一般端直挺拔，优美、典雅的站姿是一种静态美，是仪态美的起点和基础，也是一个人良好气质和风度的体现。

(一) 基本站姿的要求

端正、自然、亲切、稳重。正确站姿的要领：头正，颈直，下颌微收，双目平视前方。脚跟靠拢，脚尖分开 45°～60°，呈小八字开立，身体重心落在两脚间的中心位置上。两腿用力，双膝并拢；收腹提臀，挺胸立腰；双肩打开，放松下沉；双臂自然下垂，虎口向前，手指自然弯曲，中指贴裤缝。基本站姿男女通用，在一些庄严隆重的场合适用（见图 2-7）。

(二) 站姿的种类

1. 前腹式

在基本站姿的基础上，两手握于腹前。右手在上，握住左手手指部位，两手交叉放在衣扣垂直线上。这种站姿适用于服务场合，且此种站姿男女略有不同。

女性：挺胸收腹，立腰直背，双膝并拢，平视前方，两脚尖略展开，右脚在前，将右脚跟靠于左脚内侧脚弓处，即右丁字步。两手握指交叉于腹前，身体重心可以放在两脚上，也可以放在一只脚上，通过两脚中心的转

图 2-7　基本站姿

移减轻疲劳(见图2-8)。也可用左丁字步。

男性：在基本站姿的基础上,左脚向左横跨一步,两脚之间距离不得超过肩宽,两脚分开平行站立,两手握指于腹前,身体重心放在两脚上,身体直立,注意不要挺腹或后仰。

2. 后背式

分为双臂后背式和单臂后背式。双臂后背式是在基本站姿的基础上,双手在背后交叉,左手轻握右手手指。两脚可分可并。分开时,不超过肩宽,脚尖展开,两脚夹角成60°。挺胸立腰,收颌收腹,双目平视。这种站姿,两脚分开站时,优美中略带威严,易产生距离感;如果两脚改为并立,则突出了尊重的意味。

单臂后背式,即一手背在后面,贴在臀部,另一手自然下垂,中指对准裤缝,两脚既可以并拢也可以分开,也可以成小丁字步,男士多用这种站姿,显得大方、自然、洒脱(见图2-9)。

图2-8　前腹式

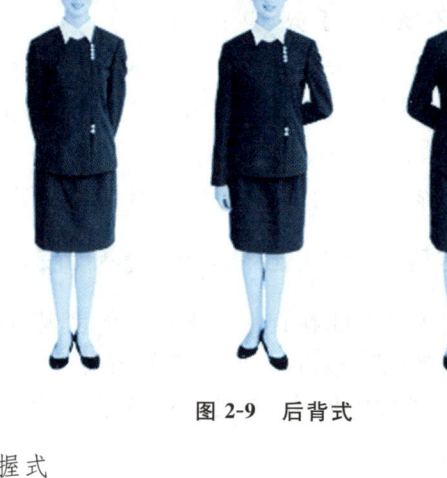

图2-9　后背式

图2-10　横握式

3. 横握式

脚部成右丁字站位,左手横握于腹前,手形为半握空拳,手形自然,右手自然垂于体侧(见图2-10)。

(三)站姿禁忌

两脚切勿分得过开,女性要尤为注意这一点,在任何场合下,要注意并拢双膝;不要交叉两腿而站,否则会给人不严肃的感觉;不要弯腰驼背;不可一肩高一肩低;双脚稳踏在地,不可在地上不停乱划;不能将身体斜靠在其他支撑物上;勿与他人勾肩搭背地站着;身体不能抖动或晃动,否则给人漫不经心或没有教养的感觉;勿将双手插入衣袋或裤袋中,给人不严肃、拘谨小气之感;勿将双臂交叉抱于胸前,这样的姿态会有消极、防御、抗议之嫌;切勿双手或单手叉腰,这种站法往往含有进犯之意,而在异性面前叉腰,则有挑逗之意;不要下意识地做小动作,如摆弄打火机、香烟盒,玩弄皮带、发辫,咬手指甲等。这些小动作不但使人显得拘谨,给人缺乏自信和经验的感觉,而且也有失庄重。

（四）不同站姿的含义

1. 胸挺背直，双目平视

表现出充分的自信，并给人气宇轩昂、乐观开放的感觉。相反，弯腰弓背的人，则表现出自我防卫、消沉、封闭的倾向。

2. 双手叉腰，挺立而站

这种站姿是精神上处于优势的表现。他对面临的事物有着充分的心理准备，采取的是有助于迎接挑战的姿态。

3. 双手插入口袋

具有不袒露心迹，甚至暗中思索的倾向。如果是同时出现弯腰弓背的姿势，可能是心情沮丧或苦恼的表现。

4. 两臂交叉

表明对别人的谈话采取的是审视或排斥的态度，一般是习惯性防范动作。

5. 踝关节交叉的站姿

表示态度上保留意见或轻微拒绝。

6. 两人呈"八"字形站立

表明允许第三人加入他们的势力范围，从而构成一个三个人的封闭圈；三个人呈"门"字形站立，表明可容纳第四人，并形成拒绝别人再进入的"栅栏"。

（五）站姿的练习

站是坐和行的基础，也是最基本的姿势，所以显得非常重要，故对其练习也应时常坚持。练习站姿应掌握的要领是平、直、高。

1. 平

头和两个肩膀摆平正，两眼平视，最好经常通过镜子来观察、纠正和掌握。

2. 直

腰直、腿直；后脑勺、背、臀、脚后跟成一条直线。可以靠墙壁站立，后脑勺靠墙，下巴会自然微收；腿、膝尽可能绷直，往墙壁贴靠；脚跟顶住墙，把手塞到腰、墙之间，如果刚好能塞进去就可以了，如果空间太大，可把手一直放在背后，弯下腿，慢慢蹲下去，蹲到一半时，多余的空间就会消失，然后再站直，体会正确直立的感觉。

3. 高

重心上拔，尽可能使人显高。练习方法是挺胸收腹，脖子向上拉直。在墙上吊一个物体，每当挺直上拔时，头顶刚好能碰到。

按照上面的要领反复练习，平时再注意点，形成习惯，就一定会有一个良好的站立姿态。

三、坐姿——端正、稳重、自然、大方

坐姿是指人在就座以后身体所保持的一种姿势。坐姿的基本要求是端正、稳重、自然、大方，给人一种舒适感。"坐如钟"，即坐相要像钟那样端正稳重。端正优美的坐姿，会给人文雅稳重、自然大方的美感。基本要求：腹背挺直，手臂放松，双腿并拢，目视于人。

（一）入座礼仪

1. 注意顺序

当你与他人一起入座时,要讲究先后顺序,礼让尊长,不能抢先就座。

2. 讲究方位

正式场合通常应从左侧一方走向自己的座位,从左侧一方离开自己的座位。

3. 落座无声

入座时,应不慌不忙,悄无声息,调整坐姿时也不宜出声,这样能体现出你的修养。

4. 入座得法

就座时,应转身背对座位。如距座位较远,可以右脚后移半步,待腿部接触座位边缘后,再轻轻坐下。女士入座时尤要娴雅、文静、柔美,若穿裙子则应将裙子后片向前拢一下,以显得端庄娴雅。

（二）就座时的正确姿态

走到座位前面转身,右脚后退半步,左脚跟上,然后轻稳地坐下。女子入座时,要用手把裙子向前拢一下。坐下后,上身正直,头正目平,嘴巴微闭,面带微笑,腰背稍靠椅背,以坐满椅面的三分之二为宜。两手相交放在两腿上。两腿自然弯曲,小腿与地面基本垂直,两脚平落地面,两膝间的距离,男子以松开一拳为宜,女子则不分开为好。

（三）离座

1. 事先说明

离开座椅时身边如果有人在座,应该用语言或动作向对方先示意,随后再站起身来。

2. 注意先后

和别人同时离座,要注意起身的先后次序。地位低于对方的,应该稍后离座。地位高于对方时,可首先离座。双方身份相似时,可以同时起身离座。

3. 起身缓慢

起身离座时,最好动作轻缓,不要"拖泥带水",弄响座椅,或将椅垫、椅罩弄掉在地,尽量站好再走。

4. 从左离开

起身后,应该从左侧离座。

（四）坐姿的常见种类

1. 正襟危坐式（垂直式）

这是正式场合最基本的一种坐姿,给人以诚恳认真的感觉,男女均可用这种坐姿。要求是:在基本坐姿的基础上,女士双腿并拢,男士双腿可分开与肩宽,小腿与地面垂直,双膝和双脚跟并拢;双肩放松下沉,双臂自然弯曲内收,双手呈握指式,右手在上,手指自然弯曲,放于腹前双腿上。须注意这种坐姿脊背一定要挺直,头部摆正,目视前方,如图 2-11 所示。

2. 双腿前伸式

在垂直式的基础上,双腿略向前伸。这种坐姿在自己不受注目的场合,显得轻松自然,但切忌将双脚伸得太远,如图 2-12 所示。

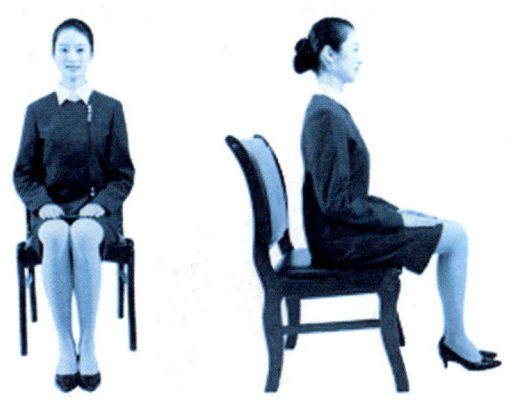

图 2-11　正襟危坐式(垂直式)　　　　　图 2-12　双腿前伸式

3. 双脚内收式(后点式)

在垂直式的基础上,两条小腿向后侧曲回,双脚脚掌着地,膝盖以上并拢,两脚可略微张开。同样,这种坐姿在自己不受注目的场合比较轻松自然,如图 2-13 所示。

4. 前后式

这是适合女性的一种优美坐姿。在基本坐姿的基础上,大腿并拢,向前伸一条腿,并将另一条腿曲后,两脚脚掌着地,双脚前后保持在一条线上,如图 2-14 所示。

图 2-13　双脚内收式(后点式)　　　　　图 2-14　前后式

5. 双脚交叉式

这种坐姿男女都可以用,在基本坐姿的基础上,双腿并拢,双脚在脚踝处交叉。交叉后的双脚可以内收,也可以斜放。坐在主席台上、办公桌后面或公共汽车上时,比较适合采用这种坐姿,感觉比较自然。应当注意的是,采用这种坐姿时,膝部不宜打开,也不宜将交叉的双脚大幅度地分开,或是向前方直伸出去,否则可能会影响到从前面通过的人,如图 2-15 所示。记住,不造成对别人的困扰是礼仪中最基本的一项原则。

6. 双腿斜放式(侧点式)

这种坐姿适合穿裙子的女性在低处就座时使用。坐在较低的椅子上时,双脚垂直放置,

膝盖可能会高过腰，较不雅观。这时最好采用双腿斜放式，即双腿并拢之后，双脚同时向右侧或左侧斜放，并且与地面形成45°左右的夹角，这样的话，就座者的身体就会呈现优美的S形，如图2-16所示。坐沙发时，这种姿势最实用。须注意两膝不宜分开，小腿间也不要有缝隙。

图2-15　双脚交叉式

图2-16　双腿斜放式(侧点式)

图2-17　双腿叠放式
（挂膝式）

7. 双腿叠放式（挂膝式）

此坐姿适合穿短裙的女性，造型极为优雅，有一种大方高贵之感。这种坐姿要求在基本坐姿的基础上，将双腿上下叠放，交叠后的两腿之间不留缝隙。两腿交叠呈一直线，才会造成纤细的感觉。双脚置放的方法可视座椅的高矮而定，既可以垂直，也可与地面呈45°夹角斜放。叠放在上的脚尖下压，垂向地面，不应翘起，更不宜指向他人，如图2-17所示。采用这种坐姿时，切勿双手抱膝，更不能将两膝分开。穿短裙时应起身叠放双腿后再落座。这种坐姿还须注意"尊者先行"的原则。

（五）坐姿禁忌

1. 上身不直

入座之后，上身不应前倾后仰，歪向一侧，或趴伏在桌椅上。

2. 双手乱动

入座之后，双手要尽量减少不必要的动作。不应双手抱住膝盖、抱于脑后；摸腿、摸脚、将手夹在腿中间；不要用手敲打身前的桌子；勿将肘支于桌上，或将双手放在桌下。

3. 头部乱晃

入座之后，不应将头靠在座位背上，或是低头注视地面。左顾右盼、闭目养神、摇头晃脑都在禁忌之列。

4. 腿部乱摇

入座之后，腿部不可叉开过大，不要将双腿直伸出去，不要将双腿架在高处，不要反复摇晃抖动双腿，不要在尊长面前架二郎腿。

5. 脚部失态

入座之后，不要将脚抬得过高，使对方看到鞋底；不要以脚尖指向他人；不要蹬踏他物；

更不要用脚自脱鞋袜,或用手摸脚。

(六) 不同坐姿的心理秘密

坐的动作和姿势是多种多样的。研究人体语言的人认为,不同的坐姿反映着不同的心理状态,是有一定道理的。但我们不应当形而上学地把某种坐姿反映某种心理状态作为固定的模式。我们研究坐姿应当从人的生理因素、心理因素、社交因素等多方面出发,做出大致的判断。

正襟危坐,上身紧张起来的姿势是严肃、认真的表现;深深坐入椅内、腰板挺直的人在心理上处于优势;抖动脚或腿,是在传达内心的不安、急躁;张开两腿而坐的男性,充满自信,具有支配欲;一条腿自然地架在另一条腿上的女性,表示对自己的外貌有信心;频频变换架腿姿势,是情绪不稳定的焦躁的表现;把脚搁在桌子上,以此延伸自己的势力范围,表明此人有较强的支配欲和占有欲,在接人待物时会有傲慢无礼的表现;有教养的女性用脚踝交叉的动作代替架腿而坐,这种姿势不仅外观优美,而且传达的拒绝含义也比较委婉;始终浅坐在椅子上的人流露出心理上的劣势和缺乏精神上的安定感,迎合对方或随时准备起身;在会场中或公开场合,坐着时手捂嘴、掩嘴、摸下巴,多属以"评判"的态度在听对方发言。同自己熟悉要好的亲友会面时,性格开朗的人,落座时动作幅度大、速度快;同初次交往的人相会,会见尊长时,个性文静的人,落座时动作小而轻缓。大喜大怒时,性格强悍或不拘小节的人,落座时动作大而猛;悲怨沉思时,性格谨慎的人,落座时动作小而迟缓。

以上落座形式只是针对一般情况而言。对于一个文化修养程度高、自控能力强的人,以上判断就不一定是准确的。所以观察对方的落座动作,分析对方的心境、性格时,要考虑多种因素。我们自己在落座时,不论当时心境如何,个性如何,都应当从礼仪出发,善于自我控制,为自己塑造良好的形象。

四、行姿——从容、轻盈、敏捷、稳重

行姿又称为走姿。它以人的站姿为基础,实际上属于站姿的延续动作。与其他姿势不同的是,它自始至终都处于动态之中,体现的是人类的运动之美和精神风貌。

对行姿的要求虽不一定非要做到古人所要求的"行如风",至少也要做到不慌不忙,稳重大方。当然,不同情况下对行姿的要求是不同的。一般来说,标准的行走姿势,要以端正的站立姿态为基础。

(一) 行姿的基本要领

双目向前平视,面带微笑,微收下颌,上身挺直,头放正,挺胸收腹,重心稍向前倾。手臂伸直放松,手指自然弯曲,摆动时要以肩关节为轴,大臂带动小臂向前,手臂要摆直线,肘关节略弯曲,小臂不要向上甩动;向后摆动时,手臂外开不超过 30°,前后摆动的幅度为 30~40 厘米,如图 2-18 所示。

走路时姿势美不美,是由步度、步位和步速决定的。步度,也称步幅,是指行走时两腿之间的距离。步度一般标准是一脚踩出落地后,脚跟离未踩出一脚脚尖的距离恰好等于自己的脚长。身高超过 1.75 米以上的人的步幅约是一脚半长。男士的步幅可以稍大一点。步位是指脚落到地面时的位置。走路时最好的步位是两只脚所踩的是一条直线而不是两条平

图 2-18　行姿

行线,走路用腰力,有韵律感,如果走路时腰部松懈,就会有吃力的感觉,也不美观;如果拖着脚走路,更显得没有朝气,十分难看。走路的美感产生于下肢的频繁运动与上体稳定之间所形成的对比和谐,以及身体的平衡对称,要做到出步和落地时脚尖都正对前方,抬头挺胸,迈步向前。步速是指行走的速度,男子每分钟 108～110 步,女子每分钟 118～120 步。遇到紧急事情,可以加快步速,但尽量不要奔跑,否则有失优雅。

(二) 不同着装的走姿

所穿服饰不同,步态应有所区别。一般来讲,直线条服装具有舒展、庄重、大方、矫健的特点;而以曲线条为主的服装则显得妩媚、柔美、优雅、飘逸。总之,走姿应展现服装的特点。

1. 穿西装的走姿

西装以直线条为主,应当走出挺拔、优雅的风度。穿西装时,后背保持平正,走路的步幅可略大些,手臂伸直摆动。行走时,男士不要晃动,女士不要扭腰摆臀。

2. 穿旗袍的走姿

行走时,要求女士身体挺拔,胸微含,下颌微收,不要塌腰撅臀。走路时,步幅不宜过大,以免旗袍开衩过大导致"走光"。两脚跟前后要走在一条线上,脚尖略微外开,两手臂在体侧自然摆动,幅度也不宜过大。

3. 穿裙装的走姿

穿着长裙可显出女性身材的修长和飘逸美。行走时要平稳,步幅可稍大些。转动时,要注意头和身体相协调,调整头、胸、髋三轴的角度。

穿着短裙,要表现轻盈、敏捷、活泼、洒脱的风度,步幅不宜过大,但脚步频率可以稍快些,保持轻快灵巧的风格。

4. 穿高跟鞋的走姿

女士在正式社交场合经常需穿着高跟鞋,行走时,要保持身体平衡。做法是直膝立腰,收腹收臀,挺胸抬头,膝关节不要前曲,臀部不要向后撅,要把踝关节、膝关节、髋关节挺直,行走时步幅不宜过大。

（三）行姿禁忌

1. 横冲直撞

行进时，专拣人多的地方行走，在人群之中乱冲乱闯，甚至碰撞到他人的身体，这是极其失礼的。

2. 抢道先行

行进时，要注意方便和照顾他人，通过人多路窄之处务必要讲究"先来后到"，对他人"礼让三分"，让人先行。

3. 阻挡道路

在道路狭窄之处，悠然自得地缓步而行，甚至走走停停，或者多人并排而行，显然都是不妥的。旅游职业人员还须谨记，一旦发现自己阻挡了他人的道路，务必要闪身让开，请对方先行。

4. 蹦蹦跳跳

应注意保持自己的风度，不宜使自己的情绪过分地表面化。若一旦激动起来，走路便会变成了上蹿下跳，甚至连蹦带跳的失态情况。

5. 方向不定

在行走时，方向不明确，忽左忽右。

6. 声响过大

在行走时，内八字、外八字、低头驼背、摇头晃脑、肩部晃动、扭腰摆臀、左顾右盼、瞻前顾后等现象都不应该出现，否则要么使行进者显得老态龙钟、有气无力，要么给人以嚣张放肆、矫揉造作之感。

五、蹲姿——自然、得体、大方、从容

不小心将东西掉在地上，大部分人会习惯性地弯腰捡起，然而，从仪态美的角度看，这是很不雅观的。蹲姿不像站姿、坐姿那样使用频繁，因而往往被人忽视。那么，怎样的蹲姿才是符合礼仪规范的呢？

（一）蹲姿规范标准

蹲姿的基本要领是：站在所取物品的旁边，蹲下屈膝去拿，不要低头，也不要弓背，而是要慢慢地把重心向下移，两腿合力支撑身体，掌握好身体的重心，臀部向下。下蹲时应自然、得体、大方、不遮遮掩掩。

（二）两种优雅蹲姿

1. 交叉式蹲姿

通常适用于女士，特别是穿短裙的女士。优点在于造型优美典雅，基本要求：下蹲时，右脚在前，左脚在后，右小腿垂直于地面，全脚着地。左腿在后与右腿交叉重叠，左膝由后面伸向右侧，左脚跟提起，左前脚掌着地。两腿前后紧靠，合力支撑身体。臀部向下，上身稍前倾，如图2-19所示。

2. 高低式蹲姿

下蹲时，左脚在前，右脚稍后，不重叠，两腿紧靠向下蹲。左脚全脚掌着地，右脚跟提起，

右前脚掌着地。右膝低于左膝,女性两膝内侧紧靠,男性可适度分开。臀部向下,基本是以右腿支撑身体。身体形成两个重心:一是腰部,二是右大腿。手放膝盖上方,手指与膝平齐,如图 2-20 所示。

图 2-19 交叉式

图 2-20 高低式

(三) 蹲姿禁忌

1. 不要突然下蹲

蹲下来的时候,不要速度过快,突然下蹲。行进中需要下蹲时,尤其要注意这一点。

2. 不要离人太近

下蹲时,应和身边的人保持一定的距离。和他人同时下蹲时,更不能忽略双方的距离,以防彼此"迎头相撞"或发生其他误会。

3. 不要方位失当

在他人身边下蹲时,最好是和他人侧身相向,正面面对他人,或者背对他人下蹲,通常都是不礼貌的。

4. 不要毫无遮掩

在大庭广众面前,尤其是身着裙装的女士,一定要避免"走光"。

5. 不要蹲在凳子、椅子上

有些地方,有蹲在凳子或椅子上的生活习惯,但是在公共场合这么做的话,是不能被接受的。

六、表情——热情、友好、轻松、自然

表情是内心情感在面部的表现。表情是人际交往中,相互交流的重要形式之一。它可谓是体态语言中最为丰富的内容,因为它可以更直观地表达出一个人的内心感情。

美国心理学家艾伯特·梅拉比安把人的感情表达效果总结了一个公式:感情的表达＝语言(7％)＋声音(38％)＋表情(55％),这个公式是否科学合理且不去深究,但它说明了表情在人际沟通感情的过程中占有相当重要的位置。

这里主要探讨的是面部表情,人类的面部表情变化多端,罗曼·罗兰就曾感慨道:面部表情是多少世纪培养成功的语言,是比嘴里讲的要复杂千百倍的语言。面部表情大多具有

共性,它超越了地域文化的界限,成为一种世界性"语言",而它与举止又有着很大的不同,面部表情在世界上几乎可以通用,而举止则做不到这一点。

面部表情主要包括眼神、微笑两个方面。

(一) 眼神

面部表情中起主导作用的是眼睛,眼睛对内心情感的传达主要是靠眼神。它能如实地反映出人的喜怒哀乐。眼神是富有表现力的一种"体态语",适当的运用能给交往带来好的影响,否则会带来不必要的误解。

既然眼神在人际沟通中有如此重要的作用,那我们就要学会善于运用眼神。

1. 注意视线接触对方的时间

与人交谈时,视线接触对方脸部的时间应占全部谈话时间的30%～60%,超过这一平均值时,可被视为对谈话者本人比对谈话内容更感兴趣;低于此平均值时,则表示对谈话内容和谈话者本人都不怎么感兴趣,因此在谈话过程中,应掌握好时间。不能直视或长时间地凝视对方,可以认为是对私人占有空间或势力范围的侵犯,是不礼貌或挑衅的行为;完全不看对方,则可认为是自高自大、傲慢无礼的表现,或者企图掩饰什么,诸如空虚、慌张等。

2. 注意视线停留的部位

从视线停留的部位可以反映出人际关系状态有三种:一是视线停留在两眼与胸部之间的三角形区域,这被称为亲密注视;二是视线停留在双眼与嘴部之间的三角形区域,此为社交注视,是社交场合常见的视线交流位置;三是视线停留在对方前额的一个假定的三角形区域,为严肃注视,这种注视方式能造成严肃气氛,使对方感觉到你有正经事要谈,这样你本人就保持了主动。在人际沟通中,运用眼神要注意根据关系亲密程度来确定视线停留的部位,也可以依据语境、场合来确定。如社交场合运用社交注视;领导找下属谈话,则可运用严肃注视;朋友间的交谈,则使用亲密注视等。

3. 注意眼神变化

眼神的变化能准确传递某种信息。不同的视觉方向表达不同的含义,仰视表示思索,俯视表示忧伤,正视表示庄重,斜视表示蔑视等,不可随便使用。眼神的变化要协调自如,要与有声语言有机配合在一起,不能只顾眼神,不顾其他或者两者分离。眼神变化要与其他的表情动作协调一致,成为一个有机的整体。眼神变化后,即完成了一个意思的表达,之后要马上恢复正常,否则就会产生形不达意的后果。

(二) 微笑

所谓微笑,即人的面部呈现出愉快、欢乐的神情。笑是一种语言。笑有多种,常见的笑有微笑、欢笑、大笑、狂笑、苦笑、奸笑、傻笑、冷笑等。而微笑是社交场合中最富有吸引力、最有价值的面部表情,表现着人际关系中友善、诚信、谦恭、和蔼、融洽等最为美好的感情因素。在各种场合恰当地运用微笑,可以起到传递情感、沟通心灵、征服对方的积极心理效应。

微笑的功能是巨大的,但要笑得恰到好处,也是不容易的,所以微笑是一门学问,又是一门艺术。微笑的要求是,发自内心、自然大方、亲切。要有眼睛、眉毛、嘴巴等方面的协调动作来完成。防止生硬、虚伪、笑不由衷。

第四节　服饰礼仪

服饰,是人体形态的外延。服饰包括上衣、披肩、裤子、裙子、衣扣等。衣服对于人来说,其功能不单是御寒和遮羞,还具有装饰、美化作用。有人说,衣服是一种无声的语言,它展示着一个人的身份、涵养、个性爱好、审美情趣、心理状态等多种信息。衣着还是一个社会、时代经济、政治、文化的晴雨表,它及时反映着当时的社会发展状况。

 **面试怎么穿**

背景与情境:心理学家做过这样的实验:请一位小姐穿三种不同的服装分别拍照。第一套服装是很古板、落后于时代的蓝色长衣长裤;第二套服装是具有时代特色的蓝色西服套裙,内穿白色衬衣;第三套服装是时髦的超短裙。将拍好的照片分别拿到各公司经理处,请各位经理在三人中选一位小姐做秘书。实验结果是,绝大多数经理选择的是身着西服套裙的第二位小姐。

问题:从职业礼仪的角度评析本案例。

分析提示:本案例中可以得出一个结论,即同一个人,因身着不同的服装,可以给人留下截然不同的印象,而服饰起到的作用也不言而喻。

一、服饰美的原则

要使服饰美正确地发挥交际作用,要使自己的穿着真正达到和谐,必须掌握服饰穿着的原则。

(一)整洁性原则

整洁是着装最基本的原则。在任何情况下,着装都应力求整洁,避免肮脏和邋遢。一个穿着整洁的人能给人积极向上的感觉,总是受欢迎的;而一个穿着邋遢的人给人的感觉总是消极颓废的。所以在社交场合,人们的着装要做到以下几点。

1. 着装整齐

不允许又褶又皱,不熨不烫。

2. 着装干净

不应当又脏又臭,令人生厌。

3. 着装完好

不应当又残又破,乱打补丁。

4. 着装卫生

经常换洗,不允许有明显的油渍、污渍。

（二）着装协调原则

1. 着装要和职业相协调

不同的职业有不同的穿着要求。比如教师，为人师表，在学校中的一言一行都受到关注，因此在着装方面要庄重、雅致。教师在学校里不宜染头发、穿奇装异服，不能打扮得过于前卫，更不能浓妆艳抹、珠光宝气。医院的医生、护士也不能穿得过于鲜艳，打扮得花枝招展不仅会影响病人和家属的心情，也不利于病人的治疗和休养。商业人士和企业主管的着装要追求考究、稳重略带保守的原则。公关人员的着装要追求优雅、明快大方的原则。

2. 着装要和年龄相协调

不管年轻人、中年人，还是老年人，都有权利打扮自己。但不可否认，不同年龄的人有不同的穿着要求。服装对年轻人是格外恩宠的，几乎没有什么禁忌，但要尽量避免穿戴过于华丽，这样可以充分体现出年轻人的朝气和蓬勃向上的青春之美。而中年人应当稳重、明快，老年人则应当大方、雅致。一套黑色的中山装，穿在中老年人身上会显得端庄大方、风度翩翩；穿在青少年身上则会显得少年老成、老气横秋。少女穿着色彩鲜艳的超短裙会显得朝气蓬勃、热情奔放，少妇穿超短裙则不免有虚浮轻佻之感。总之，千万不要忘记着装与年龄必须相符这一原则。

3. 着装要和形体相协调

不同的人，身材有高矮，体形有胖瘦，着装要因人而异，扬长避短。中国人的形体有标准型、高大型、高瘦型、矮胖型、瘦小型等几大类型。身材高瘦者宜穿横条纹或浅颜色的服装，上衣应适当加长，配以低圆领或宽大蓬松的袖子、宽松的裙子等，可以显得丰满一些。身材矮胖者不宜穿大花图案或宽格条纹的服装，最好选用深色或直条衣服，这样显得清秀一点。身材瘦小者适宜穿着造型简洁、色彩明快、小花形图案的服饰。总之，服饰的选择要与穿戴者的自身条件相协调。

4. 着装要和肤色相协调

着装时不要忘记自己的肤色。在中国，绝大多数的人属于黄种人，即黄皮肤、黑头发、黑眼睛，但仅肤色而论，也是同中有异的。中国人的肤色大致可分为黄绿、发红、偏黑、白净和苍白等几种，其对于服装的色彩有不同的要求。比如肤色黄绿或苍白者最好不要选与肤色相近的颜色，宜选浅色服装；肤色发红或偏黑者忌穿深色服装；肤色白净者，适合穿各色服装。总之，肤色与着装色彩不协调是很难看的。

（三）TPO原则

TPO原则是1963年日本男用时装协会提出的。"T"即英语 time（时间），"P"即 place（地点），"O"即 occasion（场合）。这个原则比较准确地概括了着装与环境的关系，因而很快被认可。TPO原则简单来讲就是，衣着要考虑时间变化，顺应自然；要因地制宜，尊重对方、尊重环境；衣着更要与场合和谐，切合当时的或庄重，或随意，或喜庆，或悲哀的环境、气氛，要同自己的角色相协调。

1. 与时间相适应

时间，泛指时代、年份、季节、时辰。在西方，不同的时间里有不同的着装要求。例如，男士在白天不能穿小礼服和夜礼服，在夜晚不能穿晨礼服；女士在日落前则不能穿过于裸露的

礼服。

2．与地点相适应

这是指要根据不同国家、不同地区所处的地理位置、自然条件和民族、风俗的要求来着装。例如，在气候炎热的地方，服装以浅色或冷色调为主；在寒冷的地区，则以深色或暖色调为主。

3．与场合相适应

场合，是指当时活动的性质、规模、气氛等。在服饰礼仪中，主要包括上班、社交、休闲三大场合。上班要穿得整洁、大方、美观，不可过分妖艳，女士在夏季不宜将吊带背心和超短裙穿进办公室，男士则不能穿短裤和拖鞋。社交装要穿得时髦、流行又不失高雅，在出席婚礼、宴会等重要场合时，女士既可以穿西装和中式服装，也可以穿旗袍和晚礼服，男士可以着中山装，也可以着正规西装，但必须系领带。休闲装要穿得宽松、舒适、随意，衬衣、T恤、牛仔装是郊外游玩的首选，穿上它们可以使人显得轻松、惬意。

二、服饰的色彩

（一）服饰色彩解读

经常有人说："衣服是穿给别人看的！"这句话不无道理。别人看什么呢？首先是看色彩。服饰的色彩往往先于一个人的其他因素，而引起他人的注意，然后才是服饰的造型、质料等因素。"万绿丛中一点红"、"一枝红杏出墙来"是最能引起人们的注意的。不同的色彩能引起知觉者不同的心理效应，有不同的象征意义。

1．红色

红色是最能引发人们兴奋和快乐情感的颜色。红色对人的感官刺激作用十分强烈。它使人联想到鲜血和生命、太阳和火焰，它象征热情、奔放、喜庆、欢乐、吉祥、勇敢、活泼、浪漫，它使穿着者更显朝气、青春与活力。在我国，红色还是革命与幸福的象征，我们的旗帜大多是红色的，喜庆环境的布置多以红色为主调。

2．黄色

黄色是一种过渡色。它能使兴奋的人更兴奋，活跃的人更活跃，同时，它也能使焦虑、抑郁者更抑郁。黄色对人的感官刺激作用也十分强烈。在中国几千年的历史中，黄色曾一直是权力的象征，尤其是皇权的象征，明黄、金黄等为皇帝专用。黄色象征光明、愉快、和平、稳重、权威。

3．蓝色

蓝色是一种比较柔和、宁静的色彩。蓝色对人的眼睛的刺激作用较弱，但由于它能使人联想到天空和海洋，因而给人以高远、深邃的感觉。蓝色象征宁静、智慧、深远、秀丽、开朗、健康、高尚。

4．橙色

橙色是一种明快、绚丽的色彩。它能引发人们的兴奋与欲求，它能使人联想到阳光，象征活力、温暖、疑惑、危险。餐馆的墙壁、台布、服务员的工作服用橙色，有助于刺激用餐者的食欲。

5. 绿色

绿色是一种清爽、宁静的色彩。绿色能使人想到青春、活力与朝气。绿色象征生命活力、和平、安全、温柔、文静、平安。它能使穿着者更显年轻,更加朝气蓬勃。

6. 黑色

黑色是一种庄重、肃穆的色彩。它能使人产生凝重、威严、阴森、恐怖等不同感觉。黑色既可象征沉着、深刻、庄重、高雅、神秘,也可以代表哀伤、恐怖、黯淡与恫吓。

7. 紫色

紫色是一种华贵、充盈的色彩。它能给人以富丽堂皇、高雅脱俗的感觉。紫色象征财富、高贵、典雅、端庄、委婉、不安。在封建社会,紫色常被达官贵人选用。于是,历史上曾用"紫色门第"指达官贵人的家庭。

8. 白色

白色是一种纯净、祥和、朴实的色彩。给人以明快、无华的感觉。白色是纯洁、高尚、坦荡、冷酷、不幸的象征。

9. 灰色

灰色是一种柔和、平和的色彩。它给人以平易、脱俗、大方的感觉。灰色是服装色彩中最文雅、最能给人以平易近人印象的色彩之一。象征庄重、大方、朴实、可靠、谦逊、平凡、失意。

(二) 色彩搭配

1. 同色搭配法

同色搭配法就是把同一种颜色按深浅不同进行搭配,以造成一种统一、和谐的审美效果。例如,浅灰色的上衣与深灰色的裤子相配,就属于同色搭配。这种方法适合在工作场合或正规的社交场合。

2. 相似色搭配法

相似色搭配法是指用色谱上相邻的颜色进行搭配的方法。如橙配黄、蓝配绿、白配灰等,就属于相似搭配。相似搭配由于富于变化,色彩差异较大,服装更显活泼与动感。但是搭配的难度也更大,讲究也更多,弄不好会给人"太不和谐"的感觉。因此,要认真考虑色彩的明度差异以及纯度变化,尽量满足自己及公众的审美需要。

3. 主辅色搭配法

主辅色搭配法就是以一种色彩为整体或整套服装的基调或主调,再适当辅之以一定的其他色彩的搭配。运用这种搭配法首先应充分考虑主辅关系,不能"喧宾夺主";其次,要考虑主辅色调的对比效果,既要鲜明,又不要太刺眼;最后,辅助色彩的位置安排要充分顾及自己体形、长相的优势,要考虑扬长避短,以达到画龙点睛之妙。

以上三种搭配方法只是色彩搭配的主要及基本方法,实际的服装制作中还可以根据需要和可能,派生出许多其他搭配方法。

4. 对比法

对比法即在配色时运用冷暖、深浅、明暗两种特性相反的色彩进行组合,使着装在色彩上反差强烈,突出个性的方法。

5. 呼应法

呼应法即在配色时,在某些相关的部位刻意采用同一种色彩,以便使其遥相呼应,产生较强的美感的方法。如穿西装的男士讲究鞋与包同色,就是这种方法的运用。

6. 点缀法

点缀法即采用统一法配色时,在某个局部小范围内,选用不同的色彩加以点缀美化的方法。

7. 时尚法

时尚法即在配色时,选用流行的某种色彩搭配色彩的方法。适用于普通社交场合与休闲场合。

无论你采用哪一种搭配方法,都应掌握一条共同的基本原则:调和。调和就是美,调和就是秩序。过于失衡的色彩搭配固然可以招来更多的注意,但恐怕不太适应在比较正式的场合穿着,也许在舞台体现、时装表演时是适合的。当然,调和不等于没有对比,没有变化。调和,既可以是相似调和,也可以是对比调和。掌握色彩的调和原则是很重要的,否则,就可能出现俗语所说的"红配绿,丑得哭""红配紫,丑得死"的负面效果。

一般来说,黑、白、灰是配色中的几种"安全"色。因为它们比较容易与其他各种色彩搭配,而且效果也比较好。同时,应尽量避免以下搭配:深蓝与茶色、红配紫、红色配茶色以及四种以上颜色混杂搭配,因为这些色彩搭配效果一般都不太好。

（三）根据肤色,选配色彩

服装色彩能影响、甚至改变人的肤色在他人感官中的印象,这一点是确定无疑的。人的肤色会因服装色彩的不同,给观赏者的感觉带来微妙的变化。因此,要善于根据自己的肤色,选配适当的服装色调,以达到让服装色调与肤色相映生辉的效果。

"人是桩,靠衣裳",在很大程度上靠的就是服装的色彩。由于我国汉族人的皮肤普遍显黄,所以,中国百姓服装长期崇尚蓝色,这是与蓝色能将黄色皮肤烘托得更加明亮,更显白皙分不开的。

皮肤色调发黄或略黑、粗糙的人,服色的调子过深,会加深肤色偏黑的感觉,使肤色毫无生气;相反,也不宜选用过浅的服色,会反衬出肤色的黑,同样会令人黑得黯淡无光。这种肤色的人最适宜选择的是与肤色对比度不强的粉色系、蓝绿色,忌用色彩明亮的黄、橙、紫或色调极暗的黑色、黑紫色、深褐色、深驼色等色彩面料做上衣。肤色发黑在部分西方国家被认为是健康的肤色,许多人还为晒黑皮肤而进行日光浴,然而在中国,则推崇肤色白。中国有句俗话是:"一白遮百丑。"

肤色比较苍白的人,忌穿黑色与纯白色上衣。

皮肤略带灰黄,则不宜选用米黄色、土黄色、灰色,否则会显得精神不振和无精打采。

如果肤色发红,则应配用稍冷或浅色的服饰,不宜用浅绿色和蓝绿色,因为这样会使肤色发紫。一般来说,不管肤色如何,穿白色的衣服效果都不错,因白色的反光使人有神采。

当然,肤色与衣服色彩的搭配并无什么教条。在实际生活中应通过反复的观察比较,找准适合自己的、能完整表现自己肤色健康美的上衣主色调。在这一问题上,很多人最大的缺点是不能放弃自己的思维定式和色彩选择行为定势,总是认为某种颜色最适合自己。其实,也许实际效果并非如此。因此,我们有时候要敢于突破自己多年来划定的色彩框架,大胆地尝试,多听听他人的评价与忠告,才可能选出既是自己喜欢,更是公众喜欢的服装色彩。

三、男士服饰礼仪

(一)西装

西装产生于欧洲,已有 150 多年的历史,清朝末年传入我国。西装造型优美,做工讲究。合体的西装,能体现男士的潇洒风度、女士的优雅端庄。西装的穿着十分讲究,在礼仪活动中,必须懂得其着装要求。

1. 西装穿着要求

1)衬衣要与西装相配

每套男士西装一般要有两三件衬衫搭配,最常见的是白色衬衣。衬衫的领子应为有座硬领,高矮根据自己的颈部选择,但必须平整、不外翘,领口不可过紧或过松,以能伸进两个手指为宜。系扎领带时,衬衫要贴身,衬衫的下摆必须塞在裤子里,袖管不可以挽起,袖扣一定要系上。不穿西装上衣,或是穿上衣未打领带时,领扣通常不系,但一般只能解开最上面的一粒扣子,此时也允许挽起衬衣袖口,但一般只能按袖口宽度挽两折,绝对不能挽过肘部。

2)要打好领带

领带是男士修饰的焦点,通过它能展现穿戴者的个性。不同的领带配同一件衬衫,能产生不同的视觉效果。领带的颜色应根据衬衫来挑选,颜色要协调。若衬衣外再配穿马甲或羊毛衫,应把领带放在马甲或羊毛衫之内,但是领带尖不能露出来。在非正式场合,穿西装可以不系领带,但衬衫的第一个扣子一定要解开。在喜庆场合,穿西装还可以在前襟别一朵胸花。

下面介绍几种常见的打领带结的方法,包括平结、交叉结、双环结、温莎结和双交叉结等。值得注意的是,打领带结是为了在身上产生视觉加分的效果,在决定采用某种领带打结样式之前,需要考虑领带本身的厚度及质料。

第一种,平结(Plain Knot)。平结为男士选用最多的领结打法,几乎适用于各种材质的领带。要诀:领结下方所形成的凹洞两边一定要均匀且对称。平结的系法参见图 2-21。

图 2-21 平结

第二种,交叉结(Cross Knot)。单色素雅质料且较薄领带适合选用的领结,对于喜欢展现流行感的男士不妨多加使用。交叉结的系法参见图 2-22。

第三种,双环结(Double Knot)。一条质地细致的领带再搭配上双环结颇能营造时尚感,适合年轻的上班族选用。该领结的特色就是第一圈会稍露出于第二圈之外,切勿刻意遮

图 2-22　交叉结

盖。双环结的系法参见图 2-23。

图 2-23　双环结

第四种,温莎结(Windsor Knot)。温莎结适合用于宽领型的衬衫,该领结应多往横向发展。避免材质过厚的领带,领结也勿打得过大。温莎结的系法参见图 2-24。

图 2-24　温莎结

第五种,双交叉结(Double Cross Knot)。这样的领结很容易让人有高雅且隆重的感觉,适合正式场合选用。该领结多运用在素色且丝质领带上,若搭配大翻领的衬衫不仅十分适合且有一种尊贵感。双交叉结的系法参见图 2-25。

图 2-25　双交叉结

3）必须穿皮鞋

对于穿西装的人来说,皮鞋是必不可少的选择。穿西装时一定要穿皮鞋,而且以较深同色系为宜。另外,皮鞋一定要保持光亮,这样可以体现出一个人的生活习性。

2. 西装穿着注意事项

（1）在穿西装之前,务必要将位于上衣左袖袖口之上的商标、标志等先行剪除,它们并非与西装的档次、身价有关。

（2）扣好衣扣。男士西装扣的扣法很有讲究,穿双排扣西装,扣子要全部扣上;单排两粒扣西装,只扣第一粒,也可以全不扣;单排三粒扣西装,只扣中间一粒或全不扣;单排一粒扣西装,扣与不扣均可;如果穿三件套西装,则应扣好马甲上所有的扣子,外套的扣子可不扣。

（3）不能在衣袋里乱放东西。不论上衣、衬衣还是裤子的口袋里,都不要乱放东西,否则鼓鼓囊囊,有伤美观。

（4）鞋袜必须与西装相配。严格来讲,穿深色西服套装时只允许穿黑色系带皮鞋,其他如旅游鞋、长筒靴、布鞋、凉鞋等,都不能与西服套装配穿。而袜子应当是与裤子、鞋子同类颜色或较深颜色的西装袜,运动袜、丝袜、涤纶袜等也不能与西装配穿。

（5）扎好领带。穿西服套装并扎系领带时,领带的长度一定要打得长短得当,一般应稍长过裤子的腰带,其下端正好抵达皮带扣,过长、过短均不雅观,上面的一片要稍微长于下面窄的一片。领带的宽度则要求与西装翻领的宽度相适应,避免过细,否则会给人不大方的感觉。

（6）慎用领带夹。领带夹过去是西装的重要饰品,但现在已很少使用,在欧洲一些国家甚至把使用领带夹看作是一种坏习惯,如果确有必要使用领带夹,也要把它别在衬衣的第四、第五粒扣子之间。

（7）不宜内穿羊毛衫。要想把西装穿得有型有韵,最好不要内穿羊毛衫。若非穿不可,也只能穿一件素色的 V 领薄羊毛衫,不能内穿色彩繁杂或带图案的羊毛衫,也不能穿开襟羊毛衫,更不能穿多件羊毛衫,显得层次繁杂,邋遢臃肿。

（8）须穿长袖衬衣。穿休闲西装,可内穿 T 恤衫或高领衫,但穿西服套装时只能穿长袖衬衣,而且它的袖口应在上衣袖口之外露出 1～2 厘米。

（9）不打领带时,应解开衬衣领口。穿西服套装,必须要打领带,但穿单件西装上衣或穿休闲西装,可以不打领带,但这时应当把衬衣领口的纽扣解开。

（10）衬衫之内勿穿高领内衣。穿着西装,可将衬衣直接贴身而穿,若需御寒须在衬衣之内再加穿内衣时,选择 U 领或 V 领内衣,避免内衣外露,影响美观。

（二）男士礼服

1. 我国的男式礼服

我国的男式礼服是以孙中山先生名字命名、已流传了半个多世纪的中山装。中山装为封闭式领口,前门襟钉五颗纽扣,左右上下各两个贴袋。做礼服时,通常为上下身同色的深色毛料精制,配以黑皮鞋,显得整齐、庄重,适合于各种礼仪场合。

2. 西式男式礼服

（1）晨礼服,也称常礼服,上装为灰、黑色,后摆为圆尾形,下装为深灰色底、黑条裤,系灰领带,穿黑皮鞋,戴黑礼帽等。在英国,穿灰色晨服时还有一些别致的点缀,如在翻领边上

镶边等。穿灰色的晨礼服，要戴上灰色手套和灰色帽子。这种礼服用于参加加冕典礼、就职仪式、国会的开幕式、星期日教堂礼拜以及婚礼等场合。

（2）小礼服，也称晚餐礼服或便礼服，为全白色或全黑色西装上装，衣领镶有缎面，腰间仅一颗纽扣，下装为配有缎带或丝腰带的黑裤，系黑领结，穿黑皮鞋。一般为参加晚六时以后举行的晚宴、音乐会、剧院演出时的着装。

（3）大礼服，也叫燕尾服，为黑色或深蓝色上装，前摆齐腰剪平，后摆呈燕尾样子，翻领上镶有缎面，下装为黑色或蓝色、裤腿外面有丝带的长裤，系白领带，配黑皮鞋、黑丝袜、白色手套。这种礼服现已不大有人穿着，只是在一些特殊场合，如舞台、仪式或庆典上穿用。

（三）休闲服

20世纪末女装设计的多元化深深影响了男装的既定模式，于是，男装也出现了诸如长衬衫加短背心、两件式夹克重叠穿着、大衬衣与小尺码的毛衣或背心搭配、宽松舒适的过膝半短裤和七分裤等。由此可见，男装的风貌已大步跨入休闲流行圈，变得简洁、轻便，轻薄舒适的棉、麻、丝以及各种针织布料也在男装中锋芒毕露。色彩及搭配上也越来越多样化。

四、女士服饰礼仪

（一）职业装

走上工作岗位之后，作为职业女性，端庄稳重是服装风格的第一原则。在当前的女装款式中，裙式套装和裤式套装已被公认是最适合的职业装。裙式套装既不失女性本色，又符合庄重大方的原则，且便于搭配，穿着合体，出入各种场合均显得十分协调。裙式套装一般由外套、半截裙和衬衫组成。外套分为单排扣式、双排扣式及无扣式，领式有西服领、V字领、圆领、一字领，这种套装可通过衬衣样式和色彩的变化来改变着装风格。比如荷叶边领的衬衣衬托高贵，镂空花边制成的飘带领显出优雅，配饰小领结的衬衫突出精明能干。

（二）女士礼服

正规的礼服是指参加婚礼、聚会、宴席、访问、丧葬等正式场合所穿的服装。一般分为午后礼服、晚会服、晚宴服、丧服等。

我国传统的女式礼服是旗袍，有各种不同的款式。作为礼服，一般采用紧扣的高领、贴身、长度过膝、两旁开衩、斜式开襟的款式；袖口应至手腕上方或肘关节上端；穿高跟或半高跟皮鞋；旗袍面料以高级呢绒、绸缎为主。旗袍在任何礼仪场合都适宜穿。

（三）休闲装

工作之余，我们应该轻轻松松享受生活，着装也可不拘一格，尽展个人风采。若是逛街购物，不妨穿上自己喜欢的衣服，颜色、样式都可大胆选择。粗犷的牛仔服、便于活动的运动衫，可充分显示活力与动感；参加朋友聚会，可穿得时尚、精致，各式漂亮的时装都是适宜的，也可戴上首饰，让自己光彩照人；外出旅游，不妨挑选几件宽大又抗皱耐脏的衣服，像棉质针织套衫、腰部束松紧带的宽大裙子、牛仔裤、短裤、套头毛衫等，就能舒舒服服、自由自在地流连于大自然之中了。

五、饰物的选择与佩戴

饰物指的是人们在着装的同时佩戴的装饰性物品。它对人们的穿着打扮,尤其是服装,起着辅助、烘托、陪衬、美化的作用。广义上讲,与服装同时使用、发挥装饰作用的一切物品,例如首饰、手表、领带、手帕、帽子、手套、包袋、眼镜、钢笔、鞋子、袜子等,皆可称作饰物。

(一) 饰物佩戴的原则

1. 数量原则

佩戴饰物数量上的原则是以少为佳。若有意佩戴多种饰物,也不应超过三种。除耳环、手镯(手链)外,同类饰物最多佩戴两件。当然,新娘可以例外。

2. 色质原则

佩戴饰物色彩和质地上的原则是力求同色同质。如同时佩戴两件或两件以上饰物,应使其色彩一致,质地相同,这样才上档次。如不能同色同质,起码也要同色。切忌所佩戴的几种饰物色彩斑斓。

3. 身份原则

佩戴饰物要符合身份。选戴饰物不仅要照顾个人的爱好,更应符合本人的身份,与自己的性别、年龄、职业、工作环境保持相对一致。

4. 习俗原则

佩戴饰物要遵守习俗。不同地区、不同民族佩戴饰物的习惯有许多不同。例如,民间戴玉佩有"男戴观音女戴佛"的说法。对这些习俗要了解和尊重。

5. 协调原则

饰物要尽力与服饰协调。饰物,应是服装整体中的一个环节,要兼顾穿着服装的质地、色彩、款式,使饰物与服装在搭配、风格上协调一致。

(二) 饰物佩戴的方法

1. 手套

手套不仅能御寒,还是衣服的重要饰件。手套颜色应与衣服的颜色相一致。穿深色大衣,适宜戴黑色手套;女性穿西服套裙或夏季时装时,可以挑选薄纱手套、网眼手套。握手时,男士必须除下手套。进入室内,男士须脱去手套,女士则不必,但喝茶、吃东西时,应提前脱下手套。女士穿短袖或无袖上衣参加舞会时,一定不要戴短手套。

2. 围巾

女性可以根据场合、服装、妆容、发型来选配围巾的质地、色泽和款式。围巾一般在春、冬季节使用得较多,一般适合室外或部分公共场所戴,进了房间一般要摘掉,不然会让人感到压抑。

3. 帽子

帽子可以起到御寒、遮阳和装饰的作用。一般来说,男士进入房间就应该摘掉帽子,挂在衣架上,也可以拿在手里。女士的限制少一些,在公共场所可以不脱帽。但当自己作为主人,在家里宴请别人时就不能戴帽子了。

4.包袋

男士的包比较简单,一般都是公文包,最标准的是长方形公文包。公文包的面料应该是牛皮、羊皮制品,而且以黑色、棕色最正统,颜色的选择上和皮带、皮鞋保持一致。公文包除商标外,不应带有任何图案、文字,包括真皮标志,否则有失身份。

女士会用不同的包来搭配衣服或心情。选择包时要考虑颜色,要和平时穿着的大部分衣服的色彩相配。在严肃的社交场合,可使用颜色较暗、形状较方正的提包;参加舞会或宴会,可使用颜色鲜艳的羊皮小包或缎面小包。日常上下班可选用草编、草制或绒布提包。手提包的选择也要因人而异,因季节而异。高挑的女性宜背大包;矮小的女性则宜背中小包;身材丰满的女性忌背圆形包;腰围粗的女性适合背低于腰线的包。另外,夏天宜提小巧玲珑且色调明快的小包,而冬天宜提大包,并且颜色可以深重一些。

5.手表

在正式社交场合,手表往往被视同为首饰。男士对手表更是青睐有加,其佩戴的手表是地位、身份、财富的象征,也尤其引人注目。

6.首饰

泛指项链、戒指、耳环、手镯、手链、胸针等,是女性最典型、最重要的饰物,关于它的礼仪规范也较多。

1)项链

项链是女性青睐的主要饰物之一。它的种类很多,可由不同的材料制成,有各种颜色、长度和造型。佩戴项链应注意:第一,应与自己的年龄及体型协调。脖子细长的女士佩戴方丝链,更显玲珑娇媚;脖子短的女士应佩戴颗粒小而长的项链,以增加脖子的长度;马鞭链粗实成熟,适合年龄大的女性选用;青年人戴颜色亮丽、款式新颖的项链更显和谐。第二,佩戴项链应与服装相呼应。身着柔软、飘逸的丝绸衣裙时,适宜佩戴精致、细巧的项链,显得妩媚动人;穿单色或素色服装时,适宜佩戴色彩鲜艳的项链。

2)戒指

戒指是男女老少皆可佩戴的饰物,通常戴在疏于劳作的左手上。在正式场合,戒指的不同戴法有固定的含义,暗示了佩戴者的婚姻和择偶状况。

戴在食指上,表示无偶而寻求恋爱对象或者求婚。

戴在中指上,表示已在恋爱中。

戴在无名指上,表示已经订婚或结婚。

戴在小指上,表示独身。

大拇指通常不戴戒指。

一般情况下,一个手指头不要戴多枚戒指,一只手不要戴两只以上的戒指。想在两个手指上戴戒指,最好选择相邻的两个。按照风俗,结婚戒指忌用合金制造,必须用纯金或白银等制成,象征爱情的纯洁。在西方,人们把结婚戒指戴在左手的无名指上,期望获得真挚、永恒的爱情。欧美许多国家举行婚礼时,新郎和新娘交换结婚戒指几乎已经成为一项不可或缺的仪式。

3)耳环

耳环是女性的主要饰物,其使用率仅次于戒指,佩戴时应注意以下几点。

第一,耳环要与脸形相配。女士脸形有长形、方形、圆形、椭圆形、三角形等。长形脸适宜佩戴圆拱形大耳环,可以将视觉做横向移动,产生宽感,有利于改变长形脸的印象;方形脸适宜佩戴贴耳式耳环,这些耳环的形状、色彩、光亮度形成的扩张感可以减弱下巴的宽度;圆形脸适宜佩戴有坠耳环,可以利用耳环的垂挂形成的纵长度,使圆脸的外轮廓有所改观;三角形脸适宜佩戴星点状的贴耳式耳环,这样可以使头部发型更加生动,下颌的宽度不太显眼;椭圆形脸俗称鹅蛋脸、瓜子脸,是一种比较理想的脸形,不仅适合各种发型,也适合佩戴各种耳饰。

第二,耳环要与发型相配。耳环与发型是紧密配合的一对伙伴。耳环的点缀可以使发型更为丰富多彩,发型的衬托可令耳环熠熠生辉。

第三,耳环要与服装相配。耳环的款式、造型、材料及色彩都与服装的样式、面料、色彩有密切的联系。丝绸、软缎等轻薄面料,适宜佩戴贵重、精致的耳环,使整体形象显现出一种轻盈、俏丽、优雅的感觉。呢料、裘皮、羊绒等厚重型面料,适宜佩戴珍贵的金银珠宝耳环,以显示衣着的高贵与典雅。

4)手镯

男性一般不戴手镯。女性通常戴一只手镯,已婚女性应把手镯戴在左手上。如果戴两只手镯,应当一手一只,或者都戴在左手上。手表与手镯不可戴在一只手上。

5)手链

手链的佩戴与手镯的要求基本相同。不同的是,男女均可以戴手链。

6)胸针

胸针多为女性使用。别胸针的部位非常有讲究。穿西装时,应别在左侧领上;穿无领上衣时,则别在左侧胸前。

7)领针

领针是胸针的一种,是专门别在西装上衣左侧领的饰物,男女都可以佩戴。佩戴领针,以一枚为限。不宜与胸针、奖章、企业徽章等同时使用。在正式场合,不要佩戴有广告作用的领针。

第五节　旅游职业人员的仪表要求

旅游接待工作的对象是来自五湖四海的宾客,良好的仪表既能表示对宾客的尊重,又能体现自尊自爱。同时,良好的仪表会产生积极的宣传效果。在一定程度上,旅游职业人员的仪表反映了一个国家或地区、一个组织或团体的服务形象和管理与服务水平。许多现代旅游组织甚至将自己的经营理念、管理思想以及形象定位都直接体现于内部员工职业仪表的具体规定上,希望能通过全体员工的职业仪表,使公众对组织产生良好的"第一印象",进而对组织产生好感与认同。

从服务对象的角度来讲,在服务对象的审美活动中,服务对象不仅把自然景观和人文风物作为审美客体,而且把旅游职业人员本身也作为审美对象进行审视,以达到对美的追求。

因此,作为旅游职业人员,除了必须掌握基本的仪表礼仪规范之外,还应该根据职业需要对自己的仪表做必要的设计,为自己所提供的服务加分,也为自己所在的旅游企业赢得良好的公众形象。

一、旅游职业人员的仪容礼仪

(一)头发

从事旅游接待工作的女士发型基调应是活泼开朗、朝气蓬勃、干净利落、端庄持重。为了工作便利,尽量做到:不留披肩发,发不遮脸,刘海不过低,也不可将头发染成过于另类的颜色,一般以齐耳的直发或微长稍曲的发型为宜,还要注意避免使用色泽鲜艳的发饰。

按照旅游接待的要求,男士鬓发不应盖过耳部,头发不能触及后衣领,尽量保持头发本色,也不宜烫太过夸张的发型。

(二)面容

旅游工作往往都是脑力劳动和体力劳动并存的高强度工作,尤其是旅游旺季,旅游职业人员经常无法正常作息,得不到充分的休息、不能有规律地饮食、工作压力较大,皮肤问题也会因此随之而来,所以,对于旅游职业人员,面部皮肤的保养和必要的修饰非常重要。

1. 皮肤保养

1)健康的身心和良好的生活习惯

乐观饱满的情绪和健康的心理状态是皮肤健美的内在因素,同时还应养成良好的生活习惯,起居有规律,劳逸结合,不抽烟,不酗酒。夜间是皮肤新陈代谢、调节肌理的最佳时间,长期睡眠不足会对皮肤造成直接损害。因此,旅游职业人员应当在工作期间注意合理安排和利用时间,尽量保持充足睡眠,同时,加强锻炼以增强身体的抵抗能力。

2)合理的饮食

皮肤的健美和营养的关系是显而易见的,健康而营养状况良好的人,皮肤光滑、富有弹性和光泽;体弱多病、营养不良的人皮肤黯淡无光。皮肤的蛋白质不足,新陈代谢迟缓,皮肤就缺乏白皙透明感;脂肪摄入过少时,皮肤会因缺少脂肪的充盈和滋润,显得干涩而无光泽,但脂肪摄入过多,又会使皮脂分泌过多而造成脂溢性皮炎及痤疮等症状;各种维生素都具有一定的美容功效。可见,只有科学的饮食,全面的营养,才可以保持皮肤的健康。在无法保证规律饮食的情况下,旅游职业人员更加需要营养的补充。

3)适度保持皮肤含水量

皮肤的弹性和光泽,由含水量决定。如果含水量低,皮肤则会干燥、无光泽。要使皮肤湿润,每天应保证喝水2000毫升。每晚睡前饮一杯凉开水,睡眠时,水分会融入细胞,被细胞吸收。早上起床后,也要饮一杯凉开水,使胃肠通畅,水分会随血液循环分布到全身,滋养皮肤。皮肤角质层水分也可从体外吸收,保持环境湿度,在化妆品中配合保湿剂,也是保持皮肤水分的好方法。

4）做好清洁工作

工作忙得再晚,面部清洁的环节也不能省略。正确的面部清洁,有助于保持皮肤的弹性,保持血液循环良好和新陈代谢的正常进行。

正确的洁面方法:用卸妆用品去除面部彩妆—用洗面用品去除面部污垢—用温水冲洗干净—用爽肤水调理皮肤—涂润肤用品润肤。

针对不同的皮肤类型,在洗脸时还可以采取相应的措施。

干性皮肤——在用玫瑰浸泡的水中加入几滴蜂蜜,沾湿整个干性皮肤面部,用手拍至吸收。这样每晚反复 2～3 次,便能滋润面部,使之光滑细腻。

中性皮肤——晚上用冷水洗脸后,再用热一点的水蒸气蒸脸片刻,然后轻轻抹干。

油性皮肤——洗脸时在热水中加几滴白醋,能有效地清洁皮肤上过多的皮脂、皮屑和尘埃,使皮肤显得光洁美观,并减轻毛孔阻塞。

如有条件,可以进行蒸汽浴,以促进皮肤新陈代谢,帮助毛孔中污物排出,使面部皮肤清洁舒畅,同时对改善皮肤性质大有益处。此方法适用于各种皮肤,对油性皮肤、皮肤粗糙者作用更为明显。切记,蒸面不可过频,否则会造成皮肤松弛、毛孔粗大。除此之外,面膜美容也是一种简便的护肤美容方法,可以清除毛孔内的污物,刺激血液循环,促进皮肤的新陈代谢,清除皮肤疲劳。

5）面部按摩

按摩可以促进面部血液循环,有利于给皮肤输送足够的养分,同时也有利于改善皮肤外表。按摩适度有利于刺激皮肤皮脂腺和汗腺的分泌,从而使积存于毛孔内的污物易于排除。按摩可以清除皮肤表皮积下的皮屑,使皮肤柔软光滑,因此可以改善黑斑等皮肤疾患,延缓皮肤衰老,有效地抑制面部神经紧张,使神经系统得以休息,消除疲劳。按摩的方法很多,但必须有正确的手法,否则会使皮肤受损,同时按摩只有坚持每天做,才能产生实效。建议旅游职业人员学习一些简单易行的按摩手法,利用洁面和护肤的时间进行面部按摩,工作之余也可到专业美容院进行系统的按摩调理。

6）避免外界不良的刺激

因为皮肤位于身体的最外面,时刻与外界各种损害皮肤的因素接触,最可能受到它们的刺激和损害。强烈阳光的暴晒导致皮肤黑色素增多,在脸上形成色素沉淀,使皮肤易老化,且易发生角质增生性皮肤病。工作期间,应根据外界环境状况及时保护皮肤。

2. 面部修饰

在掌握正确保养方法的同时,还应根据自己皮肤的特点来弥补自身的不足。

在遵循化妆的基本规范的前提下,旅游接待工作者进行个人面部修饰时总的原则是少而精。强调和突出自身所具有的自然美部分,减弱或掩盖容貌上的某些缺陷,注意保持清新自然而不过分做作。一般以浅妆、淡妆为宜,不能浓妆艳抹,并避免使用气味浓烈的化妆品。关键是要做到"秀于外"与"慧于中"二者并举。

1）旅游职业人员的化妆要求

(1)淡雅。旅游职业人员在工作时一般只化淡妆,亦即自然妆。重要的是要自然大方、朴实无华、素净雅致,这样才与自己特定的身份相称,才会被服务对象认可。

(2)简洁。工作妆应以简单明了为本。一般情况下,旅游职业人员化妆修饰的重点,主

要是嘴唇、面颊和眼部,对于其他部位可不予考虑。

（3）适度。即旅游职业人员应根据具体的工作性质,来决定化不化妆和如何化妆。例如,在某些对气味有特殊要求的餐饮工作岗位上,通常不宜采用芳香类的化妆品,如香水、香粉、香脂等。

（4）庄重。旅游职业人员要注意在化妆时对本人进行正确的角色定位。社会各界所希望看到的旅游职业人员的化妆应以庄重为主要特征。旅游职业人员若在上班时采用一些社会上正在流行的化妆方式,诸如烟熏妆、金粉妆、日晒妆、印花妆、舞台妆、宴会妆等,则会使人觉得轻浮随便、不务正业。

（5）避短。旅游职业人员在化妆时,既要扬长,即适当地展示自己的优点,更要避短,即巧妙地掩饰自己的短处,并弥补自己的不足。工作妆重在避短,而不在于扬长,因为过分强调扬长,则有自我炫耀之嫌,易引起服务对象的反感。

2）旅游职业人员的化妆禁忌

（1）离奇出众。即旅游职业人员在化妆时脱离自己的角色定位,追求所谓的荒诞、怪异、神秘的妆容,或者是有意使自己的化妆出格,以另类风格出现。

（2）技法用错。在化妆时,若技法出现了明显的差错,将会暴露出自己在美容素质方面的不足,从而贻笑大方。因此,旅游职业人员若不熟悉化妆之道,宁可不化妆也不要贸然化妆。

（3）残妆示人。残妆,指由于出汗、休息或用餐之后妆容出现了残缺。长时间的脸部残妆会给人懒散、邋遢之感,所以,在上班时工作人员不但要注意坚持化妆,而且要注意及时地进行检查和补妆。

（4）岗上化妆。旅游职业人员工作妆一般应在上岗之前完成,不允许在工作岗位上进行。否则显得工作三心二意,对服务对象不尊重。

（5）指点他人。旅游职业人员不应在自己工作时,对自己服务对象的化妆关注过多,尤其不要对服务对象的化妆私下议论、说三道四,而且也不应当冒冒失失地打听对方所使用的化妆品的品牌、价格、化妆的具体方法等。

此外,对于仪表礼仪规范当中关于眼、耳、鼻、口的细节内容,旅游职业人员要尤为注意,切勿在对客服务中出现不当的面部问题。

（三）肢体

不同工作岗位上的旅游职业人员,平时对于肢体的运用有着不同的要求。以下从旅游服务礼仪的角度,分别介绍旅游职业人员应遵守的相关基本规范。

1. 上肢的修饰

上肢即手臂,是工作中运用最为频繁的身体部位。在旅游服务中,手臂通常被视为旅游职业人员的"第二脸面"。一双保养良好、干净秀美的手臂,往往会给服务操作增添美感,所以,旅游职业人员对于自己在服务过程中自始至终处于耀眼位置的手臂,应悉心加以保养和修饰。

1）手臂保养

由于旅游职业人员平日用手较多,有些特殊的工作岗位甚至还会在一定程度上对手臂造成某种伤害,所以旅游职业人员一定要高度重视保养自己的手臂。保养手臂,一是方法得当,不科学,不正确的方法,容易生出意外;二是贵在坚持,只有长期坚持才能真正形成良好的用手习惯。

2)手臂保洁

手臂的保洁首先是手臂的清洗。清洗手臂,要真正保持无泥垢、无污痕,除了手部的烟迹必须根除之外,其他一切碍眼的痕迹,如手上所沾的墨水、印油、酱汁、油渍等污垢,均应清洗干净。旅游职业人员还须注意,在工作岗位上不可乱用双手,例如揉眼睛、掏耳孔、抠鼻、剔牙、搔头发、抓痒痒、脱鞋,或是双手四处乱摸、抓捡地上的物品,都是极不卫生并让人生厌的行为。

2.下肢的修饰

下肢即腿脚部,人际交往中,人们常有"远看头,近看脚"的观察习惯。在人际交往中除了要慎重地对待下肢服饰的选择与搭配外,注重适当的修饰也是重要的一环。

1)下肢的清洁

下肢的清洁若掉以轻心,就会出现被人戏称为"凤凰头,扫帚脚"的不雅现象。下肢的清洁,应特别注意三个方面:首先要勤洗脚;其次要勤换袜子,最好做到每天换洗一双袜子,注意不要穿不易透气、易生异味的袜子;另外,还要定期交替更换自己的鞋子,在穿鞋前,务必细心清洁鞋面、鞋跟、鞋底等处,使其一尘不染,定期擦油,使其锃亮光洁。

2)下肢的遮掩

不要光腿。若因气候过于炎热或工作性质比较特殊而需要光腿,则必须注意选择长过膝盖的短裤或裙子。不要光脚露趾。旅游职业人员,在直接面对服务对象工作时,绝不允许光脚穿鞋和穿露趾的凉鞋或拖鞋,即使是导游人员也不例外。不要露脚跟,在工作岗位上暴露自己的脚后跟,会显得过于散漫,同样会令服务对象产生反感。

二、旅游职业人员的仪态礼仪

根据基本的仪态礼仪,旅游职业人员的仪态礼仪也应从手势、站姿、坐姿、走姿及表情等方面着手训练。

(一)手势

在岗期间,旅游职业人员首先应注意把握手势运用的基本原则:第一,使用规范化手势,即使用的手势应符合国际规范、国情规范、大众规范和服务规范,这样才不会引起交往对象的误解。第二,注意区域性差异。第三,手势宜少不宜多。在正常情况下,旅游职业人员的手势应尽量少而精。在毫无必要之时将手臂挥来舞去,既不能完整表达思想感情,也毫无美感可言。

其次,根据工作时的具体情境,配合运用符合自己身份并能够准确表情达意的手势,如迎接、引领、示座、指示等。

最后还要注意避免一些不良手势。

(二)行姿

在基本行姿的基础上,旅游职业人员还应当根据着装、具体工作内容掌握一些行姿

特例。

1. 陪同引导

陪同,指的是陪伴别人一同行进。引导,则是指在行进中带领别人,有时又叫做引领、引路或带路。旅游职业人员在陪同引导时,应注意以下四点。

(1)本人所处方位。若双方并排行进时,陪同引导人员应处于左侧。若双方单行行进时,则陪同引导人员应居于服务对象左前方约1米的位置。当服务对象不熟悉行进方向时,一般不应请其先行,同时也不应让其走在外侧。

(2)协调行进速度。在陪同引导服务对象时,本人行进的速度须与对方相协调,切勿我行我素,走得太快或太慢。

(3)及时关照提醒。陪同引导时,一定要处处以对方为中心。经过拐角、楼梯或道路坎坷、昏暗之处时,须关照提醒对方留意。

(4)采用正确的体态。陪同引导服务对象时,有必要采取一些特殊的体态。如请对方开始行进时,应面向对方,稍许欠身,在行进中与对方交谈或答复其提问时,头部和上身应转向对方。

2. 上下楼梯

作为旅游职业人员,尤其是饭店员工一定要走指定的楼梯通道,而且要减少在楼梯上的停留,坚持"右上右下"原则,以方便对面上下楼梯的他人。另外还要注意礼让服务对象,上下楼梯时,出于礼貌,可请对方先行,陪同引导服务对象时,则应上楼梯时行在后,下楼梯时行在前。

3. 进出电梯

若无电梯员,旅游职业人员须自己先进后出,以便为服务对象控制电梯。如有值班员的电梯,则旅游职业人员应当后进后出。进出电梯时,应侧身而行,以免碰撞、踩踏别人,进入电梯后,应尽量站在里边。一般的乘电梯规矩是:里面的人出来之后,外面的人方可进去。

4. 出入房门

(1)先通报。在进入房门时,尤其是在进入饭店客房之前,一定要先叩门、按铃向房内之人进行通报。

(2)以手开关。出入房门时,务必要用手轻轻开门或关门,而不可用身体其他部位,如用肘部顶、用膝盖拱、用臀部撞、用脚尖踢、用脚跟蹬等方式开关门。

(3)面向他人。出入房门,特别是在出入一个较小的房间,而房内又有自己熟悉的人时,最好是反手关门、反手开门,并且始终注意面向对方,而不可以背部相对于对方。

(4)后入后出。与他人一起出入房门时,礼貌的做法是:一般应自己后进门、后出门,而请对方先进门、先出门。

(5)为他人开门。尤其是在陪同引导他人时,旅游职业人员有义务在出入房门时替对方开门。

5. 搀扶帮助

在工作时,旅游职业人员往往需要对一些老、弱、病、残、孕等服务对象主动搀扶,以示体贴与特殊照顾。在为服务对象提供搀扶帮助时,应注意以下几点。

(1) 选择对象。若是不分对象,对任何人都主动搀扶,则难免会令人觉得滑稽、尴尬,适得其反。

(2) 两相情愿。即使发现确有需要搀扶帮助的服务对象,在搀扶之前,也要首先征得其同意,照顾对方的自尊心。

(3) 留意速度。步速不宜过快,应主动与对方保持一致。

(4) 稍事休息。考虑到被搀扶者的身体状况,在搀扶对方行进的过程中,应适当地"暂停几次",以便对方稍作休息。

6. 变向行走

(1) 后退。先面向对方后退几步,再转体离去。通常面向他人至少后退两到三步,对交往对象越尊重,后退的步子则越多。后退时步幅宜小,脚宜轻擦地面。转体时宜致意,并且说"您好"、"您早"等礼貌用语。

(2) 侧行。当与同行者交谈之时,上身应正面转向交谈对象,身体与对方保持一定距离。与他人狭路相遇时,应两肩一前一后,胸部正面转向对方,而不可背向对方。

(3) 前行转身。即在向前行进中转身而行。一是前行右转,以左脚掌为轴心,在左脚落地时,向右转体90°,同时迈出右脚。二是前行左转,与前行右转相反,在前行中向左转身,应以右脚掌为轴心,在右脚落地时,向左转体90°,同时迈出左脚。

(4) 后退转身。即在后退之中转身而行。一是后退右转,先退行几步后,以左脚掌为轴心,向右转体90°,同时向右迈出右脚。二是后退左转,先退几步后,以右脚掌为轴心,向左转体90°,同时向左迈出左脚。

7. 与服务对象对面相遇

服务对象从对面走来时,员工应向服务对象致意或行礼,同时应注意以下几点。

(1) 点头致意。在离服务对象约2米处,放慢步伐,目视服务对象,面带微笑,轻轻点头致意,并且说:"您好"、"您早"等礼貌用语。

(2) 行鞠躬礼。遇到服务对象应停步,躬身15°～30°,眼往下看,并致问候,切忌边走边看边躬身,这是十分不雅观的。如果正在工作中,可以边工作,边致礼。当然,若能暂停手中的工作行礼,会让服务对象感到更加满意。

旅游职业人员在岗时,要避免出现常见的禁忌行姿,此外,要避免奔来跑去。有急事要办时,旅游职业人员可以在行进中适当加快步伐。但若非碰上了紧急情况,则最好不要在工作时跑动,尤其是不要当着服务对象的面突如其来地狂奔而去。那样通常会令其他人感到莫名其妙,产生猜测,甚至还有可能造成过度紧张的气氛。

(三) 站姿、坐姿、蹲姿

站姿、坐姿、蹲姿已在本章第三节中详细说明,具体要求见第三节。

(四) 表情

除了本章第三节的基本的表情礼仪之外,作为旅游职业人员,还应当掌握以下要点。

1. 主要原则

(1) 表现谦恭。务必使自己的表情神态恭敬、谦和。

（2）表现友好。对待任何服务对象，皆应友好相待。

（3）表现适时。不论采用何种表情神态，都要切记使之与服务现场的氛围和实际需要相符合。

（4）表现真诚。工作中，旅游职业人员要努力使本人的表情神态出自真心实意，给服务对象以表里如一、名副其实之感。

2．眼神

（1）注视的部位。在提供服务时，可以注视对方的常规部位有四处。

一是对方的双眼。注视对方的双眼，既可表示自己对对方全神贯注，又可表示对对方所讲的话正在洗耳恭听。问候对方、听取诉说、征求意见、强调要点、表示诚意、向人道贺或与人道别时，皆应注意对方双眼，但时间不宜过久。

二是对方的面部。与服务对象较长时间交谈时，可以对方的整个面部为注视区域。注视他人的面部时，最好是对方的眼鼻三角区，而不要聚集于一处，以散点柔视为宜。

三是对方的全身。同服务对象相距较远时，一般应当以对方的全身为注视点，在站立服务时，往往如此。

四是对方的局部。服务工作中，往往会因为实际需要，而对服务对象身体的某一部分多加注视。例如，在递接物品时，应注视对方手部。

（2）注视的角度。既要方便服务工作，又不至于引起服务对象误解的具体的视角，主要有三种。

一是正视对方。即在注视他人时，与之正面相向，同时还须将上身前部朝向对方。正视对方是交往中的一种基本礼貌，其含意表示重视对方。

二是平视对方。即在注视他人时，身体与对方处于相似的高度。在服务工作中平视服务对象，表现出双方地位平等与本人的不卑不亢。当处于坐姿时，看见服务对象到来，便要起身相迎以便平视。

三是仰视对方。即在注视他人时，本人所处位置比对方低，需抬头向上仰望对方。在仰视他人时，可给对方重视信任之感。

在注视服务对象时，视角要保持相对稳定，即使需要有所变化，也要注意过渡自然，对服务对象上上下下反复进行打量扫视，往往会使对方感到被侮辱、挑衅。

（3）兼顾多方。为多人进行服务时，通常有必要巧妙地运用自己的眼神，对每一位服务对象予以兼顾。

旅游职业人员在为互不相识的多位服务对象提供服务时，既要按照先来后到的顺序对先来的服务对象多加注视，又要同时以略带歉意、安慰的眼神，去环视一下等候在身旁的其他人。这样既表现出了善解人意与一视同仁，又可以让后到的服务对象感到宽慰，使其不会产生被疏忽、被冷落之感，稳定其躁动情绪。

3．微笑练习

一般微笑是嘴角挂着一丝笑容的状态，基本做法是面部肌肉放松，两边嘴角向上略微提起，不露齿，不出声。超级微笑，是露出整个牙龈和牙齿的不出声的笑，美国人称之为"卡特式超级微笑"。

（1）练习双颊肌肉向上抬，嘴角外拉上翘，口里默念普通话的"一"、"茄子"或英文单词"cheese"、英文字母"g"等。

（2）面对镜子，用一张厚纸遮住眼睛以下的脸部，想象美好的情境、回忆快乐的时光，使笑肌提升收缩，嘴角上翘，做出微笑的口型，然后面部肌肉放松，眼睛随之恢复原状。这样经常反复练习，达到自我感觉最佳的状态为止。

同步案例　永远的微笑服务

背景与情境：希尔顿于1919年把父亲留给他的1.2万美元连同自己挣来的几千美元投资出去，开始了他雄心勃勃的经营旅馆生涯。当他的资产从1.5万美元奇迹般地增值到几千万美元的时候，他欣喜自豪地把这一成就告诉母亲，母亲却淡然地说："依我看，你跟以前根本没有什么两样……事实上你必须把握比5100万美元更值钱的东西：除了对顾客忠诚之外，还要想办法使希尔顿旅馆的顾客住过后还想再来住，你要想出这样简单、容易、不花本钱而行之久远的办法来吸引顾客。这样你的旅馆才有前途。"

母亲的忠告使希尔顿陷入迷惘：究竟什么办法才具备母亲指出的这四大条件呢？他冥思苦想不得其解。于是他逛商店、串旅店，作为一个顾客得出了"微笑服务"的答案。它同时具备了母亲提出的四大条件。

从此，希尔顿实行了微笑服务这一独创的经营策略。每天他对服务员说的第一句话是："你对顾客微笑了没有？"他要求每个员工不论多辛苦，都要对顾客投以微笑。

1930年西方国家普遍爆发经济危机，也是美国经济萧条严重的一年，全美旅馆倒闭了80％。希尔顿的旅馆也一家接一家地亏损不堪，曾一度负债50亿美元。希尔顿并不灰心，而是充满信心地对旅馆员工说："目前正值旅馆亏空，靠借债度日的时期，我决定强渡难关，请各位记住，千万不可把愁云挂在脸上，无论旅馆本身遭遇的困难如何，希尔顿旅馆服务员的微笑永远是属于顾客的阳光。"因此，在经济危机幸存的20％的旅馆中，只有希尔顿旅馆服务员面带微笑。经济萧条刚过，希尔顿旅馆便率先进入了繁荣时期，跨入了黄金时代。

（资料来源：汪洋.一切从微笑开始[M].西安：陕西师范大学出版社，2009.）

问题：根据所学的理论解释微笑服务的魅力所在。

分析提示：众所周知的有美国"旅馆之主"之称的希尔顿，是世界上非常有名气的酒店业者，也是国际酒店第一管理者。在从1919年到1976年的57年时间里，美国希尔顿旅馆从一家店扩展到70家，遍布世界五大洲的各大城市，成为全球最大规模的旅馆之一。50多年来，希尔顿旅馆生意如此之好，财富增加得如此之快，其成功的秘诀之一，就在于服务人员微笑的魅力。

教学互动

　　小张是一家物流公司的业务员，口头表达能力不错，对公司的业务流程很熟悉，对公司产品及服务的介绍也很得体，给人感觉朴实又勤快，在业务人员中学历也是最高的，可是他的业绩总是上不去。小张自己非常着急，却不知道问题出在哪里。小张从小有着大大咧咧的性格，不修边幅，头发经常是乱蓬蓬的，双手指甲长长的也不修剪，身上的白衬衣常常皱巴巴的。小张的大大咧咧能被生活中的朋友包容，但在工作中常常过不了与客户接洽的第一关。其实小张的这种形象在与客户接触的第一时间已经给人留下了不好的印象，让人觉得他是一个对工作不认真，没有责任感的人，通常很难有机会和客户有进一步的交往，更不用说承接业务了。

　　结合上述现象谈谈在外貌礼仪方面应该注意哪些事项。

　　要求：

　　1. 教师不直接提供上述问题的答案，而引导学生结合本章教学内容就这些问题进行独立思考、自由发表见解，组织课堂讨论。

　　2. 教师把握好讨论节奏，对学生提出的典型见解进行点评。

本章小结

内容提要

　　仪表，指人的外表，它包括仪容、举止姿态、服饰等方面。仪表是一个人精神面貌的外在表现，仪表对人们的形象起到自我标识、修饰弥补和塑造的作用。

　　仪容美主要存在自然美、修饰美、内在美三个层次。面部表达了人们内心的思想感情，人与人的亲切微笑和柔和目光是交际成功的要诀，是社交的通行证。

　　个人卫生维护、化妆对人体的修饰美有着重要的作用。举止合乎规范，是个人礼仪方面最基本的要求。中国自古以来就提倡站有站相，坐有坐相。一颦一笑，举手投足都存在不同的含义，个人的形象管理要符合规范。本章分析了仪表礼仪的功能寓意，帮助我们用仪表礼仪诠释旅游服务。

核心概念

仪表　仪容　仪态　服饰

重点实务

仪容礼仪的基本规范；仪态礼仪的基本规范；服饰礼仪的基本规范。

知识训练

一、简答题

1. 我们为什么要重视仪表?

2. 站、立、行姿的基本要求分别是什么? 个人的这些举止有没有需要改进的地方?

二、单选题

1. 视线停留在两眼与胸部之间的三角形区域,这被称之为(　　　)。

A. 亲密注视　　　　　B. 社交注视　　　　　C. 严肃注视

2. 西装外套袖口应(　　　)衬衣袖口。

A. 长于　　　　　　　B. 短于　　　　　　　C. 等于

3. 若无电梯员,旅游职业人员自己须(　　　),以便为服务对象控制电梯。

A. 后进先出　　　B. 先进后出　　　C. 先进先出　　　D. 后进后出

能力训练

一、理解与评价

西方发达国家的一些饭店在招聘新员工时,曾有这样的要求:"无工作经验者优先"。请给予解释?

二、案例分析

迟来的尊敬

背景与情境:公司前几个月新来了一个大学毕业生,每次进门看见我,招呼不打一声,头也不点一下不说,还直瞪瞪地看我一眼就走了。我怀疑她可能以为我只是一个前台的阿姨,所以如此不屑一顾。后来过了几天,大概她终于搞清楚我并非是什么接接电话、收收快递的阿姨,而是掌管她每个月工资的"财政大臣",猛地就开始殷勤起来了,一进门便"刘老师"叫得响亮。可是,我心里的感受却不一样了,即使她现在对我再怎么尊敬,我对她也生不出什么好感来。我就很纳闷,怎么一个堂堂大学生,刚进社会就学会了势利? 如果我真的是前台阿姨,是不是她这辈子都不打算跟我打招呼? 新人刚进职场,礼貌很关键,人际关系一定要妥善处理,不能以貌取人或者想当然,要记得地位低下的员工同样也是前辈或者长辈。哪怕是打扫卫生的阿姨,如果正好清理到自己的纸篓什么的,不要忘记说一声"谢谢",就会给自己平添很多的亲和力和人缘。刚刚毕业的大学生真的是要好好树立自己在公司的第一印象,这可不是闹着玩的。

问题:

1. 本案例中,该大学生不当之处有哪些? 涉及本章的哪些知识点?

2. 在与人交往的过程中,如何从仪容、仪表、仪容和服饰方面提升自己?

第三章
日常交往礼仪

通过本章学习,应当达到以下目标:

职业知识目标:学习和把握礼貌修养的概念与基本原则,了解日常交往中礼貌修养的类型;掌握旅游活动中日常交往的基本准则和礼节;掌握旅游过程中旅游者与工作人员之间的交谈礼仪礼节;掌握旅游者与旅游者、旅游工作者与旅游者之间见面礼节、交谈礼节以及拜访和馈赠礼节;熟悉现代通信基本礼仪规范及其相关技能活动。

职业能力目标:运用本章专业知识研究相关案例,培养旅游服务情境中旅游工作者协调与相关工作人员、服务对象之间关系等实际问题的分析与决策能力;通过日常交往中的礼仪在旅游服务中应用的实训操练,培养相关专业技能。

职业道德目标:结合日常交往礼仪的教学内容,依照旅游行业道德规范或标准,分析旅游企业或从业人员服务行为,强化职业道德素质。

引例:影星与狗

背景与情境:有一篇名为《影星与狗》的文章,记载了这样一件感人的事:国际著名影星奥黛丽·赫本十分爱狗,多年来一直养着一只叫杰西的长耳罗塞尔种的小猎犬。白天,杰西那无忧无虑和温柔的品性,令赫本感到平和亲近,夜晚杰西暖融融地依偎在赫本的脚旁,伴她入睡。然而,有一天,杰西误吃了毒药,很快就死了,赫本爱犬心切,竟无法控制自己,一连数日,终因悲伤过度而一病不起。这时,她的朋友克里斯多夫·格里文森托人给她送来了一只长耳罗塞尔狗,它叫彭妮,小巧玲珑,毛色白亮,十分可爱。彭妮给了赫本无限的慰藉,赫本说:"彭妮不仅使我恢复了健康,也赐给我无限的幸福,它真是来自天堂的宝贝。"

(资料来源:闫秀荣.现代社交礼仪[M].北京:人民邮电出版社,2011.)

克里斯多夫·格里文森如果换个赠送时机,虽然赫本仍然会喜欢,但远没有这时候送的效果好,让赫本知道格里文森对其的关心程度,并心存感激,更好地达到了人际交往的效果。

馈赠作为社交活动的重要手段之一,被古今中外人士普遍肯定。大凡送礼之人,都希望自己所送礼品能寄托和表达对受礼者的敬意和祝颂,并使交往锦上添花。然而,有时所赠礼品非但达不到这种目的,反而会事与愿违,造成不良后果,"赔了夫人又折兵"。因此,认真研究和把握馈赠的基本原则,是馈赠活动得以顺利进行的重要前提条件。

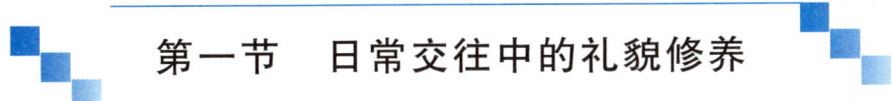

第一节　日常交往中的礼貌修养

礼貌修养是道德修养中最基本的组成部分,它是指人们在交往过程中,在礼貌、礼节和礼仪方面,自觉地按照社会公共生活准则的要求,不断地进行自我锻炼、自我修养和自我提高的行为活动,并经过努力形成自己在待人接物时所特有的礼仪风范。

一、礼貌修养的必要性

俗话说"诚于中而形于外",礼貌待人绝对不是简单地学习、模仿,更不是讲究形式的例行公事。礼节、礼貌是一个人内心世界的外在表现和真实感情的自然流露。那种举止大方、谈吐不俗、温文尔雅、彬彬有礼的风度,决不是装模作样所能及的。它必须以良好的个人修养为基础。一个缺乏修养的人,无论怎样"包装"自己,终究只能给人一种粗俗、肤浅的感觉和印象。因此,讲究礼仪规范既是人际交往中增进友谊、联络感情的行为准则,也是一个人内在修养的外在表现。要想全面、综合地提高自身素质,就必须加强礼节、礼貌知识的学习,不断提高自身的道德修养。

二、礼貌修养的基本原则

(一)遵守公德

社会公德内容极其广泛,包括爱护公物、遵守公共秩序、讲究公共卫生、尊老爱幼、救死扶伤、见义勇为等。遵守公德是文明公民应当具备的品质,也是一种礼貌修养,在社会生活中,每个人都应当模范自觉地遵守社会公德。有些人在公共场所大喊大叫、违反交通秩序、随地吐痰等,这些不文明行为就是不遵守社会公德,破坏了社会风气,理应受到谴责。不遵守公德就是不尊重他人,同样也是不尊重自己、没有礼貌的表现。

(二)遵时守信

遵守时间,恪守信用,是现代人际交往中最一般而又最重要的礼貌修养。"无信则不立,无信则无德,无信则不肖",一个人能够在社会上立足,靠的是信用。在社会交往中,不违时、不失约是极其重要的礼貌行为。浪费别人的时间是对别人极大的不尊重。如果确实不能如

约到达,应提前通知主人,以便让他另作安排。与人交往要言而有信,对别人的要求应根据自己的能力和实际情况给以答复,切不可妄开空头支票。在社会交往中,言而无信的人最终会失去大家的信任。

(三)真诚友善

待人接物应当做到真诚友善。真诚就是对人要诚心诚意,坦荡磊落,不虚情假意、口是心非、阳奉阴违。别人有困难,要挺身而出,真心相助,不图回报。友善,就是待人要善良友好,不存恶意,不算计别人,更不能为了个人的利益欺骗别人,伤害别人。有的人为了讨好别人,花言巧语、虚情假意,虽然有时也能讨得别人的一时喜欢,但最终还是得不到别人的信任。有的人以貌取人,以地位取人,趋炎附势,这种人迟早会被人们唾弃。待人真诚友善,才是真正对别人的尊重和礼貌。

(四)谦虚随和

古人说:"满招损,谦受益"。谦虚总是受人欢迎的良好态度,社交场上任何自傲情绪的流露都会成为你通向成功之路的障碍。社交场合中切记不可因曾帮助过他人而自夸,特别是对方或对方的至亲好友在场时;不因自己比他人多一点知识或一技之长而津津乐道;不因自认为比别人强而以较高的姿态出现,这样会让别人"退避三舍"。

(五)理解宽容

理解是人际沟通的桥梁。理解别人表现为能够设身处地地为别人着想,善解人意,体谅对方。在与人交往时,要善于观察别人的心理变化,主动去理解别人,关心别人,对方还没想到的事你事先为他想到了,并且帮他做到了,这样就很容易与人沟通。宽容就是要豁达大度,宽宏大量,有很强的容纳意识和自控能力。只有理解别人才能做到对人宽容。理解别人包括容忍别人的缺点错误,即使在双方发生冲突的时候,在对方不理智的时候,也要忍让。不要针锋相对,也不要得理不让人,可以待对方冷静下来后再有理、有利、有节地处理问题。有时宽宏大量就是一种很好的解决问题的方法。

同步案例　　*真正的原谅*

背景与情境:有一次,爱迪生和他的助手们辛苦工作一天一夜后发明了一个电灯泡。随后,爱迪生让一名年轻学徒将这个灯泡拿到楼上另一个实验室。这名学徒从爱迪生手里接过灯泡,小心翼翼一步一步地走上楼梯,特别害怕手里的这个新发明滑落。但他越是这样想,心里就越紧张,手也禁不住哆嗦起来,当走到楼梯顶端时,灯泡最终还是掉在了地上。爱迪生没有责备这名学徒。过了几天,爱迪生和助手们又制作出了一个电灯泡。爱迪生没多考虑,就将它交给了那名先前将灯泡掉在地上的学徒。这一次,这个学徒安安稳稳地把灯泡拿到了楼上。事后,有人问爱迪生:"原谅他就够了,何必再把灯泡交给他拿呢?万一又摔在地上怎么办?"爱迪生回答:"原谅不是光嘴巴上说说的,而是要靠做的。"

(资料来源:http://www.jiyifa.com/mingren/512500.html.)

问题:从日常礼仪交往的角度评析本案例。

分析提示:本案例中,理解宽容这四个字不能只从表面上看,仅通过语言不如通过行动表达出来的有意义,要真正让对方感受到得到了理解,获得了宽容。

(六)热情有度

在与人交往时应当表现得热情大方,热情是对别人的一种真挚热烈的感情,一种积极主动的态度。热情可以使人感到温暖,感到亲切,使人产生一种亲近感。待人热情就要做到礼节周到,语言诚恳,仪态优雅,举止大方,笑口常开。对人热情应当表现得有分寸,过分的热情,反而是一种无礼。过分的热情会让别人十分尴尬,并且怀疑你的诚意,同时过分的热情还会让人觉得轻浮,有损个人及组织的尊严。"热情有度"要做到:关心有度、批评有度、距离有度、举止有度。

三、培养礼貌修养的途径

(一)加强公共道德意识和职业道德观念

培养礼貌修养要加强自身的公共道德意识和职业道德观念。

(二)加强礼节、礼貌知识的学习

加强礼节、礼貌知识的学习,尤其是社交礼仪常识和职业礼仪规范。

(三)提高个人的文化知识素养

全方位提高个人的文化知识素养,使自己拥有较丰厚的文化积淀。"腹有诗书气自华",若想长期地从本质上提高自己的文明礼貌修养,还必须有意识地涉猎较多的科学文化知识,使自己具备较高的综合知识素养。

(四)丰富和完善自身个性

丰富和完善自己的个性,使性格符合旅游职业素质的要求。

(五)积极参加社交活动

积极参加社交活动,在社交活动中养成礼貌待人的好习惯。礼貌修养关键在于社交活动中的应用,以主动积极的态度,坚持将学到的礼貌礼节应用到社会生活实践的方方面面,培养自己成为合格的旅游服务工作者。

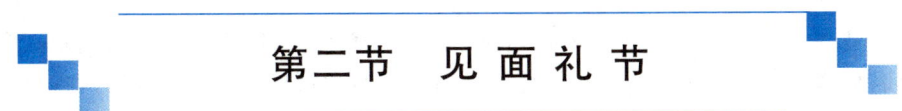

第二节 见面礼节

人与人之间接触的第一印象就是见面礼节,而这对以后双方交往的深度和广度起着决定性的作用。初次见面时,待人举止文明大方,有礼有节,有助于双方交往的深入发展,会产生积极作用。

一、握手礼

握手礼是目前世界大多数国家通行的礼节,是所有现代礼节形式中使用最多的一种。握手礼始于欧洲,通常为了表示欢迎、欢送、见面、告辞、祝贺、感谢、慰问、合作等。

图 3-1　握手礼

握手时,由主人、年长者、身份高者、妇女先伸手。客人、年轻者、身份低者、男士见面可先问候,待对方伸手再握。握手的方式:伸出右手(在阿拉伯国家及少数西方国家,认为左手是"不洁之手"),以手指稍用力握住对方的手掌持续 1～3 秒钟,双目注视对方,面带笑容,上身要略微前倾,头要微低(见图 3-1)。

参加大型活动时因人数众多,可与主人握手后同其他人点头致意,不一一握手。多数人同时握手时,不要交叉,待别人握完再伸手。男士与女士握手时,往往只握女士的手指部分。握手时,如有戴帽或戴手套,均须将帽摘掉或将手套取掉才可行握手礼节。东南亚佛教国家(如泰国、柬埔寨等)一般不握手,而是双手合十致意。

二、拱手礼

拱手礼,又叫作揖礼,在我国至少已有 2000 多年的历史,从西周起就开始在同辈人见面、交往时采用了。拱手礼是我国传统的礼节之一,《论语》中有"子路拱而立"的记载,常在人们相见时采用。行礼时,双腿站直,上身直立或微俯,双手互握合于胸前。

三、鞠躬礼

鞠躬是弯身行礼,是表示对他人敬重的一种礼节。"三鞠躬"称为最敬礼。在我国,鞠躬常用于下级对上级、学生对老师、晚辈对长辈,亦常用于服务人员向宾客致意,演员向观众致谢。行鞠躬礼时面对客人,并拢双脚,伸直腰,脚跟靠拢、双脚尖处微微分开,目视对方。然后将伸直的腰背,由腰开始的上身向前弯曲。视线由对方脸上落至自己的脚前 1.5 米处(15°礼)或脚前 1 米处(30°礼)。男性双手放在身体两侧,女性双手合起放在身体前面。服务员见到顾客鞠躬 45°,招呼朋友是 30°。行名片礼或握手礼节时,会伴随着 10°～15°的鞠躬礼。

四、介绍礼

(一) 介绍礼概述

介绍礼是在人际交往中与他人进行沟通、增进了解、建立联系的一种最基本、常规的方式。欲结识某些人或某个人,而又无人引见,如有可能,即可向对方自报家门,将自己介绍给对方。

自我介绍是一门艺术,恰当的自我介绍可以给对方和他人留下深刻的印象。一般自我介绍需介绍自己的姓名、供职单位以及与正在进行的活动的关系。自我介绍时应讲究态度,真实诚恳,既要落落大方、彬彬有礼,又不能唯唯诺诺、虚张声势、轻浮夸张。如果有介绍人在场时,自我介绍则被视为不礼貌。

由第三方介绍,称为他人介绍。他人介绍通常是双向的,即将被介绍者双方各自均作一番介绍。为他人作介绍时必须遵守"尊者优先"的规则:把年轻者介绍给年长者;把职务低者介绍给职务高者;如果双方年龄、职务相当,则把男士介绍给女士;把家人介绍给同事、朋友;把未婚者介绍给已婚者;把后来者介绍给先到者。如果人数较多,要一一介绍,而不知对方身份地位的高低,应按顺时针方向、由近及远,进行介绍。

(二)介绍时的注意事项

第一,介绍者为被介绍者介绍之前,一定要征求一下被介绍双方的意见,切勿上去开口即讲,显得很唐突,让被介绍者感到措手不及。

第二,被介绍者在介绍者询问自己是否有意认识某人时,一般不应拒绝,而应欣然应允。实在不愿意时,则应说明理由。

第三,介绍者和被介绍者都应起立,以示尊重和礼貌;待介绍者介绍完毕后,被介绍双方应微笑点头示意或握手致意。

第四,在宴会、会议桌、谈判桌上,视情况介绍者和被介绍者可不必起立,被介绍双方可点头微笑致意;如果被介绍双方相隔较远,中间又有障碍物,可举起右手致意,点头微笑致意。

第五,介绍完毕后,被介绍者双方应依照合乎礼仪的顺序握手,并且彼此问候对方。问候语有"你好、很高兴认识你、久仰大名、幸会幸会"等,必要时还可以进一步做自我介绍。

五、名片礼

名片,是人们用作交际或送给他人作为纪念的一种介绍性媒介物。由于交换名片常在见面之时,所以也被视为一种见面的致意礼仪。一般与介绍礼、握手礼同一场合使用。

(一)递名片的礼仪

一般而言,递送名片前应整理名片盒,只留1/3的名片在名片盒内。要双手呈递,以表示对对方的尊重。将名片放置手中,用拇指夹住名片两个角,其余四指托住名片背面,手不要压住字。将名片的文字正向对方,以便对方观看,切勿将名片的背面面对对方或颠倒着递向对方(见图 3-2)。递名片之前,作简单的自我介绍。在递送名片的同时,伴随着:"请多多指教"、"请多联系"之类的以表自谦、友好的话。在多人交换名片时,要注意讲究先后顺序,由近而远,由尊而卑,由左而右。

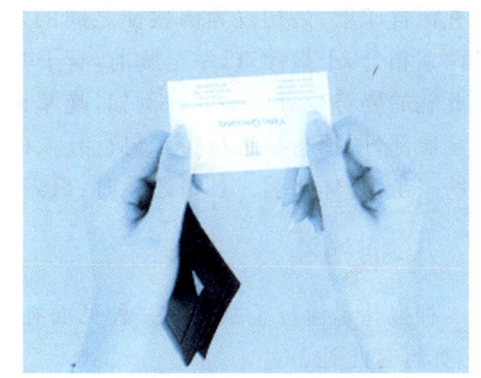

图 3-2 递名片

(二)接名片的礼仪

接名片时应及时起立,双手接过,用 3～5 秒的时间注视手中的名片,如对方身份地位较高,应念出对方身份,并说恭维的话语。如:"您就是王总,早就听闻过您的大名,非常荣幸能与您见面。"接过他人名片并应酬之后,应郑重其事地将他的名片放入名片盒、名片夹或西装内侧胸袋,不可边交谈边摆弄名片或随意搁在桌上。

当对方递给你名片之后,如果自己没有名片或没带名片,应当首先对对方表示歉意,再如实说明理由。如,"很抱歉,我没有名片"、"对不起,今天我带的名片用完了,要不我先将联系方式写下来,过几天亲自给您送去"。

六、亲吻礼

(一)吻手礼

吻手礼是流行于欧美上层社会的一种礼节,在英法两国最流行。男子同上层社会贵族

图 3-3 吻手礼

妇女相见时,如果女方先伸出手作下垂式,男方则可将指尖轻轻提起吻之;但如果女方不伸手表示,则不吻。如女方地位较高,男士要屈一膝作半跪式,再提手吻之。受礼之女士应为已婚。图 3-3 所示为吻手礼。

(二)接吻礼

接吻礼多见于西方、东欧、阿拉伯国家,是亲人以及亲密的朋友间表示亲昵、慰问、爱抚的一种礼。一般而言,夫妻、恋人或情人之间,宜吻唇;长辈与晚辈之间,宜吻脸或额;平辈之间,宜贴面。在公开场合,关系亲密的女子之间可吻脸,男女之间可贴面,晚辈对尊长可吻额,男子对尊贵的女士可吻其手指或手背。非洲某些部族的居民,常以亲吻酋长的脚或酋长走过的地方为荣。

在当代,许多国家的迎宾场合,宾主往往以握手、拥抱、左右吻面或贴面的一系列礼节,以示敬意。

七、合十礼

合十礼又称合掌礼,是流行于泰国、缅甸、老挝、柬埔寨、尼泊尔等佛教国家的见面礼。此礼源自印度,最初仅为佛教徒之间的拜礼,后发展成全民性的见面礼。行合十礼时,一般是两掌相合,十指伸直,举至胸前,身子略下躬,头微微下低,面带微笑。遇到不同身份的人,行此礼的姿势也有所不同。例如,晚辈遇见长辈行礼时,要双手高举至前额,两掌相合后需举至脸部,两拇指靠近鼻尖。男行礼人的头要微低,女行礼人除了头微低外,还需要右脚向前跨一步,身体略躬。长辈还礼时,只需双手合十放在胸前即可。

八、拥抱礼

拥抱礼是流行于欧美的一种见面礼节。其他地区的一些国家,特别是现代的上层社会中,亦行有此礼。

拥抱礼多行于官方或民间的迎送宾朋或祝贺致谢等场合。行礼时,通常是两人相对而立,各自左臂偏上,右臂偏下,右手环抚于对方的左后肩,左手环抚于对方的右后腰,彼此将胸部各向左倾而紧紧相抱,并头部相贴,然后再向右倾而相抱,接着再做一次左倾相抱。在当代,许多国家的涉外迎送仪式中,多行此礼。

欧洲人非常注重礼仪,他们不习惯与陌生人或初次交往的人行拥抱礼、亲吻礼、贴面礼等,所以初次与他们见面,还是以握手礼为宜。

知识活页

非洲国家的见面礼节

非洲人民十分注重见面礼,在公共社交场合,握手、拥抱等礼节十分通用。但有些地方又有所不同,形成了自身独特的风俗和礼貌。如西非的一些部族,在见面时,用手掌拍打前胸,表示问好。中非的一些部族见面时是先鞠躬,而后鼓掌,同时互相祝福,说一些使人高兴的话。非洲人初次见面总要互相问候身体健康或工作顺利,然后才能谈正事。如果是熟悉的人,这种寒暄内容则要更多和更广泛,否则是一种失礼的表现。在非洲,行握手礼颇有讲究。见面握手时,对尊敬的人,要先用左手握住右手的手腕,然后用右手与对方相握。如果是特别亲热者,则要先握一下他的手掌,然后再握对方的拇指,最后还要紧紧握一下他的手。

埃及:在埃及,人们见面或在其他社交场合一般都惯以握手为礼,或施以拥抱礼,见面或相遇时招呼所用的称呼,以及见面时的亲吻均有讲究。人们在见面相互打招呼时,常称呼对方为"阿凡提"。阿凡提是阿拉伯语的音译,意思是"先生"、"阁下"。最广泛使用的问候语是"赛拉姆而来依库姆",意思是祝你平安。对方要回答的是"而来依库姆赛拉姆",意思是也祝你平安。这种问候语在男女老少中随时随地都可以听到,而且它不只被人们用于口头上,同时还用于书信中。问候语中,人们还常使用的就是:"早上好"、"晚上好"、"再见"等等。在路上相遇时,一般是年轻者首先问候年长者,步行者先问候骑乘者,单人先问候大家。

尼日利亚:尼日利亚人在施礼前,总习惯先用大拇指轻轻地弹一下对方的手掌再行握手。但在涉外商务活动中,他们通常省略了这一细微环节而直接与客人施握手礼。当地豪萨人的问候方式,既不是握手,也不是拥抱,而是彼此用自己的右手使劲拍打对方的右手。在交谈中,尼日利亚人从不盯视对方,也忌讳对方盯视自己,认为盯视别人是失敬的举止。

阿尔及利亚:阿尔及利亚人在社交场合与客人见面或分手时,一般习惯施握手礼,握手越用力越受尊敬。他们认为用力的程度是与对方友好的程度成正比的,此外也有施拥抱礼和贴面礼的。与阿尔及利亚人见面时,如果知道对方的头衔和姓最好一齐称呼,换名片要有英文或法文以及阿拉伯文对照。多数阿尔及利亚商人会说法语,部分会说英语,使用法语或英语会很受欢迎。在生活习俗上,阿尔及利亚人与其他信奉伊斯兰教国家的人有较大的区别。他们国家的妇女相对比较开放,男子却规矩很多。妇女不戴面纱,出入自由,无拘无束,而男子到25岁左右,就要将全身用布遮住,只露出两只眼睛,行动也很谨慎。他们逢遇节假日接待宾客时,惯用敬茶三杯之俗欢迎客人。按当地人的习惯,客人只有把茶喝完才算合乎

礼节。阿尔及利亚人喜欢别人称呼他们的头衔加姓。他们的时间观念不强,对约会有迟到的习惯,认为这是自己的一种礼节风度。

加纳:加纳人与客人相互见面或告别时的习惯礼节是用握手致礼。当他们同列队人握手时,无论这些人年长年幼、地位高低,一般都习惯从右向左——同列队人握手。特别注意不要用左手做任何示意动作。

摩洛哥:别称赞人家的物品。摩洛哥人与客人相见和告别时,一般都惯施拥抱礼,握手礼也较为普及。摩洛哥女性与宾客见面时往往施屈膝礼。与摩洛哥朋友交谈时最好不要对主人的某件所有物大加赞美,否则对方可能会觉得按社交惯例不得不把它奉赠给你。

突尼斯:握手后把右手放在胸口。突尼斯人与客人相见的基本礼节是握手礼。握手后,他们还要把右手放在胸口,以示出自内心与客人真诚相见。突尼斯的上层人士在社交场合与客人相见时,一般都讲究施拥抱礼,同时再说一些吉利的祝愿语,以表达热情友好之意。

埃塞俄比亚:握手至问候完毕。埃塞俄比亚人与熟人相见时,一般总要摘下帽子相互鞠躬问好,如身披"沙马"裹住头的,要摘下帽子甚至撩起"沙马"露出肩膀,问候致意要长达一两分钟,甚至更长。同辈人相见,一般行握手礼并互致问候,直到互致问候完毕才肯相互把手放开。

 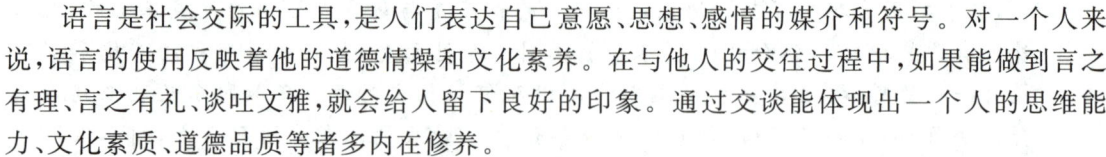

第三节　交谈礼仪

语言是社会交际的工具,是人们表达自己意愿、思想、感情的媒介和符号。对一个人来说,语言的使用反映着他的道德情操和文化素养。在与他人的交往过程中,如果能做到言之有理、言之有礼、谈吐文雅,就会给人留下良好的印象。通过交谈能体现出一个人的思维能力、文化素质、道德品质等诸多内在修养。

一、交谈时的礼仪

(一) 表情自然,语气和蔼、亲切

与人交谈时,要平等相待。和晚辈、下级交谈,不要态度傲慢、居高临下;与上级、长辈交谈不要卑躬屈膝、低声下气。

（二）谈吐文明,措辞雅洁

话题应尽量避开粗俗的内容,也不要使用粗俗或不雅的口头语,这些都使人感到格调低下,甚至会冒犯对方。交谈中适当伴以幽默、风趣,可以缩短彼此之间的心理距离,增添谈话的生动与趣味,使交谈时时处在和谐轻松友好的气氛中。

（三）言之有物

谈话的内容应有理有据,说大话、假话、空话、套话,会使人产生厌倦情绪,达不到交谈的良好效果。交谈内容要使对方感到自豪、愉快、擅长和感兴趣,要格调高雅、欢快轻松,不要涉及对方的弱点与短处、个人隐私、庸俗下流和鬼怪神力之类的话题及小道消息。

（四）动作文雅

交谈时,勿打哈欠,勿抓耳挖腮,搔首摆膝摇头;对别人的讲话,勿持冷漠的态度,如斜视、看书、看报等;抽烟时,不要朝着别人的脸擦火柴,吐烟雾;咳嗽、打喷嚏,最好先用手帕捂住嘴,不要正对别人。

二、交谈的技巧

（一）学会赞美

荀子曰:"与人善言暖于布帛,伤人以言深于矛戟。"赞美是处世应当具备的基本条件之一,是人际交往的"润滑剂"。它能使人自信,具有进取心;它能缓解人际矛盾,使彼此友好相处。

知识活页

善于倾听

曾经有个小国的人到中国来,进贡了三个一模一样的金人,金碧辉煌,把皇帝高兴坏了。可是这个小国的人不厚道,同时出了一道题目:这三个金人哪个最有价值?皇帝想了许多办法,请来珠宝匠检查,称重量,看做工,都是一模一样的。怎么办?使者还等着回去汇报呢。最后,有一位退位的老大臣说他有办法。皇帝将使者请到大殿,老臣胸有成竹地拿着三根稻草分别插入三个金人的耳朵里,第一个金人的稻草从另一边耳朵出来了,第二个金人的稻草从嘴巴里直接掉出来,而第三个金人,稻草进去后掉进了肚子,什么响动也没有。老臣说:第三个金人最有价值!使者默默无语,答案正确。

这个故事告诉我们,最有价值的人,不一定是最能说的人。善于倾听,才是成熟的人最基本的素质。

同步案例　善意的赞许

背景与情境:清洁工,本来是一个最被人忽视的角色,但就是韩国某大型公司的

一位清洁工,却在一天晚上公司保险箱被窃时,与小偷进行了殊死搏斗。事后,有人问他这样做的原因,答案却出人意料。他说,当公司的总经理从他身旁经过时,总会不时地赞美他"你扫的地真干净"。就这么一句简简单单的话,就使这个员工受到了感动,挽回了公司的损失。

问题:从日常礼仪交往的角度评析本案例。

分析提示:本案例中,总经理一句不经意的赞美也会使一位普通的员工为了公司的利益与小偷进行殊死搏斗。任何一句赞美会使对方向更好的方面去发展。

(二) 富于幽默

莎士比亚说:"幽默风趣是智慧的闪现。"凡是具有幽默感的人,所到之处,皆是一片欢乐和融洽的气氛。在人际交往中人们不可避免地会碰到这样那样的难题,如果采用针锋相对、硬碰硬的方法,往往适得其反,非但解决不了问题,甚至会把小事变成大事。幽默的高明之处就在于它是一种曲折地表达思想的方式。它避开了矛盾的锋芒,比较容易被别人接受,同时,因为它能引发笑声,创造一种轻松欢快的氛围,从而化解因各种矛盾引起的紧张情绪和尴尬气氛。

(三) 善于倾听

善于倾听的人才是真正会交际的人。话多的人,会说话的人,他们有锋芒毕露的时候,也常有言过其实之嫌,话说多了,其为夸夸其谈,油嘴滑舌,说过分了还导致言多必有失,祸从口出。

三、交谈的禁忌

(一) 交谈的内容应以双方共同感兴趣的话题为主

不要过于卖弄自己;不要喋喋不休发牢骚,向别人诉说自己的不幸;不要用训斥的口吻去说别人;不要随意触及他人的隐私;也不要谈对方不懂的话题。

(二) 谈话时不要做一些不礼貌的动作

为尊重对方的谈话,首先要做的就是必须保持端庄的谈话姿态。抖腿,挖鼻孔,哈欠连天等都是不礼貌的行为。尤其不要一直牢牢地盯住别人的眼睛,否则会使对方觉得窘迫不安;也不要居高俯视,否则会给人高高在上的感觉;更不要目光乱扫,东张西望,否则会使对方觉得你心不在焉或是另有所图。

(三) 要杜绝在背后说他人的长短

与人交谈时不说他人的坏话,也不传闲话,这不仅是礼仪的需要,也是交往成功的保证。富兰克林在谈到他成功的秘诀时曾说:"我不说任何人的坏话,我只说我所知道的每个人的长处。"背后对人说长论短,这是最令人厌恶的事情。

(四) 忌讳某些话题

社交场合不以荒诞离奇、耸人听闻、黄色淫秽的内容为话题,也不开低级庸俗的玩笑,更不能嘲弄他人的生理缺陷,那样只会证明自己的格调不高。在涉外场合,一般不要谈论双方国家的政治问题,也不应随便议论他人的宗教信仰,对某些风俗习惯、个人爱好也不要妄加非议。

(五)不要随便打断别人的谈话

别人讲话时,话题突然被打断,会让对方产生不满或怀疑的心理。认为你不识时务,水平低、见识浅;或是认为你讨厌、反感这类话题;或是认为你不尊重人,没有修养。

同步思考

最有趣的谈话家

一次,卡耐基应邀参加一个宴会,遇见一位著名的植物学家。卡耐基静听他讲各种植物如何栽培,请他帮助自己解决小花园植物出现的几个问题,与植物学家谈了数小时。到了午夜,与其他客人道别告辞时,这位植物学家说卡耐基是"最有趣的谈话家"。

理解要点:卡耐基参加宴会时,与植物学家的谈话大部分时间都在"倾听",却被恭维为"最有趣的谈话家"。这也说明"倾听"是对任何人的一种最好的恭维。

第四节　拜访与馈赠礼节

现代生活中,走亲访友是最常见的一种交际形式,是人们联络感情、交流信息、增进友谊的一种有效方法,因此拜访和会客就成为我们日常生活中的一项不可缺少的内容。

一、拜访礼节

拜访包括家庭拜访和工作场所拜访。

(一)家庭拜访

1. 拜访前准备

事先预约。当要去拜访某位亲朋好友时,事先最好与对方通个电话,相互约定一个双方都合适的时间,再行前往。如有变动或是特殊情况不能前去,应尽可能提前通知对方,并表示歉意,随便失约是很不礼貌的。

拜访时间的选择,最好考虑到双方的便利。一般应尽量避开被访者可能不便的时间,根据双方的关系亲密程度来选择合适的时间。一般选在下午或晚饭后较好,这个时间主人一般都有接待来访者的思想准备。

仪表修饰。拜访做客时,要注意对自己仪表的修饰。整洁的仪表服饰反映来访者对主

人的尊重程度。

礼品选择。节日上门拜访或初次做客，最好选择一些礼品，以增进感情。所带的礼品应尽量适合主人家的需要。如中秋节时带月饼、水果等。

2. 做客礼仪

按时到达。准时赴约是拜访的最高礼节，它表现了对主人的尊重。不能早到，以免主人未做好准备，不能迟到，以免主人久等。如果因为意外而迟到，电话致歉告知主人，见面后再次向对方道歉，并说明原因。

做客礼仪。进门按门铃或轻轻叩门，待主人有回应或开门后，方可进门。随身带来的外衣、雨具要放到主人指定的地方，不能随意乱扔。按主人要求换鞋后方可进门。进门后先向主人及家属、其他客人打招呼，按主人指定的位置入座，并注意坐姿。主人端茶递烟时要起身道谢，双手相接。端上的点心、水果，要等年长者先动手后，自己再取。果皮果壳不要乱扔乱放，也不要边吃水果或糕点，边走来走去或翻看主人家的藏书，以免果汁或糕点屑洒落在地上或书上。

交谈时要专心，不要左顾右盼，态度、语气和蔼可亲，不可随意打断别人的话，更不能在长辈面前自以为是地乱发表议论。

拜访中，不经主人同意，不可私自翻看主人物件，不可参观主人的卧室。

适时告辞。拜访的时间不宜过长，当宾主双方都已谈完该谈的事情，叙完该叙的情谊之后，就应及时起身告辞。如果来客较多，自己有事需要早走，应悄悄地先向主人告辞，并表达歉意，必要的情况下再向其他来客礼貌地说声："我有事，先走一步，你们慢慢谈。"主人站起相送时，应及时请主人留步，并再次表示感谢。

（二）工作场所拜访

工作场所的拜访，一般是在对方上班时间进行拜访，目的性强，事前必须要有充分的准备和计划，更应重视礼仪礼貌。

1. 拜访前准备

了解情况。首次拜访应先了解拜访对象的基本情况，如所在单位情况、担任的职务、分管工作、性格特征等。

准备资料。将公司的资料与客户需要的样品或东西备齐。

仪表修饰。仪表整洁大方，注意着职业装和仪容修饰。

访前预约。拜访前一定要预约，并准时赴约。一般算好时间，提早5分钟或准时到达是符合礼仪规范的。

同步案例 *拜访成功的秘诀*

背景与情境：小王：赵总，你好，我是大华公司的销售人员小王，这是我们产品的资料，您看你们是否感兴趣？

赵总：放我这吧！我感兴趣的话给你打电话。

小王：你看看，我们的设备质量好，而且价格也便宜……

赵总：对不起，我还有个会，我会和你联系的，好吗？

小王：……

（小王刚走，赵总顺手将小王的资料扔进了垃圾桶。）

老李：赵总，您好，我是大华公司的销售人员老李，这是我们产品的资料，您看你们是否感兴趣？

赵总：放我这吧！我感兴趣的话给你打电话。

老李：如果用我们的设备，会比您现在用的 W 型号的设备效率提高 30％，而且节能 10％……

赵总：效率提高 30％？你讲讲。

老李：……

赵总：好、好、好！我将认真考虑你们的设备。

（资料来源：关彤.社交礼仪［M］.海口：南海出版公司，2010.）

问题：从日常礼仪交往的角度评析本案例。

分析提示：本案例中，小赵的准备明显不足，他不清楚客户到底需要的是什么，也不知道如何打动客户，而老李显然事先经过调查，知道客户的需求所在，老李所说的正是赵总在苦苦寻找的解决问题的方案。因此拜访客户前一定要充分准备。通过查资料、询问知情人等方式掌握必要的客户需求，会对拜访工作有很大帮助。

2. 拜访礼节

敲门询问。如果办公室外有专门的接待员，那么请接待员通报后引领到办公室，如果没有接待员，在办公室门外要先敲门，经允许后方可进入。

问候、自我介绍。进入办公室后，首先要问候"您好"，初次见面，做简单的自我介绍，并递上名片，说明来意。

姿态端正。主人奉茶让座，应表示谢意。坐姿要端庄、大方，姿势不能过于休闲。

控制时间。办公室拜访时间不宜过长，一般最多以半小时为宜，应直入主题，简明扼要。如果双方的意见不统一，可再约时间谈，不能扭住不放，一定要有个结果，这样会令对方感到不快。

礼貌告辞。告辞时，应礼貌地说"打扰您了"、"谢谢您"，并握手告别。走出门后，应把门轻轻带上，如果主人送到门口，应请主人留步，再次表示感谢。

工作场所的拜访，除了公司要求或节假日外，一般无须准备礼物。

二、馈赠礼节的基本原则

人们相互馈赠礼物，是人类社会生活中不可缺少的交往内容。中国人一向崇尚礼尚往来。馈赠作为社交活动的重要手段之一，受到古今中外人士的普遍肯定。馈赠作为一种非语言的重要交际方式，是以物的形式出现，以物表情，礼载于物，起到寄情言意的"无声胜有声"的作用。得体的馈赠，恰似无声的使者，给交际活动锦上添花，给人们之间的感情和友谊注入新的活力。然而送给谁（who），为什么送（why），如何送（how），送什么（what），何时送（when），在什么场合送（where），是一个既老又新的问题，因此，我们只有在明确馈赠目的和遵循馈赠基本原则的前提下，才能真正发挥馈赠在交际中的重要作用。

（一）轻重原则——轻重得当，以轻礼寓重情

通常情况下，礼品的贵贱厚薄，往往是衡量交往人的诚意和情感浓烈程度的重要标志。然而礼品的贵贱厚薄与其物质的价值含量并不总成正比。因为礼物是言情寄意表礼的，它仅仅是人们情感的寄托物，人情无价而物有价，有价的物只能寓情于其身，而无法等同于情。也就是说，就礼品的价值含量而言，礼品既有其物质的价值含量，也有其精神的价值含量。"千里送鹅毛"的故事，在我国妇孺皆知，被标榜为礼轻情意重的楷模和学习典范。"折柳相送"也常为文人津津乐道，因为柳的寓意有三：一为挽留；二因柳枝在风中飘动的样子如人惜别的心绪；三为祝愿友人如柳能随遇而安。在这里，如果仅就这些礼物本身的物质价值而言，的确是很轻的，对于受礼者来说甚至是微乎其微的，然而它所寄寓的情意则是浓厚的。我们提倡"君子之交淡如水"，提倡"礼轻情意重"。但是，当我们因种种原因陷入"人情债务链"时，则不妨既要注意以轻礼寓重情，又要入乡随俗地根据馈赠目的和自己的经济实力，择定不同价值轻重的礼物。总之，除非是有特殊目的的馈赠，其他馈赠礼物的贵贱厚薄都应以对方能愉快接受为尺度。

（二）时机原则——选时择机，雪中送炭

就馈赠的时机而言，及时适宜是最重要的。中国人很讲究"雨中送伞"、"雪中送炭"，即十分注重送礼的时效性，因为只有在最需要时得到的才是最珍贵、最难忘的。因此，要注意把握好馈赠的时机，包括时间的选择和机会的择定。一般来说，送礼贵在及时，超前或滞后都达不到馈赠的目的；机会贵在事由和情感及其他需要的程度，"门可罗雀"时和"门庭若市"时，人们对馈赠的感受会有天壤之别。所以，对于处境困难者的馈赠，其所表达的情感就更显真挚和高尚。

（三）效用性原则——对方所需，更显价值

同一切物品一样，当礼以物的形式出现时，礼物本身也就具有了价值。就礼品本身的实用价值而言，人们的经济状况不同，文化程度不同，追求不同，对于礼品的实用性要求也就不同。一般来说，物质生活水平的高低，决定了人们精神追求的不同，在物质生活较为贫寒时，人们多倾向于选择实用性的礼品，如食品、水果、衣料、现金等；在生活水平较高时，人们则倾向于选择艺术欣赏价值较高、趣味性较强和具有思想性、纪念性的物品为礼品。因此，应视受礼者的物质生活水平，有针对性地选择礼品。

同步案例　*圣诞礼物*

背景与情境： 美国作家欧·亨利在其著名的小说《麦琪的礼物》里讲述了这样一个故事：一位妻子十分想在圣诞节来临时送给丈夫一份礼物，她盼望能买得起一条表链，以匹配丈夫祖上留下的一只表。因为没有钱，于是她把自己秀丽的长发剪下来卖了。圣诞之夜，妻子对丈夫献上了自己的礼物——一条精美的表链。丈夫也在惊愕之中拿出了他献给妻子的礼物，竟是一枚精致的发卡。原来，丈夫为给妻子买礼物把自己的表卖了。这时，他们紧紧地拥抱在一起，彼此的爱成为这圣诞之夜唯一的却是最珍贵的礼物。

（资料来源：金正昆.公关礼仪[M].北京：北京大学出版社，2007.）

问题：从日常礼仪交往的角度评析本案例。

分析提示：这对夫妻献给对方的礼物，在此时似乎已毫无效用，然而它们却不仅升华了他们之间的爱，使他们得到了最大的精神满足，而且更激发了他们战胜生活困难，追求幸福生活的决心和意志。有这样的情和爱，世上还有不可克服的困难和不可逾越的生活难关吗？

（四）投好避忌的原则——讲究谨慎，切勿犯忌

就礼品本身所引发的直接后果而言，由于民族、生活习惯、生活经历、宗教信仰以及性格、爱好的不同，不同的人对同一礼品的态度是不同的，或喜爱或忌讳或厌恶等等，因此我们要把握住投其所好、避其禁忌的原则。在这里尤其强调要避其禁忌。禁忌是一种不系统的、非理性的、作用极大的心理和精神倾向，对人的活动影响强烈。当自己的禁忌被冒犯时，无论是有意还是无意，心中的不快、不满，甚至愤恨是不言而喻的。当我们冒犯了别人时，就会引起纠纷，甚至冲突。所以，馈赠前一定要了解受礼者的喜好，尤其是禁忌。

知识活页

赠送之礼也要避忌讳

中国人普遍有"好事成双"的说法，因而凡是大贺大喜之事，所送之礼，均好双忌单，但广东人则忌讳"4"这个偶数，因为在广东话中，"4"听起来就像是"死"，是不吉利的。再如，白色虽有纯洁无瑕之意，但中国人比较忌讳，因为在中国，白色常是悲哀之色和贫穷之色；同样，黑色也被视为不吉利，是凶灾之色、哀丧之色；而红色，则是喜庆、祥和、欢庆的象征，受到人们的普遍喜爱。另外，我国人民还常常讲究给老人不能送"钟"，给夫妻或情人不能送"梨"，因为"送钟"与"送终"，"梨"与"离"为谐音，是不吉利的。

（五）针对性原则——对象不同，有所区别

礼品的选择，要针对不同的受礼对象区别对待。一般来说，对家贫者，以实惠为佳；对富裕者，以精巧为佳；对朋友，以趣味性为佳；对老人，以实用为佳；对孩子，以启智新颖为佳；对外宾，以民族特色为佳。

知识活页

国际交往中的馈赠

由于各国文化的差异，社会、宗教的影响和忌讳，送礼成了一种复杂的礼仪。如果运用得当，送礼能巩固双方之间的业务关系；运用不当则会有碍于业务联系。选择适当的礼物、恰当的时机以及让收礼人做出适当的反应，都是送礼时要注意的

关键问题。

亚洲国家

日本：日本人有送礼的癖好，因此给日本人送礼，往往采取这样的做法，即送对其本人毫无用途的物品以便收礼的人可以再转送给别人，那个人还可以再转送下去。日本人对装饰着狐狸和獾的图案的东西甚为反感。狐狸是贪婪的象征，獾则代表狡诈。到日本人家里做客，携带的菊花只能有15片花瓣，因为只有皇室徽章上才有16瓣的菊花。此外，选择礼物时，要选购"名牌"礼物，日本人认为礼品的包装同礼品本身一样重要，因此要让懂行的人把礼物包装好。

韩国：韩国的商人对初次来访的客人常常会送当地出产的手工艺品，要等客人先拿出礼物来，然后再回赠他们本国产的礼品。

阿拉伯国家：在初次见面时送礼可能会被视为行贿；切勿把用旧的物品赠送他人；不能把酒作为礼品。盯住阿拉伯主人的某件物品看个不停是很失礼的举动，因为这位阿拉伯人一定会认为你喜欢它，并一定会要你收下这件东西。阿拉伯商人一般都赠送给他人贵重礼物，同时也希望收到同样贵重的回礼。因为阿拉伯人认为来而不往是有失尊严的事情，不让他们表示自己的慷慨大方是不恭的，也会危害到双方的关系。他们喜欢丰富多彩的礼物，喜欢"名牌"货，而不喜欢不起眼的古董；喜欢知识性和艺术性的礼品，不喜欢纯实用性的东西。他们忌讳烈性酒和带有动物图案的礼品（因为这些动物可能代表着不吉祥）。送礼物给阿拉伯人的妻子被认为是对其隐私的侵犯，然而送给孩子则总是受欢迎的。

欧美国家

欧洲国家一般只有在双方关系确立后才互赠礼物。赠送礼物通常是此次交往将结束时才进行，同时表达的方式要恰如其分。高级巧克力、一瓶特别好的葡萄酒在欧洲都是很好的礼物。登门拜访前则应送去鲜花（花要提前一天送去，以便主人把花布置好），而且要送单数的花，同时附上一张手写的名片，不要用商业名片。

英国：在这里应尽量避免感情的外露。因此，应送较轻的礼品，由于花费不多就不会被误认为是一种贿赂。合宜的送礼时机应定在晚上，请人在上等饭馆用完晚餐或在剧院看完戏之后。英国人也像其他大多数欧洲人一样喜欢高级巧克力、名酒和鲜花。对于饰有客人所属公司标记的礼品，他们大多数并不欣赏，除非主人对这种礼品事前有周密的考虑。

法国：初次结识一个法国人时就送礼是很不恰当的，应该等到下次相逢时再送。礼品应该表达出对他的智慧的赞美，但不要显得过于亲密。法国人很浪漫，喜欢知识性、艺术性的礼物，如画片、艺术相册或小工艺品等。应邀到法国人家里用餐时，应带上几支不加捆扎的鲜花。但菊花是不能随便赠送的，在法国只有在葬礼上才用菊花。

德国："礼貌是至关重要的"，故赠送礼品的适当与否要悉心注意，包装更要尽善尽美。玫瑰是为情人准备的，绝不能送给主顾。德国人喜欢应邀郊游，但主人在出发前必须作好细致周密的安排。

美国：美国人很讲究实用，故一瓶上好的葡萄酒或烈性酒、一件高雅的名牌礼物、一起在城里共度良宵，都是合适的。与欧洲大多数国家一样，给美国人送礼应在此次交往结束时进行。

拉丁美洲国家

黑和紫是忌讳的颜色，这两种颜色使人联想到神秘与死亡。刀剑应排除在礼品之外，因为它们暗示友情的完结。手帕也不能作为礼品，因为它与眼泪是联系在一起的。可送些小型家用电器，例如一只小小的烤面包炉。在拉美国家，征税很高的物品极受欢迎。

三、礼品赠受的注意事项

（一）赠礼礼仪

1. 注意礼品的包装

精美的包装不仅使礼品的外观更具艺术性和高雅的情调，并显现出赠礼人的文化和艺术品位，而且还可以使礼品产生和保持一种神秘感，既有利于交往，又能引起受礼人的兴趣、探究心理及好奇心理，从而令双方愉快。好的礼品若没有讲究的包装，不仅会使礼品逊色，使其内在价值大打折扣，让人产生"人参变萝卜"的缺憾感，而且还易使受礼者轻视礼品的内在价值，而无谓地折损了由礼品所寄托的情谊。

2. 注意赠礼的场合

赠礼场合的选择，是十分重要的。尤其那些出于酬谢、应酬或有特殊目的的馈赠，更应注意赠礼场合的选择。通常情况下，当众只给一群人中的某一个人赠礼是不合适的，因为那会使受礼者有受贿和受愚弄之感，而且会使没有受礼的人有受冷落和受轻视之感。给关系密切的人送礼也不宜在公开场合进行，只有礼轻情重的特殊礼物才适宜在大庭广众面前赠送。既然关系密切，送礼的场合就应避开公众而在私下进行，以免给公众留下你们关系密切完全是靠物质支撑的感觉。只有那些能表达特殊情感的特殊礼品，方能在公众面前赠予。因为这时公众已变成你们真挚友情的见证人。

3. 注意赠礼时的态度、动作和言语表达

赠礼时，观察受礼者对礼品的感受，并适时解答和说明礼品的功能特性，还可有意识地向受礼者传递你选择礼品时独具匠心的考虑，从而激发受礼者的感激和喜悦之情。

4. 注意赠礼的具体时间

一般说来，应在相见或道别时赠礼。

（二）受礼礼仪

1. 受礼者应在赞美和夸奖声中收下礼品，并表示感谢

一般应赞美礼品的精致、优雅或实用，夸奖赠礼者的周到和细致，并伴有感谢之辞（按中国传统习惯，是伴有谦恭态度的感谢之辞）。

2. 双手接过礼品

视具体情况或拆看或只看外包装，还可伴有请赠礼人介绍礼品功能、特性、使用方法等的邀请，以示对礼品的喜爱。

3. 把握尺度

只要不是贿赂性礼品，一般最好不要拒收，否则对方会认为你驳了赠礼人的面子。可以找机会回赠礼品以示礼尚往来。在国际交往中，得体的馈赠，恰似无声的使者，给交际活动锦上添花，给人们之间的感情和友谊注入新的活力。

知识活页

士 相 见 礼

士相见礼为宾礼。《仪礼注疏》："同国执禽挚相见及见君之礼，虽非出聘，亦是宾主相见之法，故属宾礼也。"古人初次拜访地位相同者，或者拜访地位高者一定要执禽挚前往，以示诚敬。而加冠仪式结束后，冠者以新臣的身份初次拜见国君，一定要带雉前往。婚礼中，男方使者求见女方父亲，亦必带雁做见面礼。在士相见礼中，士与士相见、士见大夫、新臣始见于君皆执雉而往，下大夫之间相见以雁做礼物，上大夫之间相见以羔羊为礼。选用什么礼物，是与所选用之物的特点以及受访者所应该具有的品行相关联的。士相见用死雉，取其不为食物所引诱，不为威力所慑服，宁死而不被畜养的品行，以此象征士所应具有的行威、守节、死义的品格。同理，用雁，"取知时，飞翔有行列"；用羔，"取其从帅，群而不党"。

第五节　现代通信礼仪

现代社会，人们利用一定的通信设备，来进行信息的传递，而电话是重要的通信工具。电话礼仪是所有服务人员所要掌握的重点。电话不仅仅是一种传递信息、获取信息、保持联络的寻常工具，而且也是所在单位或个人形象的一个载体，电话礼仪是企业形象的外在表现，人们通过接打电话可以有效地判断出企业的服务。

一、通话规范

(一) 自报家门

通话第一句话应当有礼貌地称呼对方,亲切地问候"您好"。并自报家门,常见的有以下四种形式:第一,报本人的全名;第二,报本人所在的单位;第三,报本人所在的单位和全名;第四,报本人所在的单位、全名和职务。其中第一种模式主要用于私人交往中,后三种模式适用于公务交往,最后一种模式较为正规。例如,"您好!××公司销售部××。很高兴为您服务。""您好!我是××公司销售部××。请问您是张女士吗?"

(二) 用声调传达感情

通话时语言流利、吐字清晰、声调平和,能使人感到悦耳舒适。再加上语速适中、声调清朗、富有感情、热情洋溢,使对方能够感觉到你在对他微笑,这样富有感染力的电话,一定能打动对方,并使其乐于与你对话。

(三) 使用礼貌用语

通话过程中,对话双方都应该使用常规礼貌用语,忌出言粗鲁或通话过程中夹带不文明的口头禅。

(四) 内容简短,主次分明

工作时,一次接、打电话的时间,应当不超过 3 分钟。除非有重要问题必须字斟句酌地反复解释、强调或客人有问题需要详细地询问,一般在通话时都要有意识地简化内容,尽量简明扼要。在通话时,除了互致问候外,不宜谈论与主题无关的话,切忌没话找话、不谈正题、东拉西扯。为了节省通话时间,不但通话时要长话短说,而且在拨电话时,也要少出或不出差错。需要总机接转时,应主动告知分机号码,不要等人家询问。若不知分机号码,则应提供受话人的部门和姓名。

(五) 礼貌地挂断电话

挂电话一般由上级、长辈先挂,双方职级相当时,一般由主叫方先挂。挂断电话前的礼貌不可忽视,要确定对方已经挂断电话,才能轻轻挂上电话。

二、拨打电话的礼仪

(一) 事先准备

打电话前,最好先做好准备。调整好自己的情绪,不要把烦恼等负面情绪带给对方。并准备好通话提纲,特别是重要电话通话之前,这样既可节约时间,又可以抓住重点,有条有理,不遗漏内容。

(二) 慎选通话的时间

拨打电话,首先要考虑在什么时间最合适。通话的最佳时间是在双方事先约定的时间或对方方便的时间。如果不是特别熟悉或者有特殊情况,一般不要在上午 7 点以前、晚上 10 点以后及周末、节假日、对方私人时间拨打电话,也不要在用餐时间和午休时打电话。否则,有失礼貌,也影响通话效果。

（三）接不通时，勿一直重拨

寻呼对方，而对方将电话挂了，有可能是不方便接听电话，应给对方先发短信，写明寻呼原因并询问何时方便接听电话或请对方方便的时候回电话，按对方的时间要求打电话寻呼客户。如对方很长时间未回呼，再打电话与对方联系。如一直未打通对方的电话，也可先给对方发短信，再过几十分钟与对方联系。

三、接听电话的礼仪

（一）及时接听电话

电话铃响三声内必须接听电话。如果确实很忙，可表示歉意，说："对不起，请您过××分钟再打过来，好吗？"

（二）认真倾听，积极应答

接电话时应当认真听对方说话，而且不时有所表示，如"是"、"对"、"好"、"请讲"、"不客气"、"我听着呢"、"我明白了"等等，或用语气词"唔"、"嗯"、"嗨"等，让对方感到你是在认真倾听。不可漫不经心、答非所问，或者一心二用，都是对对方的不尊重。

（三）友善对待打错的电话

如果接到对方打错的电话，应当及时告之，口气要和善，不要讽刺挖苦，更不要表示出恼怒之意。正确处理好打错的电话，有助于提升组织形象，也有可能会开拓潜在客户。

（四）正确代接电话

替他人接电话时，要询问清楚对方姓名、电话、单位名称，以便在接转电话时为受话人提供便利。在不了解对方的动机、目的是什么时，请不要随便说出指定受话人的行踪和其他个人信息，比如手机号等。

（五）认真清楚地记录

在电话中应重复要点，对于号码、数字、日期、时间等，应再次确认，以免出错。随时牢记5W1H技巧，所谓5W1H是指：when（何时），who（何人），where（何地），what（何事），why（为什么），how（如何进行）。电话记录要简洁、完备。

四、手机礼仪

（一）手机礼仪概述

如今手机使用的频率越来越高，无论是在社交场所还是工作场合放肆地使用手机，已经成为礼仪的最大威胁之一，手机礼仪越来越受到关注。在国外，如澳大利亚电讯的各营业厅就采取了向顾客提供"手机礼节"宣传册的方式，宣传手机礼仪。注意手机使用礼仪的人，不会在公共场合或座机电话接听中、开车中、飞机上、剧场里、图书馆和医院里接打手机，就是在公交车上大声地接打电话也是有失礼仪的。公共场合特别是楼梯、电梯、路口、人行道等地方，不可以旁若无人地使用手机，应该把自己的声音尽可能地压低，而绝不能大声说话。

(二) 使用手机应注意的基本礼仪

1. 公共场合

手机在没有使用时,都要放在合乎礼仪的常规位置。不要在并没使用的时候放在手里或是挂在上衣口袋外。放手机的常规位置有:一是随身携带的公文包里,这种位置最正规;二是上衣的内袋里;有时候,可以将手机暂放在腰带上,也可以放在不起眼的地方,如衣服口袋、手袋里,但不要放在桌子上,特别是不要对着对面正在聊天的客户。

2. 在会议中、和别人洽谈时

最好的方式是关机或是调到震动状态。这样既显示出对别人的尊重,又不会打断发话者的思路。而那种在会场上铃声不断,像是业务很忙,使大家的目光都转向你,则显示出你缺少修养。

3. 在餐桌上

关掉手机或是把手机调到震动状态还是必要的。避免正吃到兴头上的时候,被一阵烦人的铃声打断。

4. 短信、微信

不要在别人能注视到你的时候查看短信或微信。一边和别人说话,一边查看手机短信或微信,是对别人的不尊重。在短信和微信的内容选择和编辑上,应该和通话文明一样重视。因为通过你发的短信或微信,意味着你赞同至少不否认其内容,也同时反映了你的品位和水准。所以不要编辑或转发不健康的短信与微信,特别是一些带有讽刺伟人、名人甚至是革命烈士的短信或微信,更不应该转发。

在一些场合,比如在看电影时或在剧院里打手机是极其不合适的,如果非得回话,采用静音的方式发送手机短信是比较适合的。当与朋友面对面聊天时,不要正对着朋友拨打手机,避免发射的高频大电流对他产生辐射,让对方心中不愉快。

教学互动

　　互动问题:旅游工作者在接待游客的过程中,经常接听手机,作为游客你如何看待这一较为普遍的现象。

　　要求:

　　1. 教师不直接提供上述问题的答案,而引导学生结合本章教学内容就这些问题进行独立思考、自由发表见解,组织课堂讨论。

　　2. 教师把握好讨论节奏,对学生提出的典型见解进行点评。

本章小结

内容提要

本章简要地介绍了日常交往中的礼貌修养的概念与原则,叙述了日常交往礼仪的几种

常用见面礼仪,如握手礼、介绍礼、名片礼、交谈礼仪、拜访与馈赠礼仪与现代通信礼仪等,这几种礼节是对客交往中的重要组成部分,这些礼仪的运用体现着旅游从业人员的自身素质,对客人礼貌服务,可以增进与客人之间的相互交流,提高服务质量,也可以提高服务员的个人形象和企业形象。

核心概念

礼貌修养

重点实务

礼貌修养在旅游服务中的运用。

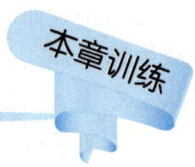

知识训练

一、简答题

1. 简述工作拜访应注意哪些礼仪?

2. 馈赠礼仪的原则是什么?

二、单选题

1. 男士与女士行握手礼时,男士应握女士手部的(　　　)。

　A. 全手　　　　　　B. 手指部分　　　　C. 手腕　　　　　　D. 不应握手

2. 服务人员与客户交谈时,哪种是正确的?(　　　)

　A. 答应客户的任何要求　　　　　　B. 答非所问

　C. 打断客户的话题　　　　　　　　D. 认真倾听客户的谈话

3. 在(　　　)的情况下,手机的声音必须调为震动。

　A. 开会　　　　　　B. 与朋友聊天　　　　C. 开车

4. 家庭拜访中,作为客人不能做的事是(　　　)。

　A. 边吃水果边与其他客人聊天　　　B. 进门后先跟主人打招呼

　C. 趁主人没注意参观主人的卧室　　D. 准时抵达

5. 在电话礼仪中,前者可先挂断电话的是(　　　)。

　A. 小王与客户谈话　　　　　　　　B. 服务员小红接到经理的电话

　C. 小丽对客户做售后调查　　　　　D. 小李接到朋友的电话

能力训练

一、理解与评价

熟练掌握社交礼仪的基本准则,提高人际交往的效率。熟记并掌握社交礼仪知识,对不符合规范的现象能互纠和自纠。

二、案例分析

订做生日蛋糕

背景与情境:有一位先生为外国朋友订做生日蛋糕。他来到一家酒店的餐厅,对服务员小姐说:"小姐,您好,我要为一位外国朋友订一份生日蛋糕,同时打一份贺卡,你看可以吗?"

小姐接过订单一看,忙说:"对不起,请问先生您的朋友是小姐还是太太?"这位先生也不清楚这位外国朋友结婚没有,从来没有打听过,他为难地抓了抓后脑勺想想,说:"小姐? 太太? 一大把岁数了,太太。"生日蛋糕做好后,服务员小姐按地址到酒店客房送生日蛋糕。敲门后,一女子开门,服务员有礼貌地说:"请问,您是怀特太太吗?"女子愣了愣,不高兴地说:"错了!"服务员小姐丈二和尚摸不着头脑,抬头看看门牌号,再回头打个电话问那位先生,没错,房间号码没错。再敲一遍,开门,"没错,怀特太太,这是您的蛋糕。"那女子大声说:"告诉你错了,这里只有怀特小姐,没有怀特太太!"啪的一声,门被大力关上了。

（资料来源:古谷治子.《图解职场交际礼仪》[M].刘霞,译.北京:电子工业出版社,2006.）

问题:

1. 这位先生的做法为何引得外国朋友不满?

2. 称呼他人时应避免哪些禁忌?

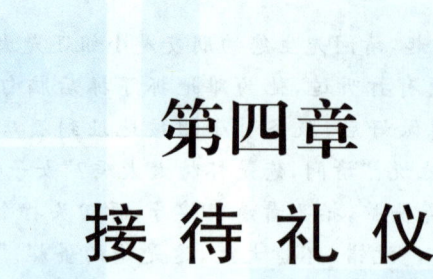

第四章
接 待 礼 仪

学习目标

通过本章学习,应当达到以下目标:

职业知识目标:了解接待的含义,掌握接待规格和礼宾次序礼仪,掌握接待程序及礼仪,掌握行路礼仪和乘车礼仪,掌握乘船礼仪和乘机礼仪,掌握旅游职业人员在旅游接待中的礼仪规范。

职业能力目标:运用本章专业知识研究相关案例,培养与接待礼仪相关的旅游服务情境中分析问题与决策能力;通过接待礼仪方面的实训操练,培养相关专业技能。

职业道德目标:结合接待礼仪教学内容,依照行业道德规范或标准,分析企业或从业人员接待行为的规范程度,强化接待礼仪的标准化。

引例:不敲门就清扫,客人投诉"砸饭碗"

背景与情境:某饭店客房部卫生清扫员小李,推着清洁车来到 1525 房间门口,她既未敲门,又没按门铃,拿起钥匙就开门径直走入房间。不料房内一男客人穿着内裤,正在床上休息,客人回避不及,又尴尬又着急,恼怒之下,拿起电话向客房部投诉。

这位先生很生气地说:"作为饭店的服务人员,进房间之前应先敲门,这是最起码的礼貌标准。她既不敲门,又不按门铃,就这样突然闯进房间,实在令我难以忍受。"

客房部经理立即向这位客人赔礼道歉,事后解除了同小李的劳动合同。虽然客房部经理向客人表示歉意,并开除了这名不讲礼貌的清扫员,但是由此对这家酒店产生的不良影响却不是那么容易消除的。

可见，接待礼仪在接待服务过程中非常重要。接待是指个人或单位以主人的身份招待有关人员，以达到某种目的的社会交往方式。接待礼仪则是指在接待过程中需要遵守、履行的一系列行为规范和惯例。

接待和拜访一样，同样可以起到增进联系、提高工作效率，交流感情、沟通信息的作用，同样是个人和单位经常运用的社会交往方式。

接待工作较为繁杂、琐碎，接待的效果如何，稍有疏忽就会直接影响到来访者对本人或本单位的印象，关系到人际关系的改善和工作的顺利开展。要使整个接待工作能够顺利圆满的完成，就必须掌握一定的待客之道，方能使接待起到正面作用。

无论是单位还是个人在接待来访者时，都希望服务对象能乘兴而来，满意而归。为达到这一目的，在接待过程中一定要遵循平等、热情、礼貌、友善的原则。在社会交往活动中，不论单位大小、级别高低，不论朋友远近、地位异同，都应一视同仁、以礼相待、热情友善。这样才能赢得采访者的尊敬和爱戴，达到沟通信息、交流感情、广交朋友的目的。如果在接待中不遵循接待原则，就无法很好地沟通和建立联系，甚至会影响到双方关系和合作。

接待按照不同的标准可以划分为不同的类型。一般来说，可以从两个角度进行分类。

一是以接待对象为标准划分，分为公务接待、商务接待、上访接待及朋友接待。公务接待，即为完成上下级之间、平行机关之间的公务活动而进行的接待；商务接待，即针对一定的商务目的而进行的接待活动；上访接待，是指政府部门对上访群众的接待；朋友接待，是指朋友之间为增进友谊、加强联系而进行的接待。

二是以接待场所为标准划分，分为室内接待和室外接待。室内接待，即机关团体的工作人员在自己的办公室、接待室对各种来访者的接待；室外接待，是指对来访者到达时的迎接、逗留期间的陪访及送行时的接待。

虽然接待的类型有所不同，但是其讲究的礼仪、遵循的原则大致相同。

第一节　接待规格与礼宾次序

一、接待规格

在接待中，往往需要确定接待的规格，这样才能恰当地进行礼仪接待。

所谓接待规格，是指接待工作的具体标准，实际上就是对来宾的礼遇规格。一般体现在三个方面：一是接待费用支出的多少；二是接待级别的高低；三是接待规模的大小。接待规格的高低，不仅事关接待工作的档次，而且被视为与对来宾的重视程度直接相关。只有确定了接待规格，才可制定出合理的接待方案。接待规格主要有以下几种。

（一）对等接待

对等接待是指陪同人员与服务对象的职务、级别等身份大体一致的接待,这在接待工作中是最常见的,一般来讲,来的服务对象是什么级别,本单位也应派什么级别的人陪同;职称或职务相同则更好。此外,还可按预约由具体经办部门领导对等接待,本单位较高层次的领导只需在事前看望一下。

（二）高规格接待

高规格接待是指陪客比来客职务高的接待。做出这类接待安排主要出于几种情况的考虑:一是上级领导机关派工作人员来检查工作情况,传达口头指示;二是平行机关派工作人员来商谈重要事宜;三是下级机关有重要事情请示;四是知名人物来访谈或是先进人物来做报告。总的来说,之所以要高规格接待是由于重要的事情和重要的人物须有关负责人直接出面。

（三）低规格接待

低规格接待是指陪客比来客职务低的接待。比如上级领导来研究、视察工作,来客目的是参观学习等,可作低规格接待处理。这些情况下,接待不可兴师动众,一般本单位领导出面看望一下即可。但在这种接待中要特别注意热情、礼貌。

采用哪种规格接待,主要依据来访人员的身份和来访目的决定,要考虑双方关系,同时注意依据惯例综合权衡。一般由单位负责人决定。主要迎送人员的身份和地位通常要与来者相差不大,以对口对等为宜。当事人因故不能出面,或不能完全对等时,可灵活变通,由职位相当人士或副职出面。无论做何处理,都应从礼貌出发,向对方做出解释。其他迎送人员不宜过多。也有从发展双方关系或其他需要出发,破格接待,安排较大的迎送场面的。为了避免厚此薄彼,非有特殊需要,一般都按常规处理。

二、礼宾次序

礼宾次序,又称礼宾序列,指的是在同一时间或同一地点接待来自不同国家、不同地区、不同团体、不同单位、不同部门、不同身份的多方来宾时,接待方应依照一定的惯例和规则约定俗成的方式,对其尊卑、先后的顺序或位次所进行的具体排列。

这种顺序的排列,虽然形式上只是一个先后问题,但实际上却是一个既关系到相关人员的礼仪素质、社会组织的修养、形象,又关系到是否能给予礼宾适当的礼遇、是否准确地表现礼宾身份的大问题。

常见的礼宾次序有两大类:一类是在日常公关活动中明确区分参与者的高低、上下、长幼等方面关系的,即不对等关系排序,目的是给高者、上者、长者以尊重和礼遇,表现主人的谦谦风度;另一类是为了显示所有参与者在权利地位上是一律平等的,即对等关系排序。如果礼宾次序安排不当或不符合国际惯例,则会引起不必要的争执与交涉,甚至影响国家关系。

（一）不对等关系的排序

有些公关活动,如一些庆典、纪念等活动中的主席台座次,以及行走、坐车的前后左右等等,是必须明确按照地位的高低、职位的上下、关系的亲疏、年龄的长幼,以及实力的强弱来排列的。下面分别就这些活动介绍具体的排序方法。

1. 主席台位次排列的一般规则

前后排排列:前排就座者为尊、为大、为高、为强,第二排次之,第三排更次,以此类推。

同排位次排列:中者为尊、为大,两侧次之。

相邻位次排列:右者为大、为长、为尊,左者为小、为次、为偏。

在政务礼仪中,中国的习惯是以左为上,而国际惯例是以右为上。在主次位置排列上,我国大多沿用国际惯例,在照相和主席台排位时有时用中国习惯操作。

尊位、高位的具体确立标准应根据活动目的、内容以及主人的价值取向和客观需要等来决定。例如,政治、行政活动可能以职位为标准;经济活动可能以实力为依据;纪念性活动可能以长幼来判断,等等。

如遇接待团体服务对象,应当根据国际惯例先安排团长,然后再按职务高低顺序排列其余团队人员。

在同一次接待中,既有原职领导又有现职领导,排序依据"原职比照现职但低于现职"的原则,如果有多位原职领导则按任职时间先后次序排列。

需要注意的是,无论使用哪种顺序,都要选择恰当的方式向大家明示。

合影座次安排与主席台安排相同。

2. 其他方面的规则

在接待过程中,还应适当注意行走、就座、乘车等方面的一些次序规范,这里主要讨论行走、就座礼仪,乘车礼仪将会在第三节详细介绍。

两人并行,右者、内侧为大;两人前后行,前者为尊;三人并行,中者为尊,右边、内侧次之,左边、外侧更次;三人前后行,前者为尊。

上楼梯时,前者为尊;下楼梯时,特别是楼梯较陡时,尊者在一人之后。

乘电梯时,应让宾客、长者、妇女先进先出;一般来说,进入电梯后,面向电梯,左边靠里的位置可以看作尊位,但这点并不是很严格,通常电梯操作面板处是最次位置。

如果陪宾客参观访问,陪同人员应走在宾客的右前方,并超前两三步(1 米左右),时时注意引导,遇进出门户、拐弯或上下楼梯时,应伸手示意;当参观结束后,应将服务对象送至宾馆,然后告别。

三人并坐,中者为大,右边次之,左边更次;室内围坐时,面对门口的中间位置为尊。

(二) 对等关系的排序

如果礼仪活动的双方或多方的关系是对等的,则可参考以下三种排列方法。

1. 按汉字的笔顺排列

如果是国内的礼仪活动,参与者的姓名或所在单位名称是汉字的,可以采用这种方法,以示各方的关系平等。具体排法如下:首先,按个人姓名或组织名称的第一个字的笔画多少,依次按由少到多的次序排列。比如,当参加者有丁姓、李姓、胡姓时,其排列顺序就是丁、李、胡。

当两者第一字的笔画数相等时,则按第一笔的笔顺点、横、竖、撇、纳、弯勾的先后关系排列。例如,参加者中有张、李二姓时,两姓笔画相同,则根据笔顺,李姓应排在张姓前面。

当第一笔笔顺相同时,可依第二笔,以此类推。

当两者的第一个字完全相同时,则用第二字进行排列,以此类推。

此外,如果姓名前两个字相同,但一个是单名,一个是双名时,无论笔画多少,单名都排在双名前。

2. 按字母顺序排列

在涉外活动中,则一般应将参加者的组织或个人按英文或其他语言的字母顺序排列。具体方法如下:先按第一个字母进行排列,当第一个字母相同时,则依第二个字母的先后顺序排列;当第二个字母相同时,则依第三个字母的先后顺序,以此类推。需要注意的是,每次只能选一种语种的字母顺序排列,不能在中间穿插其他语种的字母顺序。如联合国大会的首席按英文字母排列,但为了避免一些国家总是占据前排席位,因此联合国大会每年抽签一次,决定本年度大会席位以哪一个字母打头,以便让各国都有机会排在前列。

3. 按先来后到顺序排列

即按报到早晚顺序排列。比如各种例会、招商会、展示会等。这种方法通常适用于非正式交往场合,也可以不排序。

同步案例　礼宾次序安排

背景与情境:1995 年 3 月在丹麦哥本哈根召开联合国社会发展世界首脑会议,出席会议的有近百位国家元首和政府首脑。3 月 11 日,与会的各国元首与政府首脑合影。按照常规,应该按礼宾次序名单安排好每位元首、政府首脑所站的位置。首先,这个名单怎么排,究竟根据什么原则排列?哪位元首、政府首脑排在最前?哪位元首、政府首脑排在最后?这项工作实际上很难做。丹麦和联合国的礼宾官员只好把丹麦首脑(东道国主人)、联合国秘书长、法国总统以及中国、德国总理等安排在第一排,而对其他国家领导人,就任其自便了。好事者事后向联合国礼宾官员"请教",联合国礼宾官员答道:"这是丹麦礼宾官员安排的。"向丹麦礼宾官员核对,回答说:"根据丹麦、联合国双方协议,该项活动由联合国礼宾官员负责。"

问题:国际交际中的礼宾次序根据什么原则排列?

分析提示:国际交际中的礼宾次序非常重要,在国际礼仪活动中,如安排不当,或不符合国际惯例,就会招致非议,甚至会引起争议和交涉,影响国与国之间的关系。在礼宾次序安排时,既要做到大体上平等,又要考虑到国家关系,同时还要考虑到活动的性质、内容、参加活动成员的威望、资历、年龄,甚至其宗教信仰、所从事的专业以及当地风俗等。礼宾次序不是教条,不能生搬硬套,要灵活运用、见机行事。有时由于时间紧迫,无法从容安排,只能照顾到主要人员。上例就是灵活应用礼宾次序的典型案例。

第二节 接待程序及礼仪

一、接待准备

在接待前期,有必要进行准备,以求有备无患。

(一)掌握基本情况

了解来访对象及其单位、姓名、身份、性别、民族等基本情况;了解来访人数、男女比例、职务级别;了解来客的目的和要求;弄清来客的具体抵达时间和所乘车次或航班、轮班。

对于来访对象的基本情况,重点掌握主宾的个人简介,例如姓名、性别、年龄、籍贯、民族、单位、职务、职称、学历、学位、专业、专长、偏好、著述、知名度等。必要时,还需要了解其婚姻、健康状况,以及政治倾向与宗教信仰。在了解来宾的具体人数时,不仅要求准确无误,而且应着重了解对方由何人负责、来宾之中有几对夫妇等。如果来宾,尤其是主宾此前进行过访问,则在接待规格上要注意前后协调一致。无特殊原因时,一般不宜随意在接待中升格或降格。

(二)确定接待规格

具体方法见本章第一节。

(三)制定接待方案

除上访接待和朋友接待之外,其他接待形式通常都需要制定接待方案。具体内容包括客人的基本情况、接待工作的组织分工、陪同人员名单、膳宿安排、交通工具、费用支出预算、迎送形式、活动内容及方式、日程安排、相关接待场所、相关礼宾次序、汇报内容的准备及参加人员等。如有需要,还应落实好安全保卫和宣传工作。接待方案要报送企业领导批准。

(四)具体安排

根据接待方案,由工作人员做出具体安排。其中需要说明的主要有以下五个方面的内容。

1. 迎送形式

(1)迎送方式。

根据来访对象的级别确定是否安排迎送客仪式,如何安排迎送客仪式。

(2)迎送人员。

一定要精心选择迎送人员,数量上要加以限制,身份上要与来访对象大致相仿,职责上要划分明确,必要时对迎送人员进行培训。

(3)迎送时间。

应事先与来访对象约定,要在来访对象起程前后再次加以确认,要提前到达迎送地点。

（4）迎送地点。

迎送地点也需事先约定。可做选择的具体地点主要有四类。

①交通工具停靠站。例如机场、车站、码头等。

②来宾临时下榻之处。例如宾馆、饭店、旅馆、招待所等。

③东道主一方用来迎宾的常规场所，例如广场、大厅等。

④东道主的办公地点门外。

对于迎宾而言，前三类地点多用来迎接异地来访的客人。其中，广场主要用来迎接贵宾。第四类地点，则大多用来迎接本地来访的客人。

对于送客而言，为来宾正式送行的常规地点，通常应当是来宾返还时的起程之处，及交通工具停靠站。倘若来宾返程时将直接乘坐专门的交通工具，从自己的临时下榻之处或东道主的办公地点门口直接启程，则亦可把来宾的临时下榻之处或东道主的办公地点门口作为送行地点。如举行送行仪式，送行的地点往往要选择宜于举行仪式的广场、大厅等。

2．膳宿安排

在客人尚未抵达前就安排好膳宿。根据客人的民族习俗、身份及要求等，本着交通便利、吃住方便的原则，制订具体安排计划。要注意膳宿环境的整洁、安静，房间设备是否齐备，服务质量是否达标等。还要注意尽力而为，不铺张浪费。

3．接待场所

接待场所即我们通常说的会客室。在客人到达前要根据具体情况，把会客室精心收拾一番，比如一般情况下应先打扫卫生，适当准备一些香烟、水果、饮料、茶具，摆放一些鲜花等。如果是商业或其他公务会谈，还应准备一些文具用品和可能用上的相关资料，以便使用和查询。总之，会客室的布置应本着整洁、美观、方便的原则。

4．交通工具

出于方便来宾的考虑，对其往来、停留期间所使用的交通工具，接待方也要予以必要的协助。需要接待方为来宾联络交通工具时，应尽力而为；需要接待方为来宾提供交通工具时，应努力满足；而当来宾自备交通工具时，则应提供一切所能提供的便利。

5．安保与宣传

接待重要来宾时，安全保卫与宣传报道两项具体工作通常也应列入计划之内。就安全保卫工作而言，一定要"谨小慎微"。不但需要制定预案，思想上高度重视，而且还需要注重细节，从严要求。就宣传报道而言，则应注意统一口径，掌握分寸，并报经上级有关部门批准。有关的图文报道资料，一般应向接待对象提供，并应自己存档备案。

二、客人到达后的服务工作

（一）迎接

根据不同情况或接待方案的具体要求，接待人员提前到达宾馆或车站、码头、机场迎接客人。一般客人可由业务部门或办公室人员前往迎接，重要客人应安排迎宾仪式，接待人员要陪同领导前往迎接。

（二）致辞

欢迎词是迎接客人时使用的问候语言，一般情况下不需做出书面准备，但见到客人时要说"欢迎您的到来"、"欢迎您指导工作"、"欢迎光临"之类的话。对于一些隆重的接待,则要准备一些简短的书面欢迎词。另外,在重要的公务接待中,还要准备一些欢迎标语,以示对来访者的尊敬。

(三) 休息及食宿

客人抵达后,不论来访目的如何,通常应先安置其休息。如果是近途来宾,可在单位会议室或接待室稍作休息,并提供茶水、饮料等;若是远道而来的客人,应先将客人送至事先安排好的住宿地点,办理入住手续,并向来宾介绍住处的服务及设施。如有领导迎候,接待人员要将客主介绍给对方,然后按事先确定的住宿方案将来客依次引入房间,让客人休息。再与工作人员一起安排伙食等。

(四) 商议活动日程

食宿安排就绪后,接待人员要向客人进一步了解前来的意图和要求,商议具体活动日程,然后逐项落实。

(五) 安排领导看望

如需陪餐或宴请,要提前安排妥当。

(六) 组织好客人的各项活动

听取汇报,要事先安排好汇报人员、汇报内容、汇报时间和地点;参观游览,要落实好用车和陪同人员及介绍人员等。

三、客人离去的收尾工作

客人离去时要做好以下工作。

(1) 为客人订购返程的车、船、机票,并送到客人手中,或为客人租用返程车辆。

(2) 协助客人按规定结算食宿等费用。

(3) 安排送客的车辆,并由接待人员将客人送至车站、码头或机场。如属重要客人,安排领导人前往送行。

(4) 安排返程。了解客人离程时间后,要及早预订机票、车船票,安排送行人员和车辆。到达车站(机场、码头)后,要妥善安排好客人的等候休息,等客人登车(机、船)后方可离开。

(5) 电话或电报通知来客单位或客人要到达的地方,客人何时乘何车、船、机班次离开,以便对方接站。

四、接待中的礼仪要求

良好的待客之礼,体现出己方的热情和殷勤。它既使客人感到亲切、自然、有面子,也会使己方显得有礼、有情、有光彩。

(一) 服饰仪表

接待者对自己的服饰、仪表要做恰当的准备,不可随随便便。特别是夏季更应注意,不要穿背心、短裤、拖鞋接待客人。

(二) 热情接待

"迎三步,送七步"这是我国迎送客人的传统礼仪。来访者无论身份如何、目的如何,都

"来者是客",都应热情接待。这不仅涉及个人或企业形象问题,同时对交往双方关系能否顺利发展也有很大影响。切不可让客人坐"冷板凳",或以貌取人,言辞不周。接待礼仪要从平凡的举止中自然地流露出来,这样才能显示出主人的真诚。客人在约定的时间按时到达,主人应提前去迎接。如果是在家庭中接待朋友,最好是夫妇一同出门迎接客人的到来。见到客人,接待人员(主人)应热情地打招呼,主动伸手相握,以示欢迎,同时要说"您路上辛苦了"、"欢迎光临"、"您好"等寒暄语。对长者或身体不太好的客人应上前搀扶,以示关心。但要忌戴手套,忌为客人代提随身小包或随身物。接待方的领导或官员忌为客人代提行李箱包,以免有失身份和尊严。忌大声喧哗或打闹说笑。

在安排出面接待的主人时,最好要安排周到一些,宜固定为好,切忌经常更换,接待工作不连续,容易使客人感到陌生拘谨。在安排接待人员时,人数要比较适当,人员过少显得不热情、不礼貌,忙得不可开交还疏漏百出,人员过多,既浪费又容易使客人产生一种紧张感,感觉不自在。

(三)请来宾乘车

注意根据礼宾次序礼仪合理安排车内座次,接待人员先打开车门,请客人上车,以手挡住车门上框,提醒客人避免磕碰(注意根据来宾的宗教信仰及民族习惯判断是否为其遮挡),待客人坐稳后关门开车,沿途介绍客人关心的相关事宜,车停后,接待人员先下车打开车门,再请客人下车。

(四)陪同引导

客人到达会面或参观访问地点,陪同人员应该为客人引路,注意陪同引导礼仪及其他相关特例行姿礼仪,如电梯礼仪、搀扶礼仪等,详见第二章第五节。

(五)会面

如果是长者、上级或平辈,应请其坐上座;如果是晚辈或下属则请随便坐;如果客人是第一次来访,应该介绍一下,并互致问候。

在待客中,为客人敬茶是待客的重要内容。待客坐定,应尽量在客人视线之内把茶杯洗净。即使是平时备用的洁净茶杯,也要再用开水烫洗一下,使客人觉得你很注意卫生,避免因茶杯不洁而不愿饮用的尴尬局面。

茶杯要轻放,不要莽撞,以免茶水泼洒出来,端茶也是应注意的礼节,应双手给客人端茶。对有杯耳的杯子,通常是用一只手抓住杯耳,另一只手托住杯底,把茶水送给客人,随之说声"请您用茶"或"请喝茶",切忌用五指捏住杯口边缘往客人面前送,这样敬茶既不卫生,也不礼貌。

茶叶应选上等好茶。不要直接用手取茶叶,斟茶动作要轻,要缓。同时不要一次性斟得太满,而斟茶应适时,客人谈兴正浓时,莫频频斟茶。客人停留时间较长时,茶水过淡,要重新添加茶叶冲泡,重泡时最好用同一种茶叶,不要随意更换品种。

对来访客人,无论职位高低、是否熟悉,都应一视同仁,热情相迎,亲切招呼。如接待现场有家人、亲朋好友或同事,也应一一给予介绍,以表现出友好的气氛。如果客人突然造访,也要尽快整理一下房间、办公室或书桌,并对客人表示歉意。也许有些来访者并不是主人欢迎的对象,但就礼仪或美德而言,来者都是客,主人不能根据自己的好恶而下逐客令,而必须采取一些合乎礼貌的做法。否则,不仅使对方怨恨,自己也会丢失道义和身份。

(六) 接待中的谈话

谈话是待客过程中的一项重要内容,是关系到接待是否成功的重要一环。

1. 接待谈话用语应该因人而异,区别对待

如果是国内来宾,应该使用规范语音,即普通话。语音的规范与否,与你的形象以及你所在单位的形象层次有密切关系。

同步案例　　　"村办企业"

背景与情境:在某城市,一家号称阿达集团的公司,迎来了一批参观访问者,这些参观访问人员是一批海外华人,他们此行是来了解情况,做投资准备的。为此,公司做好了一切准备,提前派出人员,从本市各地挑选了一批漂亮、年轻的女性接待人员。并为她们量身定做了华丽的服装,以显示公司的人才和实力。可是他们却忽略了语言的培训,这些接待人员操着不同的方言与来访人员交谈。最后,竟然没有一家公司看好和信任该公司。

问题:为什么没有一家公司看好和信任该公司?

分析提示:是因为在接待中的语言语音问题。这不仅是个人问题,而且关乎公司形象,反映公司的水平和实力。这家公司的失败原因之一就在于这点。接待人员操着不同方言接待客人,即是对客人的不尊重,也给人留下这样的印象:村办企业。

2. 谈话要紧扣主题

拜访者和接待者双方的会谈是有目的的,因此谈话要围绕主题,不要偏离主题。如果是陪访,或者朋友之间的交流,要找双方都感兴趣的话题,不要只谈自己的事情或自己关心的问题,不顾对方是否愿听或冷落对方。

3. 要注意谈话的态度和语气

谈话时要尊重他人,不要恶语伤人,强词夺理,语气要温和适中,不要以势压人。

4. 善于倾听客人的谈话

在客人讲话过程中,正视对方,应适时地以点头或微笑做出反应,以示尊重,且一举一动都要表示出在认真听对方的陈述,不要东张西望地表现出不耐烦的表情,不要随便插话。要等别人谈完后再谈自己的看法和观点,不可只听不谈,否则,也是对别人不尊重的一种表现。要注意坐姿。切忌让客人有被怠慢的感觉,不要频繁看表、打呵欠,以免对方误解。

(七) 尽可能不接电话

在接待客人时,不停地接听电话,打断对方讲话都是一种不礼貌的行为,所以要尽量避免。如有重要电话,应先向客人说"对不起",在得到客人谅解后再接听,且要长话短说。

(八) 尊重与沟通

交谈过程中,不要随意打断、驳斥对方,也不要轻易许诺。不同意对方的观点,要克制情绪,委婉地表达自己的意见。意见一致时也不要喜形于色。能马上答复或解决的事不要故

意拖延时间,暂不能解决的,应告诉对方一个解决方案,约定一下时间再联系。

(九) 难题的处理

如果在交谈中出现某些使自己为难的场面,可以直截了当地拒绝某一要求,也可以含蓄地暗示自己无法做到,请求对方理解。但要注意方式和态度,尽量不要让对方误认为是瞧不起或有能力而不愿意帮忙,如果想结束会见而对方又未察觉,可以婉言告之"对不起,我还有个十分重要的会议"等,也可以用身体语言提示对方,如间隔性地抬腕看表等。

(十) 送客礼仪

送客是接待的最后一个环节,如果处理不好将影响到整个接待工作的效果。送客礼节,重在送出一份友情。具体来说有以下几个方面。

1. 婉言相留

无论是接待什么样的客人,当客人准备告辞时,一般应婉言相留,这虽是客套辞令,但也必不可少。

2. 起身在后

客人告辞时,待客人起身后再起身。

3. 握手在后

送别时握手,应等客人先伸手,主人再伸手。

4. 相送一程

如将客人送至车站、机场或者大厅,应在客人的身影完全消失后再返回。否则,当客人走完一段路再回头致意时,发现主人已经不在,心里会有些不是滋味。到车站、码头或机场送客时,不要表现得心神不宁,以使客人误解在催他赶快离开。送客到机场,最好等客人通过安检后再返回。因为也许有些物品不让带上飞机而需要你保管。

在家里或者办公室送客时,送毕返身进屋后,应将房门轻轻关上,不要使其发出声响。那种在客人刚出门的时候就"砰"地关门的做法是极不礼貌的,并且很可能因此而"砰"掉客人来访期间培养起来的所有情感。

如果是在家里接待客人,最好叫家中成员一起送客出门。

分手时应充满热情地招呼客人"慢走"、"走好"、"再见"、"欢迎再来"、"常联系",等等。

第三节　行路礼仪和乘车礼仪

一、行路礼仪

行走是我们日常生活中不可或缺的、最常见的动作,而行路也能反映一个人道德水准的高低。所以掌握行走时的礼仪规范是十分有必要的。

（一）姿势端正

走路时要注意行姿礼仪（详见第二章第三节）。

一个人独自在街道上行走，行进的路线要尽量固定，以免妨碍他人行走。二人同行，应比肩齐步，步伐一致。

若提着东西行走，勿让自己的东西阻挡或碰撞他人。

走路时切忌两手交叉背后，或合抱于胸前，更忌在行进中吸烟、吐痰或吃零食。若非寻觅遗失之物，切莫在行进中左顾右盼、东张西望。

（二）互相礼让

行进中如有急事必须超越人前，应从旁绕道，不可强闯，最好先轻声打个招呼，万一不慎误撞行人，则须立即道歉。如遇见尊者应先行礼并让路，如遇见老弱妇孺应让路或给予协助。迎面有人走来，应向外侧躲避，以避让对方，请对方先过去。

如街道上的人较多，同行者最好不要挽手而行。在人多的街道上行人，最好要保持一定的行进速度，至少不要挡住后边人的去路。

如路遇车祸或其他变故，不要围观起哄。遇到身穿奇装异服者不要指指点点。

对意外跌倒碰伤的人要尽力相助，切勿袖手旁观或幸灾乐祸。

（三）礼宾次序

二人同行，前为尊，后为卑，右为大，左为小。三人并行中为尊，右边次之，左边又次之（详见本章第一节礼宾次序礼仪）。

平时行路，应遵循男左女右的原则。男女同行，进出门口时，男士应先女士一步推门请女士先行。下车或通过黑暗区域时，男士应率先行动。进入正式餐会或娱乐场所的，男士应让女士先行。男士与两位女士同行，应走在最左边。两男一女同行时，可让女士走在中间以示尊重。如路窄只容一人行进时，男士应走在女士之后。

人行道的内侧是安全又尊贵的位置。男女二人在街上并行时，男士应该让女士走内侧，男士走靠马路车辆来往的外侧。与长者或尊者同行于人行道，年轻者行于外侧。若一男一女陪长辈外出，其行走的位置应是：男士走在外侧或左侧，长辈居中，女士走在内侧或右侧。主人陪客人外出，亦应使客人走在内侧。

男女并行过马路时，男士应主动站在正对车辆行进方向一侧。

男士可代女士携带笨重物品，但不必为女士拿皮包或女用洋伞。

（四）遇友问候

行路时遇到友人，要主动打招呼互致问候。如果两人相隔较远，可点头致意，切勿高声尖叫，以免影响路人。若遇到久别老友，寒暄之后如想交谈，应走至路边，需要长谈可边走边谈，千万不要站在道路当中或人多拥挤的地方，更不能堵塞门口，妨碍他人或车辆的通行。

（五）请求帮助

询址问路意在请求别人帮助，更应特别注意语言和行为的礼貌，使对方乐于帮助自己。首先应用礼貌语言打招呼，如"劳驾"、"请问"等，然后根据年龄特点和当地习惯的称呼选择称呼，如"老大爷"、"阿姨"、"小朋友"、"先生"、"女士"等，不要用"嘿"、"嗨"、"哎"、"喂"等一

类不礼貌的词语。发问要用请求语气,简练清楚;发问后无论对方能否为你指路,均要诚恳致谢。有人向自己问路时,无论本地人或外地人,都应热情指点。如确实不知可请对方转问他人,并表示歉意,不可以不实之言欺人。

同步案例　**下驴**

背景与情境:从前有个小伙子骑着毛驴要逛白云庙,走到一个三岔路口后迷路了。这时,他看见正前方有一老伯正在割青草,就想问问怎么走。这位小伙子骑在驴上问:"喂,老头! 去白云庙怎么走啊?"老伯没理小伙子,小伙子又重复了一遍那句话,老伯抬头看了小伙子一眼,还是没有说话。小伙子气急了,明明听见却不理,就骑着驴来到老伯旁边嗓音提高"八度"大声地说:"老头,问你上白云庙怎么走,为什么不理我?"这回老伯连头都没抬,嘴里说话了:"没空,没见我正在割青草吗?""那回句话也耽搁不了你割草啊!""小伙子,你不知道。家里等着草去喂驴呢,昨天晚上我家那头驴下了两个骆驼。"小伙子一愣怔,毛驴下骆驼,这可新鲜稀奇:"嗨,老头,驴哪能下骆驼呀,常言道龙生龙,凤生凤,乌龟生得王八蛋。驴应该下驴才对嘛。"老伯这时冲着小伙子一笑:"哼! 谁知道啊,这畜生他不下驴嘛!"小伙子这时才醒悟过来,脸瞬间变成猪肝色。

问题:"下驴"的故事说明了什么?

分析提示:"下驴"的故事,充分说明了在问路中礼貌称呼及行为的重要性。

(六) 维护环境卫生

维护环境卫生是人类健康生活的需要,讲究公共卫生是每一个人应当具备的起码公德。在路上行走,要自觉维护环境卫生,不要在路上随地吐痰,乱抛杂物,而应将其扔到果皮箱或垃圾桶中。出门一定要带上纸巾,有痰吐在纸巾上,否则随地吐痰会影响市容,还容易传染疾病,有时也可能因此同别人发生口角。

(七) 遵守交通规则

城市街道人来人往,车水马龙。遵守交通规则,不仅可以保证交通的畅通,使大家能顺利通行,同时也最大限度地保证了自己和他人的人身安全。

步行过马路时一定要走人行横道线,避让来往车辆,在较为拥挤的地方要循序而行,不挤不抢,不得快速奔跑,以免影响到正常的交通秩序。雨雪等恶劣天气,尤须注意安全。

骑自行车或驾驶汽车要严格遵守有关交通规则,服从交通警察的指挥,特别注意礼让,以保证安全。骑车要走慢车道,拐弯要伸手示意,不超速,不带人,严禁闯红灯。

没有人行横道的地方,一定要走地下通道,不要横穿机动车道。

二、乘车礼仪

日常出行,大多需要乘车,所以,乘车礼仪也不可不知。

（一）乘坐小轿车

1. 乘坐有司机驾驶的小轿车

汽车靠右行驶时,如由驾驶员开车,按汽车前进方向,后排右座为尊位,左侧次之,中座更次,前排司机旁最次。司机旁的位置一般是助手、接待或陪同人员坐的。

当轿车有三排座时,最后一排是上座,中间一排次之,前排最次。这个礼仪规范在西方非常普及,正流行于中国的都市。它的产生可能主要出于安全的原因,因为大多数车祸或遭袭击时,首先受伤害的是坐在前排的人。具体如图 4-1 所示。

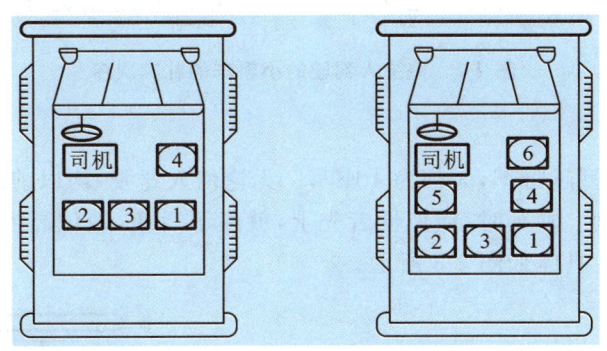

图 4-1　有司机驾驶的小轿车的礼宾次序

当然,如果是主人亲自驾车,则主人旁边的位置是尊位。

如果接待两位贵宾,主人或接待人员应先拉开后排右边的车门,让尊者先上;再迅速地从车的尾部绕到车的另一侧打开左边的车门,让另一位宾客从左边上车;只开一侧车门让一人先钻进去的做法是失礼的。如有女士,遵循女士优先原则。女士裙子太短或太紧不宜先上车,应请男士先上,此时,男士不必再谦让。

当然,个别情况也可以例外。例如,为了让宾客顺路看清本地的一些名胜风景,也可以说明原因后,请宾客坐在左侧,但同时还是应向宾客表示歉意。有一德国专家到日本工作,常往返于东京、大阪之间,几周后他发现,他每次座位的窗口都朝着日本的圣山——富士山。这件事件令那位德国专家激动不已。

需要强调的一点是,即使是为了让宾客欣赏风景,也不要让宾客坐司机旁的位置,尤其是接待港、澳、台地区和外国宾客时更应注意这一点,否则,绝对是弄巧成拙、事与愿违。

2. 乘主人驾驶的小轿车

以前座为尊。作为主客,应当坐于主人旁边。后排座位,仍如前所述排列。途中如前座客人中途下车而去,则后座的客人应该按照尊卑次序移坐前座,补其空缺,相陪主人,这样才不致失礼。以国际惯例,女士、幼儿不宜坐前排座位,遇此情况,可酌情予以调整。具体如图 4-2 所示。

3. 主人夫妇驾车迎送

主人夫妇在前座,宾客在后座,后排座位,如前所述排列。

4. 主人驾车迎送宾客夫妇

宾客中丈夫应坐前排主人身侧,妻子与其他宾客依礼宾次序坐于后排座位。

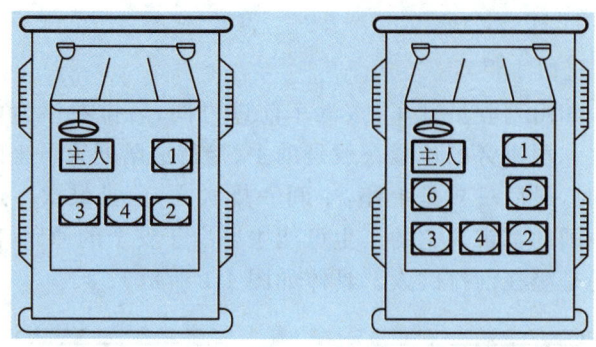

图 4-2　乘主人驾驶的小轿车的礼宾次序

（二）乘坐吉普车

吉普车是一种轻型越野车，大都为 4 座车。无论何人驾驶，均以前座右方（副驾驶座）为尊，其余以前所述排列。乘车时，地位低者先上，就座于后座，地位高者后上，就座与前排右座，下车时顺序相反。具体如图 4-3 所示。

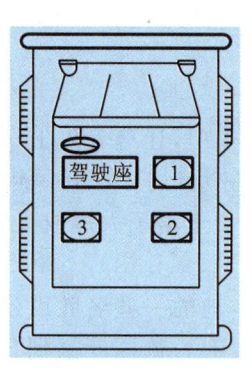

图 4-3　乘坐吉普车的礼宾次序

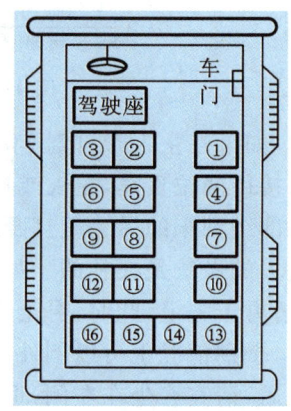

图 4-4　乘坐多排座车的礼宾次序

（三）乘坐多排座车

多排座车是指 4 排以及 4 排以上座位的大中型轿车。不论由何人驾驶，均以前排为上，以后排为下；以右为尊，以左为卑，自右至左依次排列；并以距离前门的远近来排定具体座位的顺序。具体如图 4-4 所示。

原则上身份低者、年轻者、男士先上车。下车时顺序相反。

（四）乘坐市内公共汽车

（1）乘公共汽车，必须排队上车。有教养的人不仅自己排队上车，而且会帮助妇女、老人和残疾人上车。如果车内满员拥挤不能上车，就等下一辆，绝不能吊挂在车门上，否则既耽误行车时间，又会危及自身安全。

（2）上车后，应自动购票、投币或刷卡，自觉维护乘车秩序，服从站务和司乘人员的安排。别人为我们传递钱、票时，要表示感谢。

（3）乘车时,头、手不要伸出窗外,不要翻越车窗,车未停稳之前,不要随意开启车门。

（4）在车上遇到孕妇、病人、老人和抱孩子的人,有座位的年轻人应主动让座。碰到他人给自己让座,不能表现出心安理得的样子,要立即表示感谢。倘若不打算去坐,则应礼貌地向对方说明并表示感谢。

（5）乘车时要以礼待人。不小心踩到别人应马上道歉。被踩的一方也要显示出宽容的态度,不要得理不饶人。

（6）不要把提包或行李放到自己身边的座椅上,不要将腿长长地伸到通道上妨碍他人通行。

（7）不要在车上高声谈笑、吸烟、吃东西及妨碍公共秩序,要爱护公共设施,保持车内清洁卫生。

（8）在车上打喷嚏应用纸巾或手帕掩住口鼻,以防细菌散播。

（9）恋人要注意公共场所文明举止。

（10）附近如有乘客看书读报,不能伸过头同看,否则如果对方将报纸移开会非常尴尬。

（11）下车要提前准备,在车辆到站之前向车门靠近。如需他人让路,应有礼貌地打招呼,如"对不起,请让一让"、"麻烦您,请换个位置,我要下车,谢谢"等,不要一声不响地向外挤。车到站,同样不要忘了依次下车和照顾礼让老、弱、病、残、孕乘客。

（12）如与亲友一道乘车,则下车时应由男士或年轻者先下,然后帮助女士和年长者下车。

（五）乘汽车注意事项

（1）男士应协助女士上下车。通常应打开车门让女士及长者先行入座,并应先下车打开车门帮助他人下车。

（2）穿短裙的女士上下车最好采用背入式和正出式,即上车时双腿并拢,背对车门坐下后,再收入双腿;下车时正面面对车门,双脚着地后,再移身车外。这样做的好处是不会"走光"。若跨上跨下、爬上爬下,姿态极不雅观。

（3）在轿车上应注意举止,不要东倒西歪,不要不讲卫生、连吃带喝、随手乱扔。不要往车外丢东西、吐痰或擦鼻涕。不要在车上脱鞋、脱袜,或是用脚蹬踩座位,更不要将手或腿、脚伸出车窗之外。要在车内吸烟时,如遇有女宾应先作礼貌性请示。在公交车、客车等公共交通工具上禁止吸烟。

（4）车上并非隐秘的地方,应避免谈论公事或涉及他人隐私的事。与不熟识的人同车谈话内容宜限于普通应酬性话题。

（5）一般情况下为了安全起见,不应与司机交谈;如必须与司机谈话,亦切忌引起司机分神,以避免造成车祸。不要催促司机加速,但可用商量的语气与司机沟通要求减慢车速。

（6）下雨天乘车,在上车前应把雨具折拢,雨衣脱下叠好,不要把别人的衣服弄湿;乘车不要穿油污衣服,不带很脏的东西,以免弄脏车辆或别人的衣物;必须带上车的物品,要招呼别人注意,并放到适当的地方。

（六）乘坐火车

火车是最常用的远途公共交通工具,火车上会遇到来自四面八方的人,所以更要注意自

己的行为。

（1）按规定购买车票，并遵守关于行李的相应规定。

（2）候车时，应爱护候车室的公共设施，不要大声喧哗，携带的物品要放在座位下方或前部，不抢占座位或多占座位，不要躺在座位上使别人无法休息。保持候车室内的卫生，不要随地吐痰、乱扔果皮纸屑，更不可和别人争吵甚至打架。

（3）在规定的时间检票进站，检票时，不要拥挤、插队。进入站台后，要站在安全线外等候。火车停稳后，才可在指定车厢排队上车。上车时，不要拥挤、插队，不应从车窗上车。若有同行者，男士或年轻者应首先上车，找好座位，放好行李之后，再帮女士或长者上车。下车时也应由男士或年轻者开道。

（4）有次序地进入车厢，并按要求放好行李，行李应放在行李架上，不应放在过道上或小桌上。不要在车厢内吸烟，不随地吐痰，不乱扔果皮纸屑。

（5）在火车上不可随意侵占他人座位，在座席上休息，不要东倒西歪，卧倒于座席、茶几、行李架或过道上。更不要靠在他人身上，或把脚搭到对面的座席上。

（6）乘坐火车时（尤其长途旅行）可与邻座的旅客有礼貌地谈话，但切勿缠着别人喋喋不休。

（7）火车上属于公共场合，应自觉遵守公共秩序。长时间占用厕所、一坐下来就脱掉鞋袜、有些男士穿着背心甚至上身赤裸等行为都是极不礼貌的。还有些女士在车上当着他人的面化妆或整理衣裙，这也是不礼貌的。

（8）如果想抽烟的话，要到列车上的吸烟区或者到两节车厢之间的过道去吸。

（9）在车厢里不要大声聊天，以免影响他人休息。如阅读报纸杂志，读后应该把它们折好、放好，不要随便乱扔。

（10）未经允许，不要随意翻动他人物品，包括书刊、杂志、报纸。

（11）男女在车内同行时，无论是否认识，男士都应主动让女士先行。

（12）文明用餐。在餐车上，如果用餐人数较多，要注意节省用餐时间，不可大吃大喝，猜拳行令。用餐完毕，则应尽早离开，不要有意拖延用餐时间，借以休息、聊天。

（13）下车时，应自觉排队等候。不要拥挤，或是踩在座椅上，更不能强行从车窗下车。

同步案例   "女士优先"应如何体现

　　背景与情境：在一个秋高气爽的日子里，迎宾员小贺，着一身剪裁得体的新制衣，第一次独立地走上了迎宾员的岗位。一辆白色高级轿车向饭店驶来，司机熟练且姿势标准，并目视客人，礼貌亲切地问候，动作麻利而规范、一气呵成，准确地将车停靠在饭店豪华大转门的雨棚下。小贺看到后排坐着两位男士、前排副驾驶座上坐着一位身材较高的外国女宾。小贺一步上前，以优雅姿态和职业性动作，先为后排客人打开车门，做好护顶关好车门后，再迅速走向前门，准备以同样的礼仪迎接那位女宾下车，但那位女宾满脸不悦，使小贺茫然不知所措。不是说通常后排座为上座，一般凡有身份者皆在此就座么？

　　问题：优先为重要客人提供服务是饭店服务程序的常规，这位女宾为什么不悦？

小贺错在哪里？

　　分析提示：西方国家讲究"女士优先"。在社交场合或公共场所，男子应经常为女士着想，照顾、帮助女士。诸如：人们在上车时，总要让女士先行；下车时，则要为女士先打开车门，进出车门时，主动帮助她们开门、关门等。西方人有一种形象的说法："除女士的小手提包外，男士可帮助女士做任何事情。"迎宾员小贺未能按照国际上通行的做法先打开女宾的车门，致使那位外国女宾不悦。

第四节　乘船礼仪和乘机礼仪

一、乘船礼仪

（一）有序上船

　　要自觉有序地排队上船，对号入座。有的船上扶梯较多、较陡，作为男士和年轻人应留意照顾儿童、女性或老年人，给予礼让、保护。

（二）保持清洁安全

　　如果你晕船要吐的话，应当去洗手间，或用塑料袋暂时接住，不要吐在舱内或甲板上。不要在铺位上吸烟，保持空气清新。在船上吸烟时，烟头不要乱扔，防止火灾。带小孩的乘客要注意孩子的安全，不要让他们跑来跑去，也不要让他们随地大小便。

（三）和睦相处

　　搭乘游船时，应与其他旅客和睦交往。遇到陌生人可主动打招呼，自我介绍，对已碰过面的人可相互交谈，但不要打扰想安静的人。对船员要友好、和善，不盛气凌人。与同客房的人谈话、散步要两相情愿，不要硬逼人家，不要乱翻别人的东西，不要盯视人家的睡相。去别的客房串门，最好事先约定，不要不约而到，进门时要敲门。出入舱口或在甲板上散步时，要为女士或老人让路，不要在甲板上大声说笑、四处追逐，对船员要友好。

（四）船长为尊

　　在船上，船长具有绝对的权威。除非接到邀请，不可坐在船长的餐桌上用餐；如应邀时，应准时出席，并应注意服装及礼仪；船长离桌前自己不能先离开；如不愿意接受船长邀请，应婉言谢绝。

（五）守礼遵规

　　在船上凡标明"旅客止步"的地方，多为船员工作或休息的场所，不可妨碍他们。船上各种各样的电路、蒸汽开关很多，不要随手触动。在高级客轮上用餐时，晚餐须着礼服或深色西服，应避免穿短裤、拖鞋或泳装进餐。在船行中应遵守有关规则，不要因无知而制造麻烦。

白天舞动花衣服或手帕会被其他船只认为打旗语，晚上拿手电乱晃，也可能被当成灯光信号。

去餐厅、阅览室、娱乐室等地方休闲，不要不拘小节，要有礼貌地向在座的人问好，并经过允许后入座。在娱乐室、歌舞厅里不要纠缠异性或恶语伤人。

船至码头要有秩序地下船，男士或年轻者可走在前面，以帮同行的女士或年长者下船。

二、乘机礼仪

随着人们生活水平的提高和交通事业的发展，飞机已成为现代人日常生活中一种重要的交通工具，乘坐飞机要遵守规定，互相礼让，注意礼仪。

（一）应提前1到2个小时到达机场，留足时间办理登机手续

登机手续在飞机起飞前30分钟停办，若不按时办理登机手续，将作误机处理。登机时，应礼让残障老弱妇孺；若不清楚座位，可将登机卡交由空中服务人员引导；尽可能将大件行李托运，避免随身携带大件行李走在飞机通道时，行走不畅或碰到坐在走道两边的人。上机后行李应放在行李架内或座位下。

（二）不得违规携带有碍飞行安全的物品

登机时应当认真配合例行的安全检查。如有必要，工作人员会对乘客或行李使用探测仪进行检查，或手工检查。不应拒绝检查。更不可与工作人员发生矛盾。

（三）上下飞机时，可礼貌地向空中小姐点头致意

对待客舱服务员和机场工作人员，要表示理解、尊重与配合，不要蓄意滋事，或向其提出过高要求。当空中小姐在为大家做相关解说时，要保持安静，不要因为自己已经非常了解就旁若无人地与旁人大声喧哗，致使他人无法听清空中小姐的解说。对空中小姐的服务要表示感谢，并认真听从其各项建议。没有特别需要，不要乱按座位旁边的按钮呼叫空中小姐。

（四）遵守有关安全乘机的各项规定

当飞机起飞或降落时，一定要自觉系好安全带，收好自己面前的小桌板，同时将自己的座椅调直。当飞机受到高空气流的影响而发生颠簸、抖动时，也要将安全带系好，切勿站立、走动。飞机起飞或降落时，严禁使用电子设备。若违反相关规定，将会受到法律制裁。不要乱摸、乱动飞机上的安全用品。偷拿安全用品或私开安全门，不仅有可能犯法，而且还有可能危及自己和其他机上乘客的生命安全。

（五）行为自律

上机后不要抢占座位，应对号入座。在飞机上放置自己随身携带的行李时，应与其他乘客互谅互让。登机后尽快放好物品，不要在通道上滞留太长时间。不要用手提袋或行李箱把行李架塞得过满，使其他后到的乘客无处放行李。中间座位如果没有人坐，不要把一大堆东西放上去据为己用，不留半点空间给另外一人使用。不要把飞机杂志架上所有好看的杂志都拿走，只留下少数几本你不爱看的给别人看。坐在三人一排的位子上，看报时不要把报纸展开来看，手臂与手肘尽量不要占用旁人的空间，以免造成他人的不便。休息时，要注意坐卧姿势，以不妨碍他人为好。不要当众脱衣、脱鞋，尤其是不要把腿、脚乱伸乱放。若在机

舱内感到闷热,可以打开座位上方的通风阀,也可以解开外衣或将其脱下,但不可脱得只剩内衣,更不宜打赤膊。更衣要去洗手间。不要在飞机上吸烟或者乱扔乱吐。如呕吐,务必要使用专用清洁袋。享用免费餐饮时要适可而止,不要太过贪吃。使用盥洗室,要维护卫生,不要长时间占用盥洗室。

(六)友善交谈

可以跟身边的乘客打招呼或是稍作交谈,但不应影响对方作息。如别的乘客主动向自己打招呼,应友好地回应,要是自己打算休息或忙于其他事,则应向对方致歉。不要因为新奇就过多地盯视、窥视索不相识的乘客,更不要与他人谈论令人不安的劫机、撞机、坠机事件。与他人交谈时,切勿大声喧哗。

(七)飞机停稳后

等广播提示后再起身走动或拿取行李,避免行李摔落伤人。下飞机同样应维持秩序,对有需要的人给予帮助。

第五节 旅游接待礼仪

旅游接待工作量大且艰苦,要求旅游接待人员细致耐心,在工作中严格按照有关的工作程序和礼仪规则办理。旅游接待的基本礼仪,大体可分为如下几个方面。

一、做好游客抵达前的各项准备工作

应了解整个接待计划、安排活动日程、确定接待工作的要点、熟悉参观考察游览的详细地点。

确切把握游客的人数、职业、爱好、特点和要求等,如果接待的是外宾旅行团,应当了解外宾的国别、民族、文化背景、宗教信仰等。

根据游客的人数准备好交通工具、导游图和有关的宣传品,以及根据游客的要求,安排好住宿的宾馆及房间的标准、陪同人员的住宿休息房间等。

二、做好迎接工作

旅游接待人员应向车站、机场或码头了解确切的抵达时间,以免漏接或空接;旅游接待人员还要联系好有关车辆的停靠地点和行李车是否到达的情况,然后提前抵达接站地点,迎接游客。在游客下车、下机或下船后,要及时向陪同团人员索取行李卡和有关证件,并交给负责行李的有关接待人员。如果是国外旅游团,应表示出接待单位对外宾的友好和尊重,由接待人员中的身份最高者致简单的欢迎辞,然后将负责迎送的有关接待人员介绍给旅游团成员,并发放导游图和有关的宣传品,然后乘车前往宾馆。

在陪同游客前往住宿宾馆途中，接待人员可以根据客人的需要和兴趣，简单介绍沿途风景和当地的有关风土民情。

三、做好旅游服务的各项安排工作

在游客到达宾馆后，接待人员要尽快办理入住手续，并请旅游团负责人向他们发放住房卡。接待人员应向游客介绍宾馆设施、用餐、兑换外币等情况，并帮助游客携带行李进入房间，让他们休息。随后接待人员可与旅游团负责人具体商定旅游地点及旅游的日程安排。如果游客对食宿、旅游地点及时间有其他要求，在政策允许而且是合理的前提下应尽量满足游客的要求。制订详细、周密的旅游计划，在制订计划时，要将客人的安全放在第一位。如果安全无法保证，一定要向游客做耐心细致的说服和解释工作，争取改变计划，确保人员的安全。

四、准时将游客送到旅游地点，并由导游人员做好相关讲解

导游人员对游客感兴趣的问题，都要谨慎有礼地解释或讲解，切忌自以为是、流露傲气或嘲讽他人。如果要游览多处风景名胜，要确定好集合时间并通知所有的旅游团成员，以便顺利到达第二、第三风景点。

在接待游客游览时，可能会遇到游客向接待人员或导游人员赠送礼品的情况。一般情况下，应当婉转回绝并表示感谢。如果客人执意赠送，应当收下并表示衷心的谢意，再视具体情况确定是否上缴。

在导游过程中，导游人员应具备丰富的文化、地理、历史知识，而且仪表要求大方、自然。同时，导游人员还应当搜集和发现游览过程中存在的问题，并明确提出改进的建议或措施，确定第二天的游览、接待工作的重点和注意事项。

五、联系好行李、车票和交通工具，做好送行及善后工作

在旅游参观结束后，接待人员要根据车次、航班的准确时间，事先与负责行李的接待人员约好提取行李的时间，并告知游客。交接行李时，要仔细清点，有出入时应仔细查对，切不可马虎粗心。要联系好交通工具，提前将游客送到车站或机场、码头，并安排其休息，待有关手续办好后再将机票、车票、船票、行李卡和有关凭证一并交给旅游团领队或陪同人员。如果旅行团是外宾旅行团，视具体情况，可举行一个小小的欢送仪式，由旅游接待组织的有关负责人致欢送辞，然后一一握手话别。待客人离开接待人员的视线或车、船、飞机开动以后，旅游接待人员即可离开，接待工作结束。

同步案例 **国别习俗**

背景与情境：国内某家专门接待外国游客的旅行社，一次，准备在接待来华的意大利游客时送每人一件小礼品。于是，该旅行社订购制作了一批纯丝手帕，是杭州制作的，还是名厂名产，每个手帕上绣着花草图案，十分美观大方。手帕装在特制的纸盒内，盒上又有旅行社社徽，显得是很像样的小礼品。中国丝织品闻名于世，

预想会受到客人的喜欢。旅游接待人员带着盒装的纯丝手帕,到机场迎接来自意大利的游客。欢迎辞致得热情、得体。在车上他代表旅行社赠送给每位游客两盒包装甚好的手帕,作为礼品。没想到车上一片哗然,议论纷纷,游客显出很不高兴的样子。特别是一位夫人,大声叫喊,表现极为气愤,还有些伤感。旅游接待人员心慌了,好心好意送人家礼物,不但得不到感谢,还出现这般景象。

问题:中国人总以为送礼人不怪,这些外国人为什么怪起来了?

分析提示:在意大利和西方一些国家有这样的习俗:亲朋好友相聚一段时间告别时才时送手帕,取意为"擦掉惜别的眼泪"。在本案例中,意大利游客兴冲冲地刚刚踏上盼望已久的中国大地,准备开始愉快的旅行,你就让人家"擦掉离别的眼泪",人家当然不高兴,就要议论纷纷。那位大声叫喊而又气愤的夫人,是因为她所得到的手帕上面还绣着菊花图案。菊花在中国是高雅的花卉,但在意大利则是祭奠亡灵的。人家怎不愤怒呢? 本案例告诉我们,在旅游接待与交际场合,要了解并尊重外国人的风俗习惯,这样做既对他们表示尊重,也不失礼节。

教学互动

互动问题:旅游接待礼仪在旅游接待服务过程中异常重要。

1. 有哪些旅游接待礼仪?

2. 在服务过程中有什么需要注意的?

要求:

1. 教师不直接提供上述问题的答案,而引导学生结合本章教学内容就这些问题进行独立思考、自由发表见解,组织课堂讨论。

2. 教师把握好讨论节奏,对学生提出的典型见解进行点评。

本章小结

内容提要

本章对接待礼仪相关内容作了简要介绍。接待中要显示尊重,就难免需要了解相关礼仪规范,接待规格的确定、礼宾次序的排列、出行时需遵循的各种礼仪规范,在旅游活动中都有相应体现,作为旅游接待人员,应熟练把握这些基本要求,为服务对象提供高质量的服务。

核心概念

接待　礼宾次序　对等接待　高规格接待　低规格接待　行路礼仪

重点实务

接待礼仪在旅游服务中的运用。

知识训练

一、简答题

1. 乘坐小轿车的礼宾次序如何？

2. 接待规格如何确定？

二、讨论题

1. 旅游接待的基本礼仪，大体可分为几个方面？

2. 本章"下驴"的故事说明了什么问题？

能力训练

一、理解与评价

在旅游接待服务中，有"微笑如言"之说，该如何理解？

二、案例分析

微笑也要有分寸

背景与情境：某日华灯初上，金花大酒店的餐厅里客人满座，一位服务员跑去向餐厅经理汇报，说客人投诉有盘海鲜菜中的蛤蜊不新鲜，吃起来有异味。这位餐厅经理自信颇有处理问题的本领和经验，于是不慌不忙地向投诉的客人走去。一看，那不是熟主顾张经理吗？于是迎上前去一阵寒暄："张经理，今天是什么风把您给吹来了，听服务员说您老对蛤蜊不大对胃口……"这时张经理打断他说："并非对不对胃口，而是我请来的香港客人尝了蛤蜊后马上讲这道菜千万不能吃，有异味，变了质的海鲜，吃了非出毛病不可！"餐厅经理接着面带微笑，向张经理进行解释，蛤蜊不是鲜货，虽然味道有些不纯正，但吃了不会要紧的，希望他和其余客人谅解包涵。不料此时，在座的那位香港客人突然站起来，生气地说："你还笑得出来，我们拉肚子怎么办？"餐厅经理一下子怔住了！他脸上的微笑一下子变成了哭笑不得。到了这步田地，他揣摩着如何下台阶，他在想，总不能让客人误会刚才他面带微笑的用意吧，又何况微笑服务是饭店员工首先应该做到的。于是他仍旧微笑着准备再作一些解释，不料，这次的微笑更加惹起了那位香港客人的恼火，甚至于流露出想动手的架势，辛亏张经理及时拉住餐厅经理的衣角，示意他赶快离开现场，否则简直难以收场了。

问题：

1. 你从该案例中得到了什么启示？

2. 如果你是餐厅经理，你应该怎么处理客人的投诉？

第五章
餐 饮 礼 仪

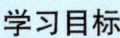

学习目标

通过本章学习,应当达到以下目标:

职业知识目标:了解餐饮的种类,熟悉中西餐的用餐方式,掌握中西餐的就餐礼仪及宴请组织礼仪。

职业能力目标:运用本章专业知识研究相关案例,培养与"餐饮礼仪"相关的旅游服务情境中分析问题与决策设计能力;通过"餐饮礼仪在旅游服务中应用"的实训操练,培养相关专业技能。

职业道德目标:结合餐饮礼仪教学内容,依照行业道德规范或标准,分析企业或从业人员的服务行为,强化职业道德素质。

引例:中国古今餐桌礼仪

背景与情境:餐饮礼仪可谓源远流长。据文献记载,至少在周代,饮食礼仪已形成一套相当完善的制度,特别是经过曾任鲁国祭酒的孔子的称赞推崇而成为历朝历代表现大国之貌、礼仪之邦、文明之所的重要方面。

作为汉族传统的古代宴饮礼仪,自有一套程序:主人折柬相邀,临时迎客于门外。宾客到时,互致问候,引入客厅小坐,敬以茶点。客到齐后导客入席,以左为上,视为首席,相对首座为二座,首座之下为三座,二座之下为四座。客人坐定,由主人敬酒让菜,客人以礼相谢。席间斟酒上菜也有一定的讲究:应先敬长者和主宾,最后才是主人。宴饮结束,引导客人入客厅小坐,上茶,直到辞别。这种传统宴饮礼仪在我国大部分地区保留完整,如山东、香港及台湾,许多影视作品中多有体现。

清代受西餐传入的影响,一些西餐礼仪也被引进。如分菜、上汤、进酒等方式也因其合理卫生的食法被引入中餐礼仪中。中西餐饮食文化的交流,使得餐饮礼仪更加科学合理。

现代较为流行的中餐宴饮礼仪是在继续传统礼仪与参考国外礼仪的基础上发

展而来的。其座次借西方宴会以右为上的原则,第一主宾就座于主人右侧,第二主宾在主人左侧或第一主宾右侧,变通处理,斟酒上菜由宾客右侧进行,先主宾,后主人,先女宾,后男宾。酒斟八分,不可过满。上菜顺序依然保持传统,先冷后热。热菜应从主宾对面席位的左侧上;上单份菜或配菜西点和小吃先宾后主,上全鸡、全鸭、全鱼等整形菜,不能头尾朝向正主位。这些程序不仅可以使整个宴饮过程和谐有序,更使主客身份和情感得以体现和交流。因此,餐桌之上的礼仪可使宴饮活动圆满周全,使主客双方的修养得到全面展示。

第一节　餐饮的种类与用餐方式

俗话说"民以食为天"。饮食是人类赖以生存的最重要的物质条件之一。人类饮食的发展同人类本身的发展一样历史悠久。它经历了由低档饮食活动向高档饮食活动逐步发展进步的过程。饮食活动中的礼仪、习俗也同时应运而生。

一、现代人对餐饮的要求

随着生活水平的提高,人们对餐饮的要求也越来也高,由原来的吃饱、吃好发展到提高生活质量,追求生活品位。

(一) 强调营养的全面与均衡

经济收入的提高使人们对餐饮的需求从满足温饱向健康饮食发展,人们逐渐意识到,饮食是维持人体生命活动的根本条件,对人身健康是至关重要的。饮食得宜,可以摄取各种养分,延年益寿;饮食失当,则是致病折寿的原因。医食同源是中国养生文化的一个鲜明特色。自古以来,中国就有"食用、食养、食疗、食忌"之说。从现代医学和营养学来看,医食同源实际上就是将医疗和食养紧密地结合起来,使医和食共同为除病延年、养生健身服务。

(二) 突出口味,讲究食品的色、香、味、形、质感和器具

中国人的用餐理念讲究"民以食为天,食以味为先",味道是烹调的最高准则。在"营养"和"美味"两者孰轻孰重的问题上,中国人的天平毫不犹豫地倒向了后者。让人眼花缭乱的煎、炒、烹、炸,令人拍案叫绝的色、香、味、形,中国人"食不厌精,脍不厌细",把对美味的追求几乎发挥到了极致。再加上生活节奏的加快,人们求方便、求新、求异的要求越来越强烈,出门用餐的人增多,人们对饮食的口味要求提高,因此,餐饮业要突出菜肴品种的家常性、特色性,在口感的舒适、口味的多样上,尽量满足各种消费需求。

（三）注重卫生

现代人健康意识增强，如今人们对健康饮食、绿色食品情有独钟，反映了人们对用餐时卫生标准方面的高标准、严要求。这就要求食品原料本身不含有毒素，食品原料在采购、加工等环节不被污染，食品本身不存在变质等现象。

（四）讲究优雅的就餐环境

随着经济的发展和文化水平的提高，现代人的生活追求、生活习惯也在不断变化，人们越来越重视生活质量，对用餐的环境越来越讲究，要求就餐环境要惬意、整洁、清净。

（五）高素质的服务质量

就餐者的需求具有多变性，目前餐饮业已意识到统一规范的服务只能满足就餐者的基本需要，而不能满足就餐者的个性需求，就餐者在就餐时有不同的服务要求，如自带酒水、对菜肴提出特殊要求等。这就要求餐饮业不仅要提供规范化的服务，还要有挖掘超越规范化服务的个性化服务，满足客人多变的心理需要。

（六）合理的价格

就餐者的求实心理，以及理财观念的加强，使人们在消费时对价值和价格的平等置换意识加强，重视交易的价格公道合理。

二、餐饮的种类及用餐服务方式

（一）中餐

中餐是指中国式的餐饮，是一切具有中国特色、依照传统方法制作的餐食和饮品。中餐品种繁多、琳琅满目，单就菜肴而言，就有鲁、川、粤、闽、苏、浙、湘、徽八大菜系。

1. 中餐上菜的顺序

中餐上菜的顺序是冷菜、热菜、米饭、汤、点心等，一般应按先冷后热、先清淡后浓味、先名贵后一般、先咸后甜、先零后整、先菜后点、先干后汤的顺序进行，如遇特殊情况需进行特殊处理。

2. 用餐方式

中餐用餐服务方式，指的是中餐企业中使用的侍应、招待客人的方式。中餐在其长期的发展过程中，兼容并收，逐步形成了自己的服务方式。

1）共餐式和转盘式

共餐式比较适合中餐零点，转盘式既可用于便餐，也可用于宴会用餐。

共餐式和转盘式服务有助于满足中国人对传统的家庭式用餐方式和睦、热闹的气氛的要求。就餐时服务员站在适当的位置上菜，报出菜名，介绍特色菜肴，就餐中服务员协助客人分派整鱼、鸡、鸭等大菜。传统的共餐式和转盘式用餐由就餐者用自己的筷子取用食物，现在由于人们对卫生要求的提高，就餐时根据餐桌大小和用餐人数摆放1～4副公筷、公勺，用餐者在取用菜肴时必须用公用餐具取食。

2）分餐式

分餐式主要用于较正式、高档的宴会用餐。

分餐式是吸收了西餐用餐方式的优点并使之与中餐用餐方式相结合的一种用餐方式，故有"中餐西吃"的说法。这种方式既讲究了用餐卫生，又体现了用餐公平，提高了用餐服务规格，客人得到的个人照顾较多。这种方式又可分为"边桌式"和"派菜式"两种。边桌式是在宴会餐桌旁设一个服务桌，在服务桌上进行分菜服务。派菜式是由服务员左手托菜盘，右手持分菜刀叉侧身站立在客人左侧依次从主宾、主人按顺时针方向绕桌进行分菜服务。

（二）西餐

西餐，与中餐相对，指的是"西方"国家的饮食。一般来说，西餐可以大致分为法式、英式、意式、美式、俄式等几种。本节重点介绍美式、法式和俄式用餐。

1. 西餐的上菜顺序

西餐的一般程序是面包和黄油—开胃菜—汤—鱼类—副菜—主菜—餐后甜点—水果—餐后饮料。

知识活页

美国人用餐的六条戒条

一、不允许进餐时发出声响。

二、不允许替他人取菜。

三、不允许吸烟。

四、不允许向别人劝酒。

五、不允许当众脱衣解带。

六、不允许议论令人作呕之事。

---

2. 西餐用餐服务方式

西餐的用餐服务方式大都起源于欧洲贵族家庭，经过多年的演变，才在餐馆使用。目前许多餐厅为了协调其菜谱、设施和形象而把两种以上的服务方式的特点结合起来，但每一种服务方式还是保留了各自的特点，在不同类型和特色的餐厅里使用。

1）美式服务（盘式服务）

美式服务也叫盘式服务，适合于低档的西餐厅。其食物都是在厨房内装好盘，然后放在顾客面前。服务员在操作中所遵循的一般规则是：菜用左手从宾客左边送上，酒水用右手从宾客右边斟倒，脏盘子从客人右面撤走。这种服务是快速和廉价的，它不太拘泥于形式，适应潮流和符合现代就餐要求，在餐馆业中是较为流行的一种方式，但不太适合有闲阶层的消费者，顾客得到的个人服务少，餐厅显得忙碌和欠宁静。

2）法式服务（手推车服务）

法式服务是现在所有餐厅服务方式中最烦琐、成本最高的一种，是一种显得非常豪华的服务，适合于高档西餐零点服务。其主要特点是餐厅的每个服务台需要一名服务员和一名助手，同时需要大量使用银质餐具；法式服务的另一大特点是服务非常显眼，最能吸引客人的关注，每道菜的最后加工，都必须在宾客餐桌边完成，而通常是在一架小推车上进行加工，因而也有人称法式服务为手推车服务。

　　法式服务,除了面包、黄油及色拉外,其他所有菜肴要求服务员一律以右手从宾客的右边送上。

　　3)俄式服务(餐盘服务)

　　俄式服务是世界上较好的饭店和旅馆中最受欢迎的餐厅服务之一,成为目前世界上所有高级餐厅中最流行的服务方式,俄式服务也被称为国际式服务。

　　俄式服务在许多方面和法式相似,它十分讲究礼节,风格雅致,客人能够获得周到的服务。但其服务方式则和法式有所不同,一是俄式服务只需一名男服务员上菜服务;二是全部菜肴都是在厨房中完全准备好,并预先切好,由厨师整整齐齐地放在银质大浅盘中,由服务员把盘端到餐厅,再从盘中送给客人。俄式服务的规则是空盘从右边按顺时针方向绕台摆放,派送食物则是从左边按逆时针方向进行。

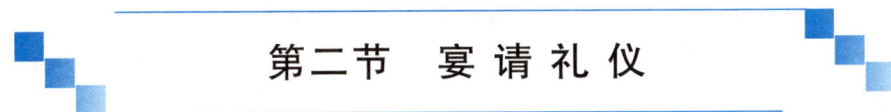

第二节　宴请礼仪

　　宴请是外事活动中最常见的交际活动形式之一,各个国家和民族往往根据自己的特点与习惯,根据活动的目的、对象以及经费开支等因素举办不同形式的宴会。

一、宴请的组织礼仪

(一)确定宴请的目的、名义、对象、范围与形式

　　宴请的目的多种多样,可用于欢迎代表团、外交官员,也可用于庆祝某纪念日、工作交流等。设宴目的不同,设宴的规格、内容、形式也不同。应邀者和承办者必须明确设宴目的,才能彼此配合,达到预期的效果。

　　宴会名义的确定主要依据主客身份对等的原则,通常如果请主宾携夫人赴宴,主人一般以夫妇名义发出邀请。我国大型正式活动以一人名义发出邀请。日常交往小型宴请则根据情况以个人名义或以夫妇名义出面邀请。

　　宴请的对象和范围指请什么人、请多少、请到哪一级别、谁来作陪等。确定范围的依据包括宴请的性质、主宾身份、国际惯例、与我方关系及政治气候等多重因素。

　　宴请形式的确定主要视具体情况和当地的习惯而定。宴请的形式一般有以下几种。

　　1. 宴会

　　宴会是举办者为了表达敬意或谢意,为了联络感情、扩大影响而专门举行的招待活动。宴会为正餐,坐下进食,有招待员顺次上菜。宴会在层次上可分为国宴、正式宴会、便宴和家宴;按举行的时间可分为早宴、午宴和晚宴;一般来说,晚上举行的宴会较白天举行的宴会更为隆重。

　　1)国宴

　　国宴是规格最高、礼仪要求最为严格的宴会,是指国家元首或政府首脑为国家庆典或国

外元首、政府首脑来访而举行的宴会。宴会中要排座次,宴会的请柬、席卡、菜单上印有国徽,宴会厅内要悬挂国旗,安排军乐队演奏国歌和席间音乐,主、宾双方要致词、祝酒。宴会使用讲究的餐具,对菜肴的道数以及服务人员的装束都有严格的要求。

2) 正式宴会

正式宴会的规格和标准都低于国宴。正式宴会除了不挂国徽、不奏国歌,以及出席人员不同外,其他方面同国宴相似。宾主均按宴会的要求着装,按身份排列座次,可安排席间音乐,菜肴、酒水、餐具均应讲究质量和特色,服务要求规格高。

3) 便宴

便宴是一种气氛随和的非正式宴会。便宴规模不大,宴会形式较随便,气氛亲切,无须专门发请柬,可电话或口头邀请,席间不必排座次,不做正式讲话,菜肴道数没有严格的礼仪要求。

4) 家宴

家宴是便宴的一种,家宴是以私人的名义,在自己家中设便宴招待客人。家宴一般人数较少,主人亲自下厨烹调,家人共同招待以表示对客人的友好和欢迎。席间气氛轻松、和谐,不讲究严格的礼仪以及菜肴道数。

2. 招待会

招待会是一种不备正餐的宴请方式,备有食品、酒水、水果等,通常不设座位,可自由活动。

1) 冷餐会

冷餐会又称自助餐,一般在中午十二时至下午二时、下午五时至七时举办。菜肴以冷食为主,也可上热菜,连同餐具陈设在桌上,客人不排座位,主客可自由活动,可多次取食。酒水可放在桌上,也可由招待员端送。

2) 酒会

酒会又称鸡尾酒会,以酒水为主,一般不用或少用烈性酒,佐以各种小吃、果汁。酒会在中午、下午、晚上均可举行,请柬上往往注明整个活动的持续时间,客人可在其间任何时候到达和退席,来去自由,不受约束。酒水和食品由侍者用托盘端送,或部分放置在小桌上供人们自取。这种招待会形式较活泼,便于交际。

3. 茶会

茶会是一种简便的宴请形式,请客人品茶交谈。一般在下午四时左右(亦可在上午十时左右)举办。通常设在客厅、花园或会议厅,内设茶几、座椅,不排座次,贵宾与主人坐在一起。茶叶、茶具讲究,以体现一定的茶文化特色。

4. 工作进餐

工作进餐是现代社交中常用的一种简便的非正式宴请形式。往往因日程紧张而利用进餐时间边吃边谈。可分为工作早餐、工作午餐、工作晚餐。一般只请与工作有关的人员,不请配偶。双边工作进餐要排座次。

(二) 确定宴请的时间地点

宴请的时间应对主、客双方都合适。在国际交往与民族交往中,宴请时间注意不要选择对方的重大节日、假日、有重要活动或有禁忌的日子和时间。

宴请地点的选择也要做各种考虑,比如规格的高低、供应特色、环境条件以及费用等等。作为官方正式隆重的活动,其地点一般安排在政府、议会大厦或宾馆内举行,其他则按活动性质、规模大小、形式、主人意愿以及实际可能而定。

(三)邀请方式

各种宴请活动,一般需发请柬,这既是礼貌,也是对客人的提醒、备忘作用。有些重大场合,需要邀请国家高级领导人作为主宾参加活动,需单独发邀请信,其他宾客发请柬,便宴经约定后,可发亦可不发请柬。工作进餐等一般不发请柬。小型宴请要征询主宾意见,可口头当面约请,也可用电话联系。国际上的习惯为对夫妇两人发一张请柬,如果是凭请柬入场或入桌,则需每人发一张。较大的正式宴会,最好能在发请柬之前排好席位,并在信封下角注上席号(Table No.)。请柬发出之后,应及时落实出席情况,以安排并及时调整席位。即使是不安排席位的活动,也应对出席率有所估计,做到心中有数。

(四)订菜

宴请的酒菜应根据宴请活动的形式及规格,在规定的预算标准以内安排。事前应开列菜单征得主管负责人同意。讲究的宴会会安排每人一份菜单,一般宴会至少每桌一份。订菜主要考虑以下因素。

(1)主宾的喜好与禁忌。避免出现触犯个人禁忌(如有人不能吃海鲜、有人不吃辣椒等)、民族禁忌(如法国人不吃无鳞鱼,美国人不吃羊肉和大蒜,回族人不吃猪肉,满族人不吃狗肉等)、职业禁忌(如司机在工作期间不饮酒,公务宴请不准用餐超标等)和宗教禁忌(如伊斯兰教忌食猪肉、忌饮酒,印度教徒忌食牛肉等)的菜肴。

(2)菜肴道数与分量要适当。点菜时做到既符合宴请规格又不铺张浪费,食品菜式丰富,口味多样。

(3)以有地方特色的食品为佳。

(4)订菜时要注意合理搭配。包括营养搭配、色彩组合、荤素搭配、时令菜与传统菜肴的搭配。不能过于油腻,也不可过分清淡。

(五)台形布局与席位安排

正式宴请一般排桌次和席位,也可只排部分主要宾客的席位,其他人只排桌次或自由入座。排席位的主要依据是礼宾次序,除此以外还应考虑客人间的政治关系、语言沟通和专业志趣等因素。

无论采取哪种方法,都要事前通知出席人,使之心中有数。现场要有人引导。排座次的宴请应放置桌次牌、座位卡。我国举办宴会时牌卡的中文在上,外文在下。不排座次的宴请对座位也要有个大致安排。

1.中餐宴会台形布置和席位安排

1)中餐宴会台形布置

中餐宴会习惯使用圆桌,座次高低排列原则:以离主桌而定——近高远低,右高左低,居中为上。以门而定——面门为上、以远(面对大门)为上。

图5-1所示为几种座次的排列方法。

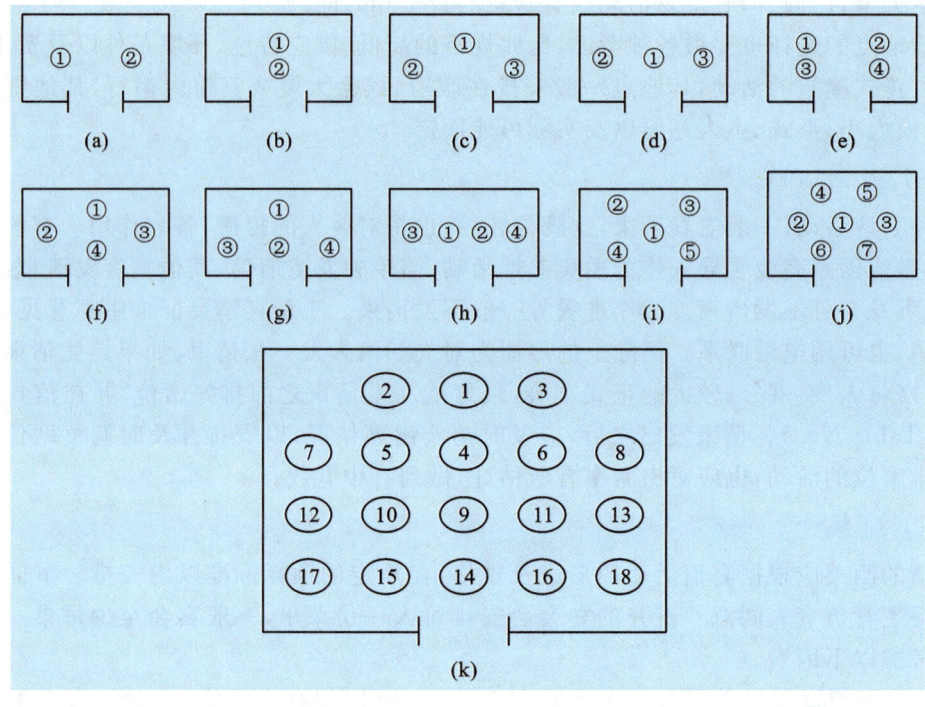

图 5-1　座次的排列方法

2）席位安排

同一桌上，主人席位面向餐厅入口可纵观全局，其他席位高低以离主人座位而定，以右为上、以近为上。举行多桌宴请时，各桌之上均应有一位主人的代表在座，其位置应与主桌主人同向，有时也可面向主桌客人。图 5-2、图 5-3、图 5-4 所示为几种常见的席位排法。

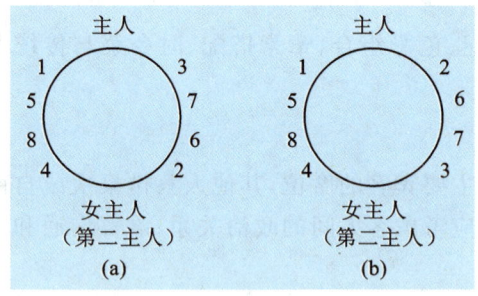

图 5-2　每桌两个主位的排列

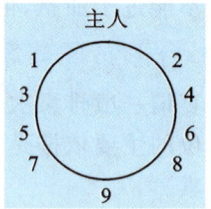

图 5-3　每桌一个主位的排列

2．西餐宴会台形布置和席位安排

1）西餐宴会台形布置

西餐宴会使用长条桌，根据人数与餐厅形状拼成不同形状。图 5-5 所示为西餐宴会的几种常见台型。

2）席位安排

主人席位面向餐厅入口可纵观全局，副主人在对面，以右为上、以近为上。外国习惯男

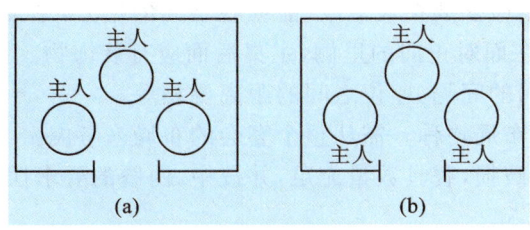

图 5-4　多桌主人位的安排

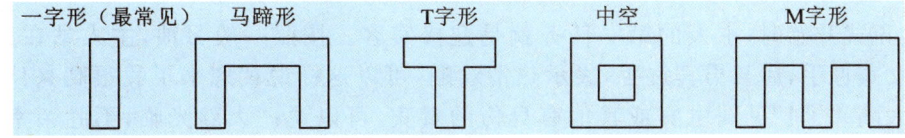

图 5-5　西餐宴会的常见台型

女穿插安排,以女主人为准,主宾在女主人右上方,主宾夫人在男主人右上方。我国习惯按职务排列。如夫人出席,通常把女方排在一起。译员一般安排在主宾右侧。如遇特殊情况还可灵活处理。图 5-6 所示为西餐席位排列的几种常见形式。

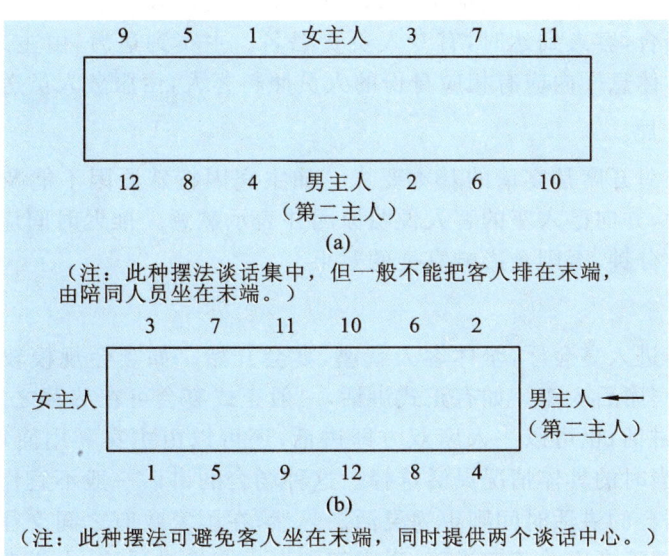

图 5-6　西餐席位排列的常见形式

（六）现场布置

一般来讲,宴会厅和休息厅的布置取决于活动的性质和形式。官方正式活动场所的布置应该严肃、庄重、大方,不要用红绿灯、霓虹灯装饰,可以少量点缀鲜花、刻花等。一般活动场所的布置应尽量使环境显得整洁、舒适。进行装饰、点缀时,可根据实际活动的需要而定,但格调应显得高雅、轻松,使客人感到愉快。

宴会可以用圆桌,也可以用长桌或方桌。中餐宴会以圆桌为主,西餐宴会使用长条桌拼成各种形状。宴会厅布局要求如下。

（1）主桌突出。主桌应摆放在最显眼、能纵观全局的地方，主桌桌面布置应富有品位和情调。主桌的位置应设在面对正门的里侧，主桌后面应有装饰物。

（2）注意桌与桌之间的间隔，座位之间的距离要相等。

（3）桌子排列整齐，布局均称。需从整个宴会的布局来考虑。

（4）餐具应干净、无破损，餐具数量充足，并按中、西餐的要求摆放整齐。

二、宴会开始后的礼节

（一）门前迎宾

宴会正式开始时，主人的第一任务就是迎接宾客。按照一般习惯，主人站在近门处迎接，先与女宾握手，后与男宾握手，表示热情欢迎，可以这样说："您来了我很高兴！"或者说："看见您太高兴了！"见到主宾或其他有身份的贵宾，可以说："大驾光临，不胜荣幸。"或说："承蒙光临，十分荣幸。"主人应做到在所有宾客都接待以后，才与贵宾交谈，尽量做到宾主尽欢，照顾周到，避免使某些客人有被冷落之感。在一些较大的正式宴会上，除了男女主人外，还有少数其他成员陪同主人排列成行迎宾，通常称为迎宾线。

（二）引领入座

主人与客人握手后，由工作人员引进休息厅，或直接进入宴会厅。在国际交往中，有些国家在官方隆重场合，客人到达时，有专人负责唱名。主宾到达后，由主人陪同进入休息厅与其他客人见面。休息厅内应有相应身份的人员照料客人，由服务人员送饮料。

（三）准时开席

按约定时间准时开席是宴请的基本要求。如主宾因特殊原因不能及时赶到，主方应采取相应的办法补救，并向已入座的客人说明原因并表示歉意。推迟时间应控制在 15 分钟以内，最多不超过 30 分钟，否则会影响宴会的效果。

（四）致辞

主人陪同主宾进入宴会厅，全体客人就座，宴会开始。如宴会规模较大，可先请主桌外的客人先入座，贵宾席后入座。如有正式讲话，一般正式宴会可在热菜之后甜食之前由主人讲话，接着由客人讲话；也可以一入席双方即讲话；还可以由主宾利用简短的祝酒辞来讲几句，总之可以根据当时的具体情况灵活选择。这种场合的讲话一般不宜作长篇大论，宜简洁精炼。冷餐会和酒会的讲话时间则更为灵活。当然，在国家政府之间交往的重要场合，宴会前如有讲话，必须慎重考虑并落实讲稿，通常双方事先交换讲话稿，由举办宴会一方先提供。双方讲话由何人翻译，一般也需事先谈妥。有时根据需要，可以把主宾双方的讲话稿打印数份，分发到出席宴会的贵宾手中。

（五）宴会气氛的控制

宴会进行的效果如何，在很大程度上取决于进餐过程中的整个气氛是否亲切、热烈、轻松、愉快。而调节进餐气氛的主动权，又往往掌握在主人手中。调节气氛的方式多种多样，可以从不同方面入手。

1. 宴会节奏的控制

（1）宴会开始前 10 分钟，应斟上酒水，在主人、主宾致辞时，其他在场者一律停止活动，保持安静,认真倾听。中餐宴会开始前 10～15 分钟摆好冷盘,注意保持冷菜的拼摆造型。

（2）控制好宴会的上菜节奏。用餐过程中避免出现出菜速度过快、菜肴一股脑儿全端上来堆积如山,或者上菜不接下菜、桌上空空如也的不正常情况,影响就餐卫生和气氛。

（3）控制好开席和散席的时间。宴会时间一般应控制在 1～2 小时,不宜过长或过短。

2. 席间谈话

进餐往往是边吃边谈,所以,主人巧妙地选择和不时提出一些大家具有共同兴趣的话题,这是非常重要的。餐桌上比较容易展开的话题有当前的社会动向、市场供应、工资物价、文艺体育信息、科技文化动态、子女教育、医疗卫生保健、社会时尚、烹饪技巧等等。主人可根据当时的具体情况,选择话题。

在接待外宾时,要了解和尊重对方的习惯,不能只是用我们的习惯方式进行介绍和交谈。还有,我国有替人夹菜之风,而且次数频繁。我们往往把它作为一种礼貌、客气之举,但这种习惯西方人是没有的。

3. 敬酒

敬酒是宴席上不可缺少的项目,也是调节宴会气氛的一种基本手段,使用得当,可使气氛更趋热烈。

1）斟酒

酒水应在饮用前斟入酒杯,主人为表示对来宾的敬重和友好,还会亲自为其斟酒。主人为来宾斟酒时应是本次宴会上最好的酒,并应当场启封。斟酒时要注意:

第一,对来宾要一视同仁、面面俱到。

第二,要注意斟酒顺序,先为主宾、尊长、女士斟酒,再依顺时针方向斟酒。

第三,斟酒要适量。白酒斟八分满;红、白葡萄酒一般斟 4 盎司,即白葡萄酒杯的 1/2 杯,红葡萄酒杯的 1/3 杯;白兰地斟 1 盎司,即白兰地杯的 1/5 杯;啤酒要倒入八至九分满,泡沫头 0.5 英寸至 1 英寸厚为佳。

2）祝酒

一般来讲,在宴会上主人是首先敬酒的,在比较正式的场合,主人向宾客敬酒,通常是亲自执瓶敬酒,态度动作要显得从容大方。打开酒瓶后首先倒少量于自己杯中,主人当众饮下以表示敬意,再倒入主宾杯中,而后依次倒入其他客人杯中。也可以事先由服务员给所有出席者斟好酒,然后在主人的倡议下共同举杯。在饮前,常常是主人举杯微笑说:"恭祝各位健康、愉快,干杯!"然后同饮,饮多饮少自便。敬酒时,主人可依次敬遍全席,而不应计较对方的身份地位。在大中型宴会中,桌数较多,主人方可以"兵分几路"到每桌敬酒。

◆碰杯:主人与主宾先碰,人多时可以举杯示意,不一定碰杯,碰杯时要目视对方致意。

◆干杯:提议干杯者应起身站立,右手端杯,左手托杯底,面含笑意,目视他人,口诵祝酒词,口诵"干杯"之后,将酒一饮而尽或饮去少许,然后手持酒杯与宾客对视一下,方告结束。

◆在西餐宴会上,人们只祝酒不劝酒,只敬酒不碰杯。

3）饮酒应适量

作为敬酒者,一般应当有一定的酒量,至少不要滴酒不沾,但同时也要避免出格。饮酒主要是交往时所需要的一种手段,但不是目的,不能为饮酒而饮酒,切不可开怀痛饮,丑态百出。在相互敬酒时,最好选择葡萄酒、啤酒或香槟酒等,尽量少喝白酒,特别是浓度高的白

酒。应当意识到主人与客人饮酒,一方面是为了与来宾沟通感情,发展友谊;另一方面是为了调节宴会气氛,使客人尽兴。

在正式宴会上,将酒量控制在自己酒量的 1/3 为最佳,最多不要超过自己酒量的一半。

4)依礼拒酒

如宴会中不能饮酒,别人劝酒时。拒绝方法有:

第一,声明不能饮酒的原因;

第二,主动用其他饮料代替酒;

第三,委托亲友或同事等代为饮之;

第四,拿起酒杯,轻轻沾湿嘴唇,装装样子;

第五,执意不饮杯中酒。

4. 音乐调节

在客人用餐过程中播放音乐,既可调节气氛,又可增进食欲。主方应选用缓慢、舒适、抒情、轻松、欢快的乐曲请乐队演奏,或利用餐饮服务场所的音响系统播放,使客人获得生理上和精神上的享受。

(六)送客

一般正式宴会,席上最后一道程序是服务员端上水果,吃完水果,主人与主宾起立,宴会即告结束。席后主人照例要和宾客寒暄一番,但也不宜使宾客逗留太久,主宾告辞时,主人把主宾送至门口。主宾离去后,原迎宾人员按编序排列,与其他客人握手道别。在规模较大的正式宴会中,送客便到此为止。如是三两桌的小型宴会,主人对某些宾客还有送一程的必要,或替他们雇车,以表示自己的诚意。

同步案例 赴宴礼仪

背景与情境:王果忽然接到同学张亮的电话,问他什么时候来参加自己的生日聚会,这时王果才想起自己答应了今晚参加他的生日聚会。于是匆匆忙忙赶到聚会地点,发现来的人很多,有一些相识的同学,但也有很多不认识的人。王果一整天在外奔波,衣服穿得很随便,加之连日来事情很多,脸上也满是疲惫之色。当王果拖着有些疲惫的步子走进聚会厅时,看到别人都衣着光鲜,神采飞扬,不觉心里有些不快,后悔自己勉强过来参加聚会,所以脸色更是难看,没有一点笑容。张亮过来招呼王果,王果勉强表达了祝福,便坐在一旁喝啤酒,也不想与人寒暄,坐了一会便借故离开了。

问题:在赴宴时,应注重哪些赴宴礼仪?

分析提示:在赴宴时,要注重赴宴礼仪。在接受他人邀请后,如因故不能出席,应深表歉意,或登门致歉。作为宾客,应略早到达为好,且应在参加前做好仪容准备工作。席间应与主人和同桌亲切交谈。告辞时间不宜过早。王果在劳累时不应该勉强出席,而后,他匆忙赶到聚会厅,且衣着随意,显示出他对宴会的不重视。在宴会中,面无笑容,且提前离开都显示出他的不礼貌。这样既影响自己的心情,让自己过于疲惫,又影响他人心情。

第三节　中餐礼仪

中餐在其长期的发展过程中逐步形成了自己的礼仪,如果就餐者不了解中餐礼仪,就会在社交中出丑,影响自己的形象。

一、中餐宴会台面布置

中餐摆台根据用餐形式的不同,摆台时所用的餐具也不同,并且各餐饮企业均有自己独特的摆台方式,所以不可能完全统一。在此只介绍一种常见的中餐宴会台面,图 5-7 所示为中餐宴会台面布置及个人席位餐具摆放。

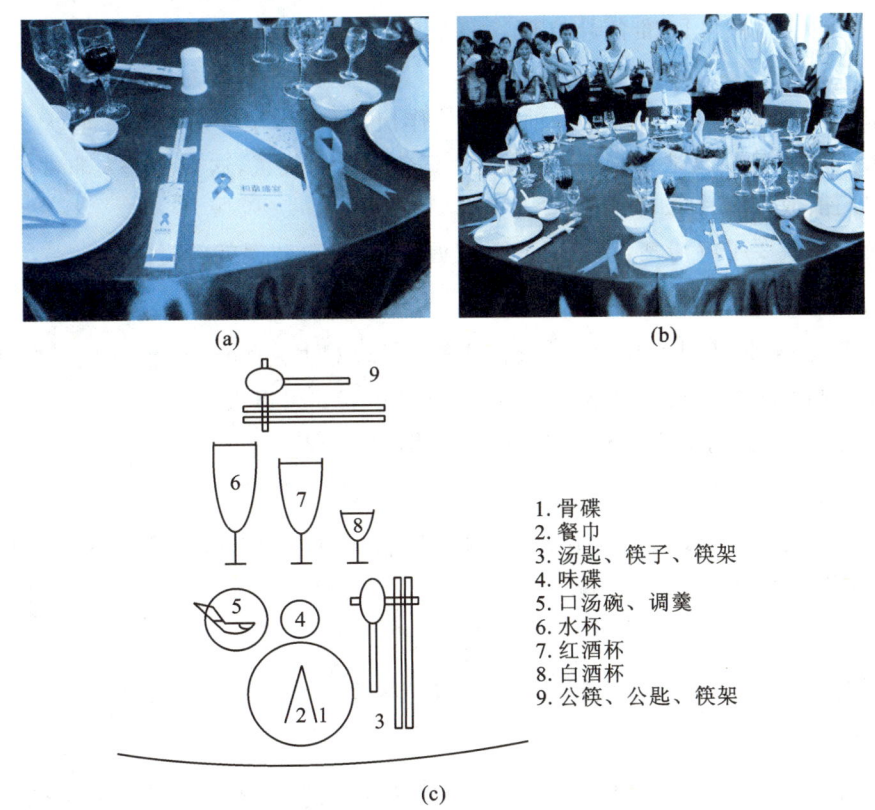

(a)　　(b)

1. 骨碟
2. 餐巾
3. 汤匙、筷子、筷架
4. 味碟
5. 口汤碗、调羹
6. 水杯
7. 红酒杯
8. 白酒杯
9. 公筷、公匙、筷架

(c)

图 5-7　中餐宴会台面布置及个人席位餐具摆放

二、中餐酒菜的搭配

若无特殊规定,正式的中餐宴会通常都要上中国白酒与葡萄酒这两种酒。因为饮食习

惯方面的原因,中餐宴会中一般用的是红葡萄酒,而且一般都是甜型的红葡萄酒。

中餐宴会通常在宾客面前餐盘的正前方从右至左摆放水杯、红酒杯和白酒杯三只酒杯。

具体来说,在搭配菜肴方面,中餐对酒水并无讲究,爱喝什么喝什么。正规的宴会一般不上啤酒。

三、中餐赴宴礼仪

宴请与赴宴是同一社交场合的两方,宴会的成功举办离不开主办者和赴宴者的礼仪修养。

(一) 及时答复

当您接到出席宴会的请帖以后,首先应该清楚对方举行的是什么宴会,使自己有所准备。接到邀请后,能否出席都要尽早答复对方,以便主人早作安排。另外,赴宴者一般不可同时参加两处宴会。

(二) 赴宴准备

回帖发出以后,就可以准备赴宴了。一般情况下,赴宴的准备包括以下几个方面的内容。

(1) 服饰仪表要得体。出席宴会前最好稍作梳洗打扮,至少应穿上一套大方而整洁的衣服。来宾们都容光焕发地赴宴,会增添整个宴会的欢乐气氛,这会令主人非常愉快。

(2) 出门前放好名片,如有礼品要备齐。

(3) 交通路线要了解清楚,路途时间要把握准确,不要耽误就餐时间。

(三) 准时赴宴

抵达时间迟早、逗留时间长短,在一定程度上反映对主人的尊重,也反映了自己的素质。一般情况下要按预先约定的时间提前3~5分钟到达。如去得太早会给主人增添麻烦,如因故不能准时赴宴,应提前电话告知主人,诚恳说明原因并表示歉意。

(四) 向主人问好

抵达宴会地点,先到衣帽间脱下大衣和帽子,然后前往主人迎宾的地方,主动向主人问好,然后向其他客人问好。

(五) 赠送礼品

就餐者若带有礼品,在向主人问好后即可献上礼品。

(六) 按位入座

听从主人安排,不要乱坐。按照一般的习惯,入席的时候,客人应该由椅子的左方就座,离席的时候亦应由左方退出。就座姿势要端庄,脚要放在自己的座位下,不可随意伸出或踏在邻座的椅子横档上,或碰及别人。

(七) 就餐礼仪

(1) 宴会开始前不可玩弄餐具,也不可挟食桌上的饮食,应等宴会开始才动筷。

（2）就餐时对出席的就餐者应努力做到一视同仁,不要使人感觉有明显的亲疏远近、冷暖暗明之分。两侧如是老人或妇女,应给予他们服侍和照应。

（3）就餐时与人交谈,要做到口中无食物,嘴角和脸上无异物。说话音量适中,声音清晰。进餐过程中应与同桌的人交谈,不可只同熟人或一两人交谈。

（4）正确使用餐桌上的物品。

①放在盘中或杯中的餐巾,应将餐巾展开放在膝上,餐巾只可擦嘴,不可用于擦脸。

②湿手巾是用来擦手的,不要用于擦脸。

③吃排骨、鱼等食物,残渣不可吐在桌上,应放在骨盘里。

④正确使用个人餐具和公用餐具,自己用的餐具不可用来取公盘食物,取菜盘中的菜应用公筷公勺。

⑤就餐中,如需手持食物进食,会摆上洗手盅,可将手指置于其中沾湿,然后用餐巾纸擦干。不可将两手完全置于其中搓洗、乱甩,更不可当成饮料喝掉。

⑥手持酒杯的姿势要正确。在正式宴请场合,饮酒时拿杯的姿势非常重要。通常平底杯拿中下部,高脚杯拿杯颈中上部。持杯时应以手指捏着酒杯柄。千万不要用手把持高脚杯的杯子部分,这样会使酒变温热。饮纯白兰地酒时要用手掌接触杯子的底部,利用手掌温度将白兰地酒温热,使酒的香味挥发出来。饮用红葡萄酒时应用手指轻轻握住杯柄,然后转动杯中的酒液,让酒与空气充分接触;如果手掌接触酒杯,手的温度反而会影响葡萄酒的风味。

⑦用筷礼仪。筷子是中餐中必不可少的餐具,使用筷子时应注意用筷十忌。

忌敲筷:就餐中不可用筷子敲打碗、碟等餐具。

忌拉筷:不能持筷撕口中正咀嚼的鱼肉。

忌叉筷:筷子不能一横一竖交叉摆放,不能一根大头,一根小头。

忌挥筷:夹菜时不能把筷子在菜盘中挥来挥去,上下翻动。

忌舞筷:与人谈话要放下筷子,切忌拿着筷子在桌上乱舞。

忌舔筷:不要品尝筷子。

忌迷筷:夹菜时不要将筷子持在空中犹豫不决。

忌剔筷:就餐中不可用筷子替代他物,如把筷子当牙签使用。

忌粘筷:就餐时再喜欢某道菜肴也不要不停夹取。

忌插筷:用餐中不能将筷子插在饭碗中。

（5）就餐时举止文雅。

①肘部不可放在桌沿或将手搭在邻座的椅子上。

②吃食物时,不可一次塞得满口,口内有食物时,不宜谈话。

③喝汤或咀嚼食物时,不可发出大的声音。

④对别人送来的食物,如不喜欢吃,不可打手势拒绝,可取少量的菜放入盘中,并说:"谢谢,够了。"

⑤主桌未祝酒时,其他桌不可先起立或串桌祝酒。

⑥不能饮酒时,应声明,不可将酒杯倒置。在侍者斟酒时不必拿起酒杯,勿忘道谢,但主

人斟酒必须端起酒杯致谢。

⑦使用餐具不慎落地,应向邻座说声:"对不起",并请侍者拾起更换。

⑧剔牙时用手或餐巾遮口。咳嗽、打哈欠或打喷嚏时,应转身低头用手绢或餐巾纸捂着,事后应向同桌道歉。

⑨在无烟餐厅就餐不能吸烟。如在吸烟区就餐,在进餐尚未全部结束时,不能抽烟,吸烟者应征求周围女士意见后方可吸烟。

⑩不要用餐巾擦拭餐具,也不要用茶水洗烫餐具。

⑪进餐时不要一手拿筷子,一手拿汤匙。

⑫在社交场合,无论天气如何炎热,不能当众解开纽扣,脱下衣服。

(八) 礼貌告辞

(1)不可中途退席。如有事要提前退席,应事先向主人说明,到时再悄悄离去。

(2)宴会结束,赴宴者应起身离座,不可贪杯恋菜,不可因余兴未尽而说笑不停,拖延撤席。

(3)离座时从左离开,男士应照应身边的年长者和女士。

(4)主宾先向主人告辞,然后是一般来宾向主人表示谢意。

(5)除主人特别示意作为纪念品的东西以外,各种招待用品,包括烟、糖都不要随手带走。主人赠礼应欣然接受。

(6)可向服务员表示感谢。

(九) 致谢

在出席私人宴请后,往往应在三日内致便函或名片表示感谢。

知识活页

点菜三规则

一看人员组成。一般来说,人均一菜是比较通用的规则。如果是男士较多的餐会可适当加量。

二看菜肴组合。一般来说,一桌菜最好是有荤有素,有冷有热,尽量做到全面。如果桌上男士较多,可多点些荤食,如果女士较多,则可多点几道清淡的蔬菜。

三看宴请的重要程度。若是普通的商务宴请,平均一道菜在50元到80元可以接受。如果宴请的对象是比较关键的人物,那么则要点上几个够分量的菜,例如龙虾、刀鱼、鲥鱼,规格再高一点,则是鲍鱼、鱼翅等。

还有一点需要注意的是,点菜时不应该问服务员菜肴的价格,或是讨价还价,这样会让你公司在客户面前显得小家子气,而且客户也会觉得不自在。

第四节　西餐礼仪

西餐是外来品,人们对西餐了解不多,要在吃西餐时不出丑,就必须了解西餐礼仪。

一、西餐宴会台面布置

根据用餐形式的不同,西餐摆台时所用的餐具也不同。在此只介绍一种常见的西餐宴会台面。图5-8所示为西餐宴会台面布置及个人席位餐具摆放。

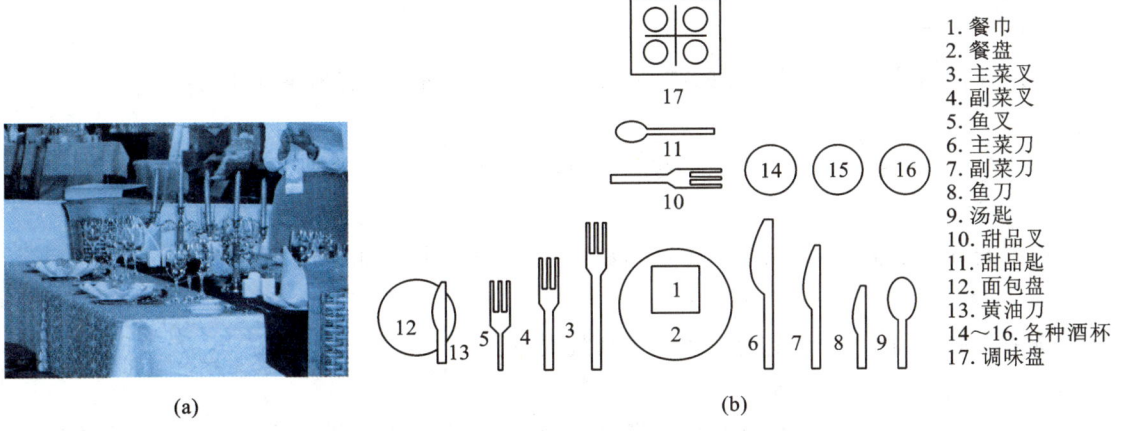

1. 餐巾
2. 餐盘
3. 主菜叉
4. 副菜叉
5. 鱼叉
6. 主菜刀
7. 副菜刀
8. 鱼刀
9. 汤匙
10. 甜品叉
11. 甜品匙
12. 面包盘
13. 黄油刀
14~16. 各种酒杯
17. 调味盘

(a)　　　　　　　　　　(b)

图5-8　西餐宴会台面布置及个人席位餐具摆放

二、西餐菜肴与酒水的搭配礼仪

西餐中吃什么菜喝什么酒是很有讲究的,了解这些对吃好西餐很有帮助。

(一) 餐前酒

餐前酒也称开胃酒,是指在餐前饮用的,喝了以后能刺激人的胃口、使人增加食欲的饮料。开胃酒通常用药材浸制而成。分为味美思、雪利酒、比特酒、茴香酒、鸡尾酒、掺了姜汁水或苏打水的威士忌(或白兰地)等品种。

(二) 佐餐酒

即葡萄酒,是西餐配餐的主要酒类。欧洲人的传统就餐习俗讲究只饮葡萄酒配餐而不饮其他酒水。不像中国人那么无拘束,任何酒水都可以配餐喝。餐酒包括红葡萄酒、白葡萄酒、玫瑰红葡萄酒和汽酒。"红酒配红肉,白酒配白肉",色、香、味淡雅的酒品应与色调冷、香气雅、口味纯、较为清淡的菜肴搭配;香味浓郁的酒应与色调暖、香气浓、口味杂、较难消化的菜肴搭配。咸食选用干、酸型酒类;甜食选用甜型酒类;难以确定时选用中性酒类。例如,和

鱼、海鲜及家禽同吃时饮用干型或半干型的白葡萄酒及玫瑰酒；和牛排、烤肉及其他肉类同吃时饮用红葡萄酒；香槟酒可配各种菜肴饮用。

（三）甜食酒

甜食酒是因西餐中配最后一道菜甜食时饮用的酒品而得名。其主要特点是口味较甜。这种酒酒精含量超过普通餐酒的一倍，常以葡萄酒为基酒加葡萄蒸馏酒配制而成。常用的甜食酒的品种有波特酒、雪利酒、玛德拉酒等。

（四）餐后酒

餐后酒也就是利口酒，是供餐后饮用的含糖分较多的酒类，饮用后有帮助消化的作用。这类酒有多种口味，原材料分为两种类型：果料类和植物类。除利口酒外还可选用白兰地和香槟酒。

目前，世界众多国家中广泛流行的法国西菜的一般搭配方法具有一定的代表性，现按进餐顺序说明如下。

1. 餐前小吃

选用开胃酒及具有开胃功能的酒品，如味美思、苦味酒、餐前鸡尾酒和雪利酒。

2. 汤类

一般不配酒，特别情况下可用一些较深色的雪利酒和玛德拉酒。

3. 冷盘

选用低度干白葡萄酒，如德国摩赛尔白葡萄酒、法国布艮地、阿尔萨斯白葡萄酒。

4. 头菜

选用干白葡萄酒、淡红葡萄酒或低度红葡萄酒。

5. 主菜

（1）鱼蟹海鲜：选用高度酒干白葡萄酒，如德国莱茵白葡萄酒、法国布艮地白葡萄酒、波尔多白葡萄酒等。

（2）肉禽野味：选用高酒度干红葡萄酒，如法国的布姣莱、马孔、波多尔红酒、意大利干蒂红酒等。

6. 干酪

可选用除甜型葡萄酒以外的任何一种葡萄酒，也可以继续延用主菜的酒品。

7. 甜食

选用甜葡萄酒或葡萄汽酒，如法国香槟、苏太尼及德国莱茵葡萄酒。

8. 餐后酒

可选用甜食酒、鸡尾酒、一部分蒸馏酒和利口酒，如雪利酒、白兰地、科涅克、波尔图酒。

三、就餐礼仪

（一）就餐时衣着讲究

在吃西餐时，西方人特别讲究个人的穿着打扮。这既是对主人的尊重，也是自尊的表现。穿着应根据用餐规模、档次的不同，有礼服、正装、便装之分。

（二）正确使用西餐餐具

1. 刀叉

1）刀叉的使用

（1）"左叉右刀"是使用刀叉的常规,在使用时可分为两种方式。一种是英国式,要求就餐时一边切割一边叉而食之;另一种是美国式,要求先将食物全部切割好,然后把餐刀斜放在餐盘前方,将左手的餐叉换到右手,用右手持叉吃食。

（2）在正规的西餐宴会上,讲究吃一道菜换一副刀叉,也就是说吃每一道菜西餐都有专用的餐具。在就餐中不能从头至尾只使用一副刀叉,也不能乱用刀叉。这些专用刀叉不但形状各异,更重要的是其摆放的位置各不相同（如图5-8所示）。

吃黄油只有餐刀,黄油刀纵向置于面包盘右侧边沿1/3处。

吃鱼和吃肉用的刀叉分别纵向置于餐盘的两侧,叉左刀右。主餐刀叉在里侧,鱼刀鱼叉在外侧。有时还会摆上头盆叉和头盆刀（一共有三副刀叉）,要想不出错一定要记住,使用刀叉的惯例是依次从两边由外侧向内侧取用。

吃甜食的甜食叉和甜食匙横放在用餐者面前餐盘的正前方,匙柄向右、叉柄向左。

（3）使用刀叉应注意以下问题。

第一,切割食品时不可弄出声响。

第二,切割食品时,要双肘下沉,切忌左右开弓,就餐时要讲究姿势优美,且不能妨碍他人。

第三,切割好后的食品大小应刚好适合一口进食。一叉一口,切忌把食品叉起后一口一口咬着吃。

第四,放下刀叉时要注意刀叉的朝向,刀口朝内,叉齿朝下。

2）刀叉放置的语言暗示

在就餐过程中刀叉的放置可向服务者暗示是否用好某一道菜肴。其具体方法是:

（1）就餐者中途放下刀叉休息或离开时,应将刀叉呈"八"字形摆放在餐盘中,叉左刀右,刀口朝内、叉齿向下,表示此菜还未用完。

（2）就餐完毕,则将刀叉刀口向内、叉齿向上并排纵放或刀上叉下并排横放在餐盘中,表示此菜已用好,请将餐具撤掉。

2. 餐匙

1）餐匙的种类

喝汤用的汤匙摆放在用餐者右侧的最外端,与餐刀并列纵放（如图5-8所示）。

吃甜食的甜食匙和甜食叉横放在用餐者面前餐盘的正前方,匙柄向右、叉柄向左（如图5-8所示）。

饮用咖啡或红茶时,会跟上茶匙。

2）餐匙的用法

西餐讲究菜与餐具的搭配,很多菜肴都有专用餐具,汤匙只能用于喝汤,甜食匙用于吃甜品,绝不可舀取其他食品;使用后的餐匙切不可放回原处,也不可将其插入或直立于菜盘或茶杯中;使用餐匙时要保持匙身的干净清洁;用餐匙取食时动作应干净利落,不要拖泥带

水;用餐匙取食时应一口一勺,不可过量;喝咖啡和茶时不能直接用茶匙去舀取饮用。

3．餐巾

1）餐巾的铺放

西餐用的餐巾被折叠成一定的花型后直接放置在用餐者面前的餐盘上,开餐后应将餐巾平铺于用餐者的大腿上。

2）餐巾的使用

在西餐进餐中,餐巾的使用有以下几种。

（1）用来保洁。将餐巾平铺于大腿上就是为了防止用餐过程中不小心将菜汁、汤汁滴落在衣服上。

（2）用来擦拭嘴唇。在用餐过程中与人交谈,应先用餐巾轻轻擦一下嘴,动作要文雅。

（3）用来掩口遮羞。在进餐中如果不得已要当众剔牙,应用左手持餐巾挡住口部再剔牙。

（4）餐巾放置的语言暗示。

①暗示用餐开始。西餐中以女主人为宴会的发起者,当女主人铺开餐巾时,就表示宣布用餐开始。

②暗示中途暂时离开。用餐者在用餐中途暂时离开,应将餐巾放置于本人座椅的一面上。

③暗示用餐结束。当主人（女主人）把餐巾放到餐桌上时,意在宣布用餐结束,请各位退席。

4．酒杯

1）酒杯的搭配

西餐中讲究酒与酒杯的搭配,很多酒水都有专用杯。如香槟酒配香槟杯、雪利酒配雪利杯、红葡萄酒配红酒杯等。西餐中的专用杯通常是高脚杯,它有很多优点:第一,高脚杯便于拿用而不使手指沾到酒液;第二,高脚杯可以减少外来温度（手温）对酒风味的干扰;第三,高脚杯便于对酒的风味进行品评;第四,高脚杯给人典雅优美的观感。

除了对杯型有要求外,还要求酒杯晶莹透亮,杯体厚实。高档酒杯通常要求没有花纹和颜色,因为这些会影响酒的真正颜色。另外,杯子应绝对清洁和无破损,否则会给人留下很坏的印象。

2）正确的持杯

持杯手势同中餐持杯手势相同。

（三）喝汤的礼仪

（1）喝汤用汤匙,不能直接端起来用嘴喝。

（2）喝汤时右手持汤匙,由内向外舀汤,注意第一勺宜少,先试温度浅尝,不能用嘴吹热汤,也不能拿汤匙去搅拌降温。

（3）喝汤时不出声,一勺汤不要分几次喝。

（4）盘中汤见底时,应用左手由内侧托起盘子将其倾斜,以便舀取。

（5）喝汤完毕,汤匙应搁在餐盘上。

（四）吃面包的礼仪

（1）吃鲜面包时，用左手拿大小适当刚好一口的一小块，涂上黄油、果酱或蜂蜜后，再送入口中。

（2）吃未烤的切片面包，可以撕一片吃一口，切不可直接用口咬着吃或用餐刀切割。撕面包时，注意用餐盘接碎屑。

（3）吃烤面包是不能撕的，否则会使面包屑乱飞。在吃的时候可慢慢咬着吃，可以配黄油、鱼子酱等。

（4）不能用面包蘸汤或擦盘子。

（五）喝咖啡的礼仪

（1）喝咖啡时不能直接用小茶匙去舀取咖啡饮用，茶匙只能用来搅拌方糖。

（2）咖啡一经饮过，不宜将匙放入杯中。

（3）放方糖时用方糖夹夹住方糖至杯垫上靠近咖啡杯的位置，用小茶匙舀方糖入杯中；如需加入炼奶和方糖，应先放方糖再放炼奶。

（六）吃水果的礼仪

（1）吃多汁的水果或带调味汁的水果，应用匙取食。

（2）颗粒状的水果如葡萄、草莓，可直接用手取食，单粒的水果也可用叉取食。果皮和果核应先吐在手掌中再放入餐盘中，不可直接吐在餐盘中。

（3）汁少较脆的水果如苹果、梨等，可切成片，再削皮用刀叉取食。

（七）吃海鲜的礼仪

（1）吃小虾时以叉取食，吃大虾时应先用手剥壳，再送入口中。

（2）吃牡蛎时用专用的牡蛎叉。

（3）吃带壳的蜗牛时，应先用蜗牛夹将肉夹出食之，然后吸壳内的汤汁。吃去壳的蜗牛应用餐叉取食。

（4）吃鱼时，应先将鱼头切去，再将鱼椎取出，切块取食。口中的鱼刺用餐叉接住放入餐盘，不可直接吐在餐盘中。

（八）肉类菜肴的食用

西餐中对肉类菜肴（特别是牛肉、羊肉）的老嫩程度很讲究。牛、羊肉在点菜时有 5 种火候。

1. 一成熟

肉表面焦黄，中间为红色生肉，装盘后血水渗出。

2. 三成熟

肉表面焦黄，外层呈粉红色，中心为红色，装盘不见血，但切开后断面有血。

3. 五成熟

肉表面呈褐色，中间呈粉红色，切开不见血。

4. 七成熟

肉表面呈深褐色，中间呈茶色，略见粉红色。

5. 全熟

肉表面焦糊,中间全部为茶色。

(九) 就餐时的举止文雅

1. 就餐时进食禁止出声

西方人认为只有缺乏教养的人,才会在进食时出声作响,因此用餐时不管有意无意,吃东西或喝汤都不要弄出声响。

2. 就餐时防止异响

就餐过程中体内不要发出异响,也不要把座椅、餐具等弄出声响。

3. 慎用餐具

在用餐时务必正确使用餐具。不懂的话可以先观察主人或其他人,再模仿使用。

4. 坐姿端正

入座时从左侧入座,入座后双手不要支在桌上或藏于桌下,双腿忌乱放。

5. 吃相文雅

用餐中不要狼吞虎咽,要一口一个。同时还要注意维护环境和个人卫生,不要弄得自己满脸开花,餐桌周围一塌糊涂。

(十) 尊重女士

中餐礼仪讲究尊重长者,而西餐礼仪则讲究尊重女士。通常可体现在以下几个方面。

1. 以女主人为中心

在西餐宴会中,女主人处于第一位置。其具体表现为:女主人为第一主人,坐主人位;宴会开始和结束由女主人宣布。

2. 用餐时男士照顾身边的女士

在吃西餐时,不论相识与否,男士都要担当"护花使者",时时处处关心照顾身旁的女士。比如入座时帮其拉椅、就餐时帮其拿调味品并陪其交谈等等。

3. 禁用女侍者

在正规的西餐馆中,绝对讲究"尊重女士",侍者清一色的全是男士,不用女侍者。

(十一) 西餐宴会的主旨

西餐宴会的主旨是促进人们的社交活动,因此参加西餐宴会,除了品尝美食外,还要进行适当的交际活动。

(十二) 礼貌告辞

(1) 宴会结束时,主人先起身宣布散席。

(2) 先让女宾离席,然后是男宾。

(3) 无论是离席还是入席,男宾都要帮助女宾拉椅,协助女宾离席或入席。

(4) 离席后,不可急于告退,应等待女主人出门送客,才可握手言别。

知识活页

自助餐礼仪

自助餐的特点是不设固定席位,可以任选座位,站着也行,形式活泼,便于彼此的交流。菜肴、食品连同餐具都摆设在桌上,任由客人自取,喜欢什么、量的大小,完全自主。在这种场合也要注意礼仪。一次不宜取太多的食物,不够可以再添,以免让别人笑话自己没吃过东西,没见过世面,如果吃剩下一堆,就更失礼了。另外,要把骨头、鱼刺等拨到盘子一边。吃完自助餐,不能将食物带出餐厅。

教学互动

互动问题:中西餐礼仪通常是有差别的。

1. 二者的差异主要体现在什么地方?
2. 有哪些需要注意的地方?

要求:

1. 教师不直接提供上述问题的答案,而引导学生结合本章教学内容就这些问题进行独立思考、自由发表见解,组织课堂讨论。
2. 教师把握好讨论节奏,对学生提出的典型见解进行点评。

本章小结

内容提要

餐饮礼仪主要指人们以食物、酒水款待他人时,与人们在被邀参加宴请活动时,所必须遵守的行为规范。本章共分为五节,第一节介绍了中西餐常用用餐服务方式,第二节介绍了主办方如何成功举办宴请,第三节介绍了中餐就餐礼仪,第四节介绍了西餐就餐礼仪,第五节是对前面几节的综合练习,通过本章学习,要把握:宴请是外事活动中最常见的交际活动形式之一;宴会的组织者要了解客情筹备宴会,控制用餐的气氛,成功举办宴会;赴宴者要掌握中西餐礼仪的不同观念和习俗,做一个彬彬有礼的宾客。

核心概念

中餐　西餐　美式服务　法式服务　俄式服务　国宴　正式宴会　家宴　便宴
招待会　冷餐会　酒会　茶会　破杯　干杯　餐前酒　佐餐酒　甜食酒　餐后酒

重点实务

餐饮礼仪在旅游服务中的运用。

知识训练

一、简答题

1. 中餐和西餐各有哪些用餐方式？

2. 中西餐宴会台型布置和席位安排有何不同？

3. 宴请者在举办宴会时应做好哪几个方面的准备工作？

4. 宴会中如何向他人敬酒？

5. 宴会中如何婉拒他人劝酒？

6. 西餐喝汤、吃面包分别有何礼仪要求？

7. 中餐使用筷子的"十忌"分别指什么？

8. 西餐菜点与酒水的搭配原则是什么？

9. 在吃西餐时如何正确使用餐具？

二、讨论题

1. 宴请者在宴会中如何控制就餐气氛？

2. 赴宴者的礼仪有哪些？

能力训练

一、理解与评价

在吃西餐时，刀叉如何摆放可以表示客人对这道菜很满意。另外，您还了解哪些西餐刀叉的摆放物语，请举例说明。

二、案例分析

空洗手盅

背景与情境：某饭店的中餐厅内，某商行的经理正在宴请客户。值台服务员在为客人上了基围虾后，笑吟吟地为客人们端上洗手盅，只见水面上飘着几朵菊花。在一声"先生，请用"之后立即退开，忙着为其他客人服务去了。此时，有位客人误认为洗手盅里盛装的是菊花茶，正感到口渴便端起洗手盅一饮而尽。主人和其他客人面面相觑，正想如何顾左右而言他以消除尴尬，只见值台服务员立即撤掉洗手盅，不一会服务员换了另一种样式的洗手盅，洗手盅内的水的颜色变了，水面上飘着几片花叶，服务员报道："先生，请用洗手盅。"

问题：

1. 就餐时如何正确使用餐具？

2. 如何对就餐气氛进行控制？

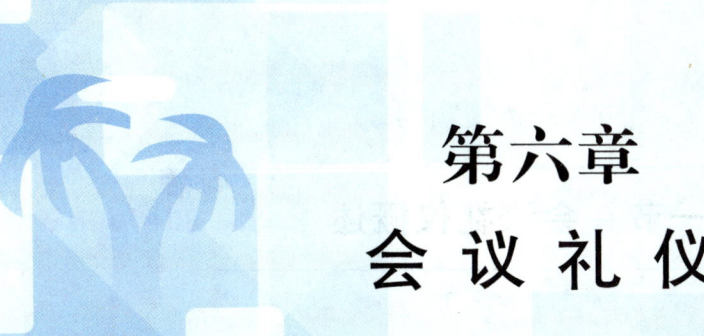

第六章
会议礼仪

学习目标

通过本章学习,应当达到以下目标:

职业知识目标:掌握会议礼仪的要求规范,婚庆礼仪的要求规范以及仪典礼仪的要求规范。

职业能力目标:运用本章专业知识研究相关案例,培养与会议礼仪相关的旅游服务情境中分析问题与决策能力;通过会议礼仪的实训操练,培养相关专业技能。

职业道德目标:结合会议礼仪教学内容,依照行业规范或标准,分析企业或从业人员服务行为是否标准,强化职业道德素养。

引例:会议礼仪的重要性

背景与情境:小刘的公司应邀参加一个研讨会,该次研讨会邀请了很多商界知名人士以及新闻界人士参加。老总特别安排小刘和他一道去参加,同时也让小刘见识见识大场面。

小刘早上睡过了头,等他赶到时,会议已经进行了二十分钟。他急急忙忙推开了会议室的门,"吱"的一声脆响,一下子他成了会场上的焦点。刚坐下不到五分钟,肃静的会场上又响起了摇篮曲,是谁在播放音乐?原来是小刘的手机响了!这下子,小刘可成了全会场的明星……

听说没过多久,小刘就另谋高就了。

不管是参加自己单位还是其他单位的会议,都必须遵守会议礼仪。因为在这种高度聚焦的场合,稍有不慎,便会严重损害自己和单位的形象。

第一节　会议礼仪概述

一、会议概念及种类

（一）会议的概念

会议，是指在遵守一定国家法律和会议规则的前提下，三个人或以上围绕一定的议题，在一起共同商讨（商议），以便达到或互通情况，或交流思想，或得出结论，或达成协议，或做出决议（决定）等有目的、有组织、有领导的集会。

（二）会议的分类

1. 按不同标准划分的会议

（1）按会议的规模大小来分类，分为特大型会议、大型会议、中型会议、小型会议四种。

（2）按会议的进行阶段来分类，则有预备会议与正式会议。

（3）按会议所要完成的任务来分类，有告知性的会议、建设性的会议、执行性的会议、立法性的会议四类。

（4）按会议的实质性内容来分类，则有政策性研究会和决策性会议。

（5）按会议议题的综合程度来分类，则有综合性会议、专业性会议、专题性会议、一事一议会议、咨询性会议等五类。

（6）按会议有无选举来分类，则有选举性会议和非选举性会议两类。

（7）按会议的完整程度来分类，则有完全性会议和不完全性会议（或叫非完全性会议）。

（8）按会议的特点与作用来分类，则有政治性会议、经济性会议、文化教育会议、科技会议、军事性会议等。

（9）按参加会议的人员范围分类，则有本单位（组织）会议、本系统会议、本地区会议、全国性会议、国际性会议等类型。

（10）按会议定期与否来分类，则有例行会议（定期会议）与非常会议（不定期会议）两种类型。

（11）按会议内容的机密与公开来分类，则有秘密会议与公开会议。

（12）按会议的连续性来分类，则有不间断会议与间断会议两种。

（13）按会场所的固定与否来分类，则有会场固定的会议与会场移动的会议（移场会议）。

（14）按会议会场的数目来分类，则有单会场会议与双会场会议、多会场会议三种。

2. 按实用性标准划分的会议

会议的分类，首先是从会议组织与主持的需要出发，这就必须从会议组织与主持的角度,确定一个分类标准。从这一角度确定的标准,则要求按照这个标准划分的每一会议种类,都要有相对的稳定性,一般不能出现跨类的情况,否则不便于分类组织会议,不便于从各类会议的组织特点和组织要求出发,去尽快掌握各种会议的组织与主持艺术。

显然,上述的十四种分类标准,基本上都达不到这个要求,尽管按照某种标准进行划分后,多数会议种类具有稳定性,但还有不少会议种类具有不稳定性。按照实用性标准来分类,则日常社会经济生活中常见的、重要的会议有如下九大类。

(1) 例行工作会议。

(2) 专题性会议。

(3) 联席性会议。

(4) 布置性会议或总结性会议。

(5) 各种形式的座谈会。

(6) 学术性会议。

(7) 群众大会。

(8) 电话会议与电视会议。

(9) 各级各类代表大会与代表会议。

二、会议的礼仪

(一) 主持人的礼仪

会议主持是一门学问、一门艺术,会议主持人应了解和具备基本会议主持礼仪,会议主持人的礼仪主要有以下几种。

1. 做好会前的准备工作

开会前要明确会议目的,确定议题、程序和开会的方式;选定出席的人员;确定会议的时间、地点。要把会议目的、议题、时间、地点、要求等事先通知参加者,请他们做好准备。会前应收集意见,准备必要的有关资料,做好会场的准备,搞好卫生,桌椅的排列要适于会议的特点。做了充分准备,会议就开得顺利、紧凑,效果就会好。

2. 控制出席人数

国外群体心理学家研究表明,会议参加者超过 10 人以上,就容易出现不思考问题和滥竽充数的人。有的单位规定与会者一般不超过 12 人。据研究表明,参加会议的人数与人们之间沟通的渠道数量和难度成正比。与会者越多,能够充分利用个人才智的可能性就越少,主持者也就越难以有效地控制会议进程。

3. 严肃会议作风

一要准时到会,不能迟到。二不准私下交谈,不允许做私活、早退席。三是发言不能信口开河,不能离题胡扯。四要集中时间和精力解决主要问题。五要发扬民主,不搞一言堂。与会者只有自由地说出自己的意见,才能更好地集思广益。主要结论应当场确认,会而有议,议而有决,决而必行。

4. 保持自然大方的主持姿态

主持人主持会议时,从走向主持位置到落座等环节都应符合身份,其仪态姿势都应自

然、大方。

1）走姿

主持人在步入主持位置时，步伐要刚强、有力，表现出胸有成竹、沉稳自信的风度和气概，要视会议内容掌握步伐的频率和幅度。主持庄严隆重的会议，步频要适中，以每秒2步为宜，步幅要显得从容；主持热烈、欢快类型的会议，步频要快，每秒2～2.5步，步幅略大；主持纪念、悼念类会议，步频要放慢，每秒1～2步，步幅要小，以表达缅怀、悲痛之情；平常主持工作会议，可根据会议内容等具体情况决定步频、步幅。一般性会议，步频适中、步幅自然；紧急会议、重要会议，可以适当加快步频。行进中要挺胸抬头，目视前方，振臂自然。重要会议开始前，在步入主持位置的过程中，不要与熟人打招呼。一般性工作会议，如果时间未到，落座后可适当与邻座寒暄，与距离远的人微笑点头示意。行进中步速不能过快，不能跨大步，以免显得紧张、不安。如果因特殊情况来迟，不要破门而入、跑步到位、大喘粗气。应该以手轻轻推门，进门后快步到位，放下文件袋、落座，先向等候者道歉，并简要说明原因，求得大家谅解，立即主持会议。

2）坐姿

主持人主持会议多为坐姿。坐立应端正，腰要挺直，颈项伸直，面对前方，虚视全场，双臂前伸，两肘轻按会议桌沿，对称，呈"外八字"。不能前倾或后仰，主持中不能出现用手抓头、揉眼、搔脸、拄脸、不停地喝水、抽烟等多余动作，以免显得紧张，不够沉稳。

3）站姿

在一些集会典礼中，主持人以站立姿势主持。站立主持时，要双腿并拢，腰背挺直，右手持稿底部中间。有风的天气，要双手持稿，与胸等高，与身体呈45°。脱稿主持人应两手五指平伸，自然下垂，身体不能晃动，腰背挺直，目视前方。两腿不能叉开，不能抖动，两手不能上抬、晃动、抓握话筒等。

4）手势

主持人与一般讲话者不同，一般不需要手势。在一些小型会议进行总结概括时，可以加入适当手势，但是动作不能过大。

5. 运用丰富幽默的主持语言

主持会议要通过语言表述来进行。因此，主持人应特别注意语言的礼仪规范。

（1）所有言谈都要服从会议的内容和气氛的要求，或庄重，或幽默。

（2）口齿清楚，思维敏捷，积极启发，活跃气氛。主持人一定要明确开会的目的，比如，主持记者招待会，主持人、发言人要对记者提出的问题，反应敏锐，流利回答，不能支支吾吾；开座谈会、讨论会等，主持人要阐明会议宗旨和要解决的问题，切实把握会议进程和会议主题，勿使讨论或发言离题太远，而应引导大家就问题的焦点畅所欲言。同时，要切实掌握会议的时间，不使会议拖得太长。

（3）会议进行过程中，主持人对持不同观点、认识的人，应允许其做充分解释，会议出现僵局时要善于引导，出现空场、冷场时应及时补白。要处处尊重别人的发言和提问，不能以任何动作、表情或语言来阻止别人，或表示不满。要用平静的语言、缓和的口气、准确的事实来阐述正确主张,使人心服口服。

6. 引导会议内容

遇到冷场,要善于启发,或选择思想敏锐、外向型的同志率先发言。有时可以提出有趣的话题或事例,活跃一下气氛,以引起与会者的兴趣,使之乐于发言。遇有离题情况,可根据具体情况,接过议论中的某一句话,或插上一句话做转接,巧妙柔和地使议论顺势回到议题上来。当发生争执时,如果因事实不清,可让与会者补充事实,如事实仍不甚清,可暂停该问题的争执。主持者应设法缓和冲突,而不能激化矛盾,更不能争吵。

主持者要善于观察与会者的性格、气质、素质和特点,并根据各类人员的特点,区别对待,因势利导,牢牢掌握会议进程。

7. 减少会议时间

准时开会,不拖延时间。国外有的公司有如下经验:在办公时间不准开会,凡二级主管会议,大都在下午 6 点以后举行,并不得超过 60 分钟,否则将由主席负责,轻则扣薪,重则解聘。严格限制会议时间,站着开会,这样可以抓住问题的核心。有的公司把一般会议安排在午餐前,这时,与会者饥肠辘辘,无心闲谈碎扯,很快就进入了会议状态。限制发言时间,举世瞩目的南北首脑的坎昆会议,每个发言者只有 25 分钟的时间。日本某公司让职工学会开会的方法,教他们在一分钟内阐明符合议题的意见,避免讲那些与议题无关的废话。有人主张在会议室挂一时钟,像球类比赛那样随时显示出还剩多少时间,这会提醒与会者抓紧时间。

8. 掌握会议进程

主持人应随时掌握会议进程。在工作性会议中,主持人就像交响乐团的指挥,随时控制、掌握会议进程。为此,应做好下面几点。

(1) 事先准备好一份会议议程表,并按照议程进行。

(2) 提醒与会者注意本次会议的目的,并使会议始终不离宗旨,以保证会议的顺利进行,并达到预期目的。

(3) 规定会议的开始时间,并对结束时间做出限制。要准时开始,按时结束。另外,在工作会议的进行过程中,有时会碰到需要裁决的问题。少数服从多数的民主集中制原则固然必须遵守,但对少数人的意见也应给予尊重,并把它交付给全体与会人员反复推敲。

会议的气氛是否融洽、顺利,与会议主持人角色扮演得好坏有很大的影响。会议主持人是宣布开会、散会、休息及主持会议进行者,主持会议应公平、公正,客观地行使其职权。会议主持人在会议中,应做到以下几点。

(1) 应明确介绍所有来宾及参与开会的人士。

(2) 如有许多贵宾,无须请贵宾一一致词,请一位代表即可。

(3) 如同时有两人以上请求发言,这时若没有其他补充或都尚未发言时,可请距离主持人较远者先发言。

(4) 维持会场秩序,并遵守会议规则。

(5) 不可在发言人尚未发言完毕时随便插嘴,但有权控制发言人的发言时间。

（6）请人发言时，态度要诚恳，用语应有礼貌。

（7）有人发言时，应看着发言人，仔细聆听。

知识活页

会议主持人的主持技巧

1．表情要庄重、严肃，举止大方

入场时步态要自信、自然，步幅适中。坐姿端正，面对正前方，腰宜挺，颈宜直，目视全场。一般落座后不宜再寒暄闲谈。整个会议过程应避免出现挠头、揉眼、搔脸、抖腿、抠鼻子等不雅观的动作。

2．主持语言要得体，讲究分寸

会议主持人的语言要用词得当、语气适中、语速恰当。主持人的言谈要根据不同的会议气氛或庄重，或喜悦，或轻松，灵活地调节、控制会议的气氛和议题，如出现僵局或冷场时要及时引导。不要用动作、表情或语言等对不同意见者表示不满。

3．称呼要恰当得体

在会议主持人宣布开会时，要有一种引起与会者注意的招呼方式。称呼的原则是：一要看对象，二要有概括性，三要有礼貌。一般在较正式的会议场合对与会者的称呼是，"同志们"、"来宾们"等等。单位内部的工作会议，因为大家比较熟悉，常常用"请大家安静，现在开会"来作为开场招呼。

（二）会议发言人的礼仪

会议发言有正式发言和自由发言两种，前者一般是领导报告，后者一般是讨论发言。正式发言者，应衣冠整齐，走上主席台应步态自然，刚劲有力，体现一种成竹在胸、自信自强的风度与气质。发言时应口齿清晰，讲究逻辑，简明扼要。如果是书面发言，要时常抬头扫视一下会场，不能低头读稿，旁若无人。发言完毕，应对听众的倾听表示谢意。

自由发言则较随意，需要注意的是，发言应讲究顺序和秩序，不能争抢发言；发言应简短，观点应明确；与他人有分歧时，应以理服人，态度平和，听从主持人的指挥，不能只顾自己。

如果有会议参加者对发言人提问，应礼貌作答，对不能回答的问题，应机智而礼貌地说明理由，对提问人的批评和意见应认真听取，即使提问者的批评是错误的，也不应失态。

（三）会议参加者礼仪

参加会议者应衣着整洁，仪表大方，准时入场，进出有序，按会议安排落座。开会时认真听讲，及时记录，不要私下小声说话或交头接耳，发言人发言结束时，应鼓掌敬意。若中途退场，应轻手轻脚，不打扰他人。有急事履行请假手续，注意文明使用手机。

第二节　会议接待服务礼仪

一、会议接待服务的概念

(一) 会议接待服务的含义

会议接待服务是指会场有一些从事现场服务的工作人员,通常被称为"会议官员"(conference officers)。这些人员要通晓外语,熟悉国际会议的程序,一般都经过培训。他们似乎做的都是一些具体服务工作,却是保证会议顺利进行不可缺少的环节。国际机构的常设秘书处还设有专门负责会议接待服务(conference service)的部门,对会议官员有一整套严格的要求。

(二) 会议接待服务的内容

会议接待服务的内容,主要包括会议服务和会议接待两个方面。一般来讲,会议接待工作主要在两头,而会议服务在中间,它们是一个有机的整体,哪一环都不能脱节或疏忽。

会前准备工作,如会议通知、会场布置、会议编组、证件印发、交通接送、安全保障等。

会间服务工作,如人员签到、迎宾入座、文件印发、会议记录、参观引导、会场调度、生活服务等。

会后收尾工作,如票务安排、文件清退、财务结算、会场清理、人员送别等。

同步案例　某会议策划公司的策划方案

背景与情境:我公司在承办会议方面积累了丰富的实际工作和实际操作经验,以自己票务方面独有的优势,使您的会议工作轻松便捷、有条不紊;使您可以更专心自己的工作,不必为会议的琐事而分心劳神,而且还会将会议举办得更加圆满和精彩,取得意想不到的收获!

会议策划简介:

(1) 提供多家大酒店,由您选择,价格优惠。

(2) 会场(或分会场)的选择和预订,会场的设计和布置(会场内外气氛的渲染和烘托,横幅、旗帜彩球、拱门、主席台、桌签、签到台等)以及各种设备的摆放。

(3) 材料和证件的印制、会议手册和参会人员通讯录的设计制作,请柬、胸卡、餐券的印制。

(4) 礼品策划、设计、样品提供和制作。

(5) 设备:会议设备、办公设备、视频设备及多媒体、音频设备、灯光设备。

(6) 翻译:各类外语语种的口译、笔译服务。

（7）媒体支持、协助联系媒体、邀请记者。

（8）提供会议所需的各类信息。

（9）协助招徕参会人员、协助寻求赞助单位和邀请本地嘉宾。

（10）礼宾接待、会议事务及其他秘书服务、现场接待、礼宾礼仪、招待酒会、会间茶憩、摄影录像及 VCD 的制作等。

（11）提供西餐、中餐、自助餐、宴会等不同标准的菜单，根据要求进行调整，协助选择和推荐不同的用餐地点。

（12）接送车辆及各种豪华轿车、中巴车、大巴车的租用。

（13）公司专门为会议设计和安排了多条旅游路线，并根据参会人员的喜好，协助安排各种休闲活动。

（14）专人登记和办理返程票预订。

会议接待程序：

（1）我们倡导商务会议的全新概念，积极为合作客户提供最高效、优质、周到的服务，可以根据客户需求，灵活安排会议规模、费用，提供活动整体策划方案，以便为客户提供不同规模、档次的商务会议服务设施。

（2）我们还提供会议举办地的交通、气候、商务环境等一系列咨询信息供客户选择，为客户提供商务会议期间全部的会务用品及会议现场布置，为客户提供相应的媒体支持。

（3）会议期间，会根据客户的需求，在会议举办地进行媒体宣传，灵活操作，使商务会议期间的娱乐休闲活动具有鲜明特色。

（4）我们将根据会议的具体情况，确定是否将会议划分为几个分会场，选择分会场地点，并提前为您预约。

（5）我们将为您提供当地大酒店 3～7 折优惠价格的预订服务，并完全考虑您的要求，为您推荐适合您需要的酒店以及楼层。

（6）我们拥有雄厚的办会实力、丰富的办会经验及训练有素的专业会务人员，与各星级酒店都有协议关系，可按客户的不同要求提供规范、经济的会议策划及筹办工作。

（7）无论在当地哪里举办会议，我们都会有专业人员 24 小时为您服务，包括从开始的预订酒店到最后的订票送站，我们会根据您的要求精心策划、落实、负责到底。

（8）我们将为您的会议提供宣传册等印刷品、纪念品的设计、生产一条龙服务，根据会议的具体需求设计印刷品或纪念品的样式、内容、选择图案等，为您的印刷品或纪念品指定专门的厂家印刷以及生产，并将根据您的需求，提前把印刷品或纪念品送到会场或指定位置。

问题：试分析该策划方案具有哪些特色或优点？（至少列举三点）

分析提示：从策划方案的特点和优点角度阐述。

二、会议服务礼仪

（一）会前准备工作

会前的准备工作对会议的服务质量有着至关重要的影响。准备工作虽然千头万绪，但主要可以归纳为以下几条。

1. 了解情况，布置任务

在接到会议通知后，需要召集有关部门对这次会议进行研究，了解会议的要求，出席会议的人数，会议时间、日程、场地的安排等，并根据会议的具体要求，制定出行之有效的接待方案，同时将任务落实到各个部门。

2. 物质准备和人员分工

对沙发、椅子、桌子、茶几、地毯、茶具、热水瓶、毛巾等物品进行全面检查，按计划用量配置用品，以满足会议的要求。对现场工作人员事先进行挑选、组织、分工，统筹调整，合理分配，实行定岗位、定人员、定任务的三定岗位责任制。

3. 做好清洁卫生和安全检查工作

凡属于大会使用的场地、行走路线及周围环境等，均要进行全面细致的清洁卫生工作，并达到卫生标准。对与会议有关的场所、设备、建筑、陈设等，均要进行安全检查，确保会议的安全。

4. 进行严格的业务培训

会议前特别是全国性会议或大型的国际性会议，所有工作人员都要按分工提前进入工作岗位，进行本岗位的业务训练，熟悉岗位环境，了解工作职责和岗位服务规范。结合岗位情况进行着装、举止言谈、服务操作等方面的专门训练。按一流服务水平的要求，在会前进行一次业务演习。如 2001 年 10 月上海 APEC 会议召开时，各接待服务单位为保证服务质量，进行了系统、规范、全面的培训，提高了员工的整体素质，出色地完成了 APEC 会议接待任务。

（二）服务规程

1. 场内服务

场内服务是指在会议场所内为与会者指路引座的服务工作。其工作规程是：按要求摆好指路牌和带有各种标志的牌号。

入场前 1 小时，统一着装，仪表整洁地站在各走道口的一侧，面向与会者，做好迎接与会者入场的准备。

熟悉场内区域座号，主动为与会者引座，做到准确无误，指路时右手抬起，四指并拢，拇指与其余四指自然分开，手心向着客人，示意所指方向时说："请这边走"或"请那边走"。

大会开始时应站立服务，做到站姿端庄、大方，精力集中，认真观察场内动静，如有行动不便的与会者站起，要迅速前往照顾。无关人员一律劝其退场，保持场内秩序井然。

会议结束后，按分工划分的责任区域认真细致地进行检查，擦桌面，理抽屉，如发现遗失的东西，要记清座排号码，及时上交或汇报。认真搞好当日收尾工作，妥善收存各种牌号，准备次日大会的工作。

2. 主席台服务

明确主席台总人数和各排人数、主要嘉宾的座位和生活习惯、招待标准和工作要求。按人数配齐桌椅,摆放茶垫、茶杯(加好茶叶)、烟缸、火柴、毛巾盘、名签座、便笺、铅笔、排次牌等,要求距离一致,整齐划一。垫盘、茶杯的花纹图案要正对客人,茶杯把手向里,略有斜度。

会前30分钟,服务员从最后一排开始,按顺序依次斟倒茶水。倒水时步态平稳,动作协调,左手小拇指与无名指夹住杯盖,中指与食指卡住杯把,大拇指从上捏紧杯把,将茶杯端至腹前,右手提暖瓶将水徐徐斟入杯中,八分满为宜。然后将杯子放到垫盘上,盖上杯盖。

会前10分钟,按各自分工各就各位,照顾好与会者的入场、就座。

第一次隔30分钟续一次水,以后每40分钟续水一次。

收尾工作按顺序进行,撤茶杯盖,倒剩茶水,收茶杯,收回毛巾、火柴、烟缸、名签座,为下次大会做好准备工作。

知识活页

接待外宾须注意的礼仪

接待的问题,在国际交流中经常碰到。从理论上讲,外事接待有五个基本问题是需要注意的:首先,要注意接待规格;其次,要注意迎来送往;再次,要注意陪同翻译的问题;然后,要注意交通安排;最后,要注意的是食宿与纪念品的问题。下面主要介绍接待规格、陪同与翻译以及食宿与礼品的问题。

在正式接待中,接待规格是绝对不可忽视的问题。在确定接待规格时有两个方面需要注意:第一,坚持规范性做法。接待规格不能多变。比如接待一位外国企业的总经理,安排他住在三星级酒店;另外一位外方总经理来了,安排他住四星级酒店;再来下一位,又把他安排在五星级酒店。这样就没有规矩可言了,他们中会有人感觉待遇不平等。所以在外事接待中,确定接待规格,首先就是要坚持规范性做法。同样一个规格,就要执行同样的标准。第二,兼顾双边的关系。接待规格不能动辄破格。但对重要的客人、关系密切的客人,肯定会无微不至,照顾有加。有着特殊宗教信仰和民族习惯的人,也是需要被照顾的。所以一定要在接待外宾时注意双边关系。

陪同与翻译的问题。在外宾接待中,陪同与翻译往往是必不可少的,翻译与陪同的工作性质不同,礼仪要求亦有所区别。翻译首先要精通中文和外文,而且还要了解相关的背景知识;其次要恪守职业道德;最后要严守外事纪律,比如不得私下与外方人员进行非公务性交际等。外事交往中的陪同人员,在某一个地区,某一个时间需要陪同外方友人时一定要热情友善,少说多听,掌握适当的技巧,有所为有所不为。此外,要谨记保守秘密,陪同人员必须严守国家秘密、商业秘密和企业秘密。

食宿与礼品。如果食宿的安排不能满足客人需要,就可能间接地影响到双方的交往,所以一定要对安排好外方友人的食宿问题给予高度的重视,要做到安全第一、重视档次、照顾偏好。

在外事活动中,我们都会与外宾互相赠送礼品。在国际交往中,适合赠送给外国友人的礼品是有民族特色、地方特色和纪念意义的物品,比如书画、篆刻、风筝、筷子、工艺品、中国结、景泰蓝等一些具有中国特色的物品。与外宾打交道时,不送现金、有价证券,不送药品、营养品,不送有碍对方习俗的物品,不送带有明显广告标志的物品,不送有碍社会公德、有伤风化的物品。

送给外方友人的礼品,在可能的情况下要认真包装。外包装是什么色彩,包装纸是什么图案,包装袋该系什么样的结等都有一定的讲究。在这方面,最好事先向专业人士请教。

第三节　仪典礼仪

一个盛大、庄严、隆重、热烈的仪典仪式,不但可以激发来宾的热情,也可提高观众对仪典仪式的重视程度,从而对活动留下完美深刻的印象。我国素有"礼仪之邦"的美誉,自古以来,讲"礼"重"仪"在华夏子孙的社会生活中,就一直处于至关重要的地位。随着时代的发展、社会的进步以及与人交往的日益频繁,礼仪成为人们现代社会生活中不可缺乏的重要部分。学习礼仪知识,运用礼仪规范,对提高公民精神文明水平,促进社会交往和国际友好往来,具有重要的现实意义。

一、签字仪式礼仪

部门或单位之间就某一重大事件达成协议,签订合同,或者国家之间通过谈判,就政治、经济、军事、科技、文化等某一领域的相互关系达成协议,缔结条约、协定或公约,往往都要举行签字仪式。

(一) 签字的种类

(1)从礼仪的角度考虑,一般国家间通过谈判,就政治、军事、经济、科技等某一领域相互达成协议,缔结条约或公约,一般举行签字仪式。

(2)当一国领导人访问他国,经双方商定达成共识,发表联合公报有时也举行签字仪式。

(3)各地区、各单位在与国外交往中,通过会谈、谈判,最终达成的有关合作项目的协议、备忘录、合同书等,通常也举行签字仪式。业务部门之间签订的协议,一般不举行签字仪式。

（二）签字仪式

签字仪式虽然往往时间不长，但由于它涉及各方面关系，同时也是谈判成功的一个标志，因此一定要筹办得十分认真。

1. 人员确定

出席签字仪式的人员，应基本就是参加谈判的全体人员。

2. 必要的准备工作

首先是签字文本的准备。同时准备好签字用的文具、国旗等物品。

3. 签字厅的布置

由于签字的种类不同，各国的风俗习惯不同，我国一般在签字厅内设置长方桌一张，作为签字桌。桌面覆盖深绿色台呢，桌后放两把椅子，作为双方签字的座位，面对正门主左客右。座前摆的是各自的文本，文本上端分别放置签字的文具。国际商务谈判协议的签字桌中间摆一个旗架，悬挂签字国双方的国旗。

（三）签字仪式的程序

以我国为例，双方参加签字的人员进入签字厅，当签字入座时，其他人员分主方、客方，按身份顺序排列于各方的签字人员座位之后。主签人在签完本国保存的文本后，由助签人员互相传递文本，再在对方保存的文本上签字，然后由双方签字人交换文本，相互握手。有时签字后备有香槟酒，共同举杯庆贺。

知识活页

签字仪式注意事项

所有参加签字仪式的人员都要注意自己的服饰，仪表应整洁、挺括，仪态要庄重、友好、大方，气氛既不能过于严肃，也不应过分喜形于色。双方出席签字仪式的人员步入签字厅后，签字人入座，其他人员分宾、主各一方，按身份高低顺序排列于各签字人座位后，双方身份最高者站立中央，双方助签人员应分别站在各自签字人的外侧。

签字仪式开始后，双方主签人员在本国或本单位保存的文本上签毕后，由助签人员互相传递、交换协议文本，签字人再在对方保存的协议文本上签字，然后由双方签字人郑重地相互交换协议文本，并相互握手致意。其他参加签字仪式的人员应鼓掌祝贺。

协议文本交换完毕，双方人员握手致意后，服务人员用托盘端上香槟酒，供宾、主双方全体出席签字仪式的人员举杯庆贺。一般双方出席签字仪式的最高领导人及签字人和主谈人员相互碰杯即可，喝酒也只是象征性地表示一下礼仪，不能狂饮失态。签字仪式结束后，应让双方最高领导者及宾客先退场，然后东道主再退场。

以上介绍的是商务洽谈中的一般礼仪要求，在实际运作中，会有各种具体的做法，在不同地区其做法不尽相同，因此要因地制宜，不可强搬硬套。

二、开业仪式

开业仪式是指在单位建立、开业，项目落成、移交，以及举办某项活动之时，或是开始某项工作之时，为了表示纪念或庆贺，按照一定的程序所举行的礼仪活动。

随着对外交往的增加和经济事业、公共关系事业的发展，需要举办开业仪式的活动逐渐增多了。一般来说，任何一个单位的建立、开业，或是某个项目的落成、移交等，当事者通常都要专门为此而举办开业仪式。这既可以为自己庆贺，又可以引起社会各界的关注，提高自己的知名度。因此，开业仪式往往受到商家、政府机关及其他当事者的重视。下面介绍几种开业仪式的基本特征及程序。

（一）开幕仪式

开幕仪式是指在公司、企业、宾馆、商店正式启用之前，或者是各类商品的博览会、展示会、订货会正式开始之前所举行的开业仪式。另外，还包括文化艺术节、电影博览会的开幕等等。

1. 开幕式的筹备工作

1）会场布置

开幕式无论是在室内还是在室外举行，会场一般要选择比较宽敞的场地，如门前广场、展览厅门口等。会场正面悬挂××××开幕式横幅，两旁布置红色彩旗。在主席台两侧或大门入口处两侧，应按一定的礼宾序列，将来宾馈赠的花篮摆放出来。为了表示纪念，还应在接待处专设一个签到处，恭请各位来宾留下姓名。隆重的开幕式，其会场还要悬挂国旗（有的还需奏国歌）。

2）服务人员与设备

经办一方的工作人员要落实签到、接待、摄影、录像、扩音、翻译及剪彩（或揭幕）等有关服务，尤其要准备好剪彩用的彩球、剪刀、托盘和揭幕用的彩索。扩音话筒以准备三个为宜，供主持人、致词人和译员使用。扩音设备应事先调试好，确保现场使用无误。

3）拟订开幕式宾客名单

事前，主办单位要精心拟定出席的宾客人员名单。一般包括政府有关部门负责人、社区负责人及代表、知名人士、社会团体代表、同行业代表、新闻单位、员工代表及各阶层公众代表。给来宾的请柬应提前一周寄送或派人递送，已电话邀请过的仍应补送请柬。对于剪彩的来宾应由部门领导人代表组织负责人登门送请柬并恳请其剪彩。

2. 开幕式的程序

开幕当天，主办单位的主要领导者，男性要身着深色西装，穿黑色皮鞋；女性宜穿着西装或套裙，在场依照身份站成迎宾线，微笑迎候客人并与之热情握手，表示感谢。

各界参加者以及政府官员在开幕当天一般都要携带包装精美、饰以红绸的书画及其他装饰品等作为馈赠礼品，由主要参加者到场，双手呈交给揭幕单位，并表示祝贺。来宾抵达后，应由服务人员引入休息室或会场，依次签到。

揭幕人（或剪彩人）要身着正规服装，提早熟知各项程序，并按主人的要求准时到达。

具体程序如下：

（1）入场、奏乐。主席、剪彩人、来宾依次到位。

（2）主持者宣布开幕式开始，宣读主要来宾的名单。

（3）主席致辞（介绍建筑情况）。

（4）各界代表致辞。

（5）揭幕（或剪彩）。主持人宣布揭幕或剪彩人的领导或来宾的名单。

揭幕的方法是：揭幕人走到彩幕前恭立，礼仪小姐双手将开启彩幕的彩索递给对方，揭幕人目视彩幕，双手拉动彩索，使之开启。全场目视彩幕，鼓掌，奏乐。

剪彩需要注意以下几点：首先，是人员的确定。剪彩者的人数不宜过多，通常以一至三人为佳。剪彩人员一般应由客人中地位最高人士及知名人士或主管部门负责人、上级领导担任为宜。剪彩者一定要提前确定、尽早相告。助剪人员由剪彩单位的负责人与礼仪小姐一同担任。助剪人员分为引导者、拉彩者、捧花者与托盘者。引导者可以为一人，也可以替每一位剪彩者配一名引导者。拉彩者应有两名。捧花者的人数则应视花数而定，一般应当一人一花。托盘者可以是一人，也可以为一名剪彩者配一名托盘者。在一般情况下，助剪人员由经过训练、形象较好的礼仪小姐担任。有时，为了表示对剪彩者的重视，捧花者可以由剪彩单位的主要负责人亲自担任。礼仪小姐应穿着统一式样、统一面料、统一色彩的礼服，本单位的负责人，则应穿深色西装套装。剪彩开始前，助剪人员应各就各位。拉彩者与捧花者应当面含微笑，在既定位置上拉直缎带，捧好花朵。

主席台上的人员一般要尾随于剪彩者之后1～2米处。

当司仪宣布剪彩开始，引导者应带领剪彩者走到红色缎带之前，面向全体出席者站好，然后引导者从剪彩者身后退下。接着，托盘者从左后侧上场，依次为剪彩者送上剪刀与手套，当剪彩者剪彩时，应在其左后侧约1米处恭候。

在剪彩时，剪彩者应同时行动。剪彩之前，剪彩者应先向拉彩者与捧花者示意，随后动手剪彩，动作利索，要"一刀两断"。捧花者要注意，不要让花朵掉落在地。这时，司仪带领全体来宾鼓掌，乐队奏乐。

剪彩完毕，剪彩者脱下手套，将它与剪刀一起放进托盘里。托盘者与拉彩者、捧花者后退两步，然后一起依次列队从左侧退下。

剪彩者在此之后，应向全体出席者鼓掌，并与司仪和其他主人一一握手，以示祝贺。然后紧随引导者依次退场。

（6）揭幕或剪彩结束后，进入店（馆、场、院等），主人表示感谢并备茶点招待来宾。

（7）主人引导来宾参观，并详细介绍情况，来宾随同主人认真听取，点头称道。

（8）主人分发小纪念品，来宾双手接过，表示谢意。

（9）来宾告辞，主人送至门外，宾主握手话别。

（二）竣工仪式

竣工仪式又称落成仪式、建成仪式，是指在本单位所属的某一建筑或设施完工之后，或是某一纪念性建筑物诸如纪念像、纪念碑等建成后，以及在某种意义重大的产品生产完成之后，所专门举行的纪念性或庆祝性的活动。

1. 竣工仪式的筹备工作

1）会场布置

举行竣工仪式的地点，亦应以现场为第一选择。如新落成的建筑物之外或有关的纪念像、纪念碑旁边。会场的布置可根据具体情况确定,如在庆祝工厂、大厦建成时,整个会场应突显出欢快、喜悦、热烈的气氛,可在会场周围点缀些标语、彩旗、气球等;如在纪念像、纪念碑落成的仪式上,则应烘托出庄严而肃穆的气氛。

2)宾客名单的确定、服务人员与设备的准备等

宾客名单的确定、服务人员与设备的准备等与开幕式类似,请参照开幕式。

2. 竣工仪式的程序

(1)仪式开始,介绍来宾。

(2)全体起立,奏国歌。

(3)主办方负责人讲话,其内容应为介绍、回顾与感谢。

(4)剪彩或揭幕。

(5)向竣工仪式的"主角"——刚刚完工或建成的建筑物行注目礼。

(6)来宾致辞。

(三)奠基仪式

奠基仪式是指一些重要建筑物,如大厦、场馆等,在动工修建之初所举行的仪式。

1. 奠基仪式的筹备工作

1)会场布置

对奠基仪式现场的选择与布置,有一些规矩。奠基的具体地点,应选在建筑物大门的右侧。奠基石依例应为一块长方形石料,右上款为建筑名称,中间为"奠基"两个大字,左下款为奠基单位名称及奠基的年月日。字体应当以楷书竖写,最好是白底金字或黑字。

在奠基石下方或一侧,应安放一只铁盒。内装与该建筑有关的各项资料及奠基人姓名,届时它将与奠基石一同被奠基人等培土掩埋。

在奠基的现场附近,应设置彩棚,悬挂彩旗、彩带,安放该建筑的设计图,并将各种建筑机械安装就位。

2)宾客名单的确定、服务人员与设备的准备等

宾客名单的确定、服务人员与设备的准备与开幕式类似,请参照开幕式。

2. 奠基仪式程序

(1)仪式开始,介绍来宾。

(2)奏国歌。

(3)主人进行简介。

(4)来宾致辞。

(5)正式奠基。此时,应当奏乐,或锣鼓喧天。首先由奠基人双手持系有红绸的新锹为奠基石培土。随后,由主人与其他来宾依次培土,直至掩没奠基石。

(四)破土仪式

破土仪式是指在桥梁、道路、河道、厂房、纪念碑等正式开工之初,专门举行的动工仪式。

1. 破土仪式的筹备工作

破土仪式会场应选择在工地的中央或其某一端举行。在现场,应事先进行清扫、整理与装饰。会场的布置应突出热烈、喜庆的气氛。来宾的确定与邀请、服务人员与设备的准备可

参看开幕式。

2．破土仪式的程序

（1）宣布破土仪式开始，介绍来宾。

（2）奏国歌。

（3）主人致辞。内容为介绍与感谢。

（4）来宾致辞。

（5）正式破土。具体的做法为：众人环绕于破土处四周肃立，并目视破土人。破土人双手持系红绸的新锹垦土三次，全体人员鼓掌，奏乐。

三、剪彩仪式

剪彩仪式，严格来讲，指的是商界的有关单位，为了庆贺公司的设立、企业的开工、宾馆的落成、商店的开张、银行的开业、大型建筑物的启用、道路或航线的开通、展销会或博览会的开幕等等，而隆重举行的一项礼仪性程序。因其主要活动内容是约请专人使用剪刀剪断被称之为"彩"的红色缎带，因此被人们称为剪彩。

（一）剪彩仪式的程序

在组织剪彩仪式时，是没有必要一味地求新、求异、求轰动，而脱离了自己的实际能力。勤俭持家，无论何时何地都是商界人士必须铭记在心的。

从操作的角度来探讨，目前所通行的剪彩的礼仪主要包括剪彩的准备、剪彩的人员、剪彩的程序、剪彩的做法等四个方面的内容。以下，就分别择其要点进行介绍。

首先，剪彩的准备必须一丝不苟。涉及场地的布置、环境的卫生、灯光与音响的准备、媒体的邀请、人员的培训等，在准备这些方面时，必须认真细致，精益求精。

除此之外，尤其对剪彩仪式上所需使用的某些特殊用具，诸如红色缎带、新剪刀、白色薄纱手套、托盘以及红色地毯等，需要仔细进行选择与准备。

其次，剪彩的人员必须审慎选定。在剪彩仪式上，最为活跃的，当然是人而不是物。因此，对剪彩人员必须认真进行选择，并于事先进行必要的培训。除主持人之外，剪彩的人员主要是由剪彩者与助剪者等两个主要部分的人员构成。以下，就分别来简要介绍一下对于他们的主要礼仪要求。

在剪彩仪式上担任剪彩者，是一种很高的荣誉。剪彩仪式档次的高低，往往也同剪彩者的身份密切相关。因此，在选定剪彩的人员时，最重要的是要把剪彩者选好。

剪彩者，即在剪彩仪式上持剪刀剪彩之人。根据惯例，剪彩者可以是一个人，也可以是几个人，但是一般不应多于五人。通常，剪彩者多由上级领导、合作伙伴、社会名流、员工代表或客户代表所担任。

确定剪彩者名单，必须是在剪彩仪式正式举行之前。名单一经确定，即应尽早告知对方，使其有所准备。在一般情况下，确定剪彩者时，必须尊重对方个人意见，切勿勉强对方。需要由数人同时担任剪彩者时，应分别告知每位剪彩者届时将与何人同担此任。这样做，是对剪彩者的一种尊重。千万不要"临阵磨枪"，在剪彩开始前才强拉硬拽，临时找人凑数。

必要之时，可在剪彩仪式举行前，将剪彩者集中在一起，告知对方有关的注意事项，并稍事训练。按照常规,剪彩者应着套装、套裙或制服,将头发梳理整齐。不允许戴帽子,或者戴墨镜,也不允许其穿着便装。

若剪彩者仅为一人,则其剪彩时居中而立即可。若剪彩者不止一人时,则其同时上场剪彩时位次的尊卑就必须予以重视。一般的规矩是中间高于两侧,右侧高于左侧,距离中间站立者越远位次便越低,即主剪者应居于中央的位置。需要说明的是,之所以规定剪彩者的位次"右侧高于左侧",是因为这是一项国际惯例,剪彩仪式理当遵守。其实,若剪彩仪式并无外宾参加时,执行我国"左侧高于右侧"的传统做法,亦无不可。

助剪者,指的是剪彩者剪彩的一系列过程中从旁为其提供帮助的人员。一般而言,助剪者多由东道主一方的女职员担任。现在,人们对她们的常规称呼是礼仪小姐。

具体而言,在剪彩仪式上服务的礼仪小姐,又可以分为迎宾者、引导者、服务者、拉彩者、捧花者、托盘者。迎宾者的任务,是在活动现场负责迎来送往。引导者的任务,是在进行剪彩时负责带领剪彩者登台或退场。服务者的任务,是为来宾尤其是剪彩者提供饮料,安排休息之处。拉彩者的任务,是在剪彩时展开、拉直红色缎带。捧花者的任务则在剪彩时手托花团。托盘者的任务,则是为剪彩者提供剪刀、手套等剪彩用品。

在一般情况下,迎宾者与服务者应不止一人。引导者既可以是一个人,也可以为每位剪彩者各配一名。拉彩者通常应为两人。捧花者的人数则需要视花团的具体数目而定,一般应为一花一人。托盘者可以为一人,亦可以为每位剪彩者各配一人。有时,礼仪小姐亦可身兼数职。

礼仪小姐的基本条件是,相貌姣好、身材颀长、年轻健康、气质高雅、音色甜美、反应敏捷、机智灵活、善于交际。礼仪小姐的最佳装束应为,化淡妆,盘起头发,穿款式、面料、色彩统一的单色旗袍,配肉色连裤丝袜、黑色高跟皮鞋。除戒指、耳环或耳钉外,不佩戴其他任何首饰。有时,礼仪小姐身穿深色或单色的套裙亦可。但是,她们的穿着打扮必须尽可能地整齐划一。必要时,可向外单位临时聘请礼仪小姐。

(二) 剪彩的程序必须有条不紊

正常情况下,剪彩仪式应在即将启用的建筑、工程或者展销会、博览会的现场举行。正门外的广场、正门内的大厅,都是可以优先考虑的。在活动现场,可略作装饰。在剪彩之处悬挂写有剪彩仪式的具体名称的大型横幅,更是必不可少的。

一般来说,剪彩仪式宜紧凑,忌拖沓,所耗时间愈短愈好。短则一刻钟即可,长则至多不宜超过一个小时。

按照惯例,剪彩既可以是开业仪式中的一项具体程序,也可以独立出来,由其自身的一系列程序所组成。独立而行的剪彩仪式,通常应包含如下六项基本程序。

1. 请来宾就位

在剪彩仪式上,通常只为剪彩者、来宾和本单位的负责人安排座席。在剪彩仪式开始时,即应敬请大家在已排好顺序的座位上就座。在一般情况下,剪彩者应就座于前排。若剪彩者不止一人时,则应使之按照剪彩时的具体顺序就座。

2. 宣布仪式正式开始

在主持人宣布仪式开始后,乐队应演奏音乐,现场可燃放鞭炮,全体到场者应热烈鼓掌。

此后，主持人应向全体到场者介绍到场的重要来宾。

3．奏国歌

此刻须全场起立。必要时，亦可随之演奏本单位标志性歌曲。

4．进行发言

发言者依次应为东道主单位的代表、上级主管部门的代表、地方政府的代表、合作单位的代表，等等。其内容应言简意赅，每人不超过三分钟，重点分别应为介绍、道谢与致贺。

5．进行剪彩

此刻，全体应热烈鼓掌，必要时还可奏乐或燃放鞭炮。在剪彩前，须向全体到场者介绍剪彩者。

6．进行参观

剪彩之后，主人应陪同来宾参观被剪彩之物。仪式至此宣告结束。随后东道主单位可向来宾赠送纪念性礼品，并以自助餐款待全体来宾。

（三）剪彩的做法必须标准无误

进行正式剪彩时，剪彩者与助剪者的具体做法必须合乎规范，否则就会使其效果大受影响。

当主持人宣告进行剪彩之后，礼仪小姐即应率先登场。在上场时，礼仪小姐应排成一行行进。从两侧同时登台，或是从右侧登台均可。登台之后，拉彩者与捧花者应当站成一行，拉彩者处于两端拉直红色缎带，捧花者各自双手手捧一朵花团。托盘者须站立在拉彩者与捧花者身后1米左右，并且自成一行。

在剪彩者登台时，引导者应在其左前方进行引导，使之各就各位。剪彩者登台时，宜从右侧出场。当剪彩者均已到达既定位置之后，托盘者应前行一步，到达前者的右后侧，以便为其递上剪刀、手套。

剪彩者若不止一人，则其登台时亦应列成一行，并且使主剪者行进在前。在主持人向全体到场者介绍剪彩者时，后者应面含微笑向大家欠身或点头致意。

剪彩者行至既定位置之后，应向拉彩者、捧花者含笑致意。当托盘者递上剪刀、手套时，亦应微笑着向对方道谢。

在正式剪彩前，剪彩者应首先向拉彩者、捧花者示意，待其有所准备后，集中精力，右手手持剪刀，表情庄重地将红色缎带一刀剪断。若多名剪彩者同时剪彩时，其他剪彩者应注意主剪者动作，与其动作协调一致，力争大家同时将红色缎带剪断。

按照惯例，剪彩以后，红色花团应准确无误地落入托盘者手中的托盘里，切勿使之坠地。因此，需要捧花者与托盘者的合作。剪彩者在剪彩成功后，可以右手举起剪刀，面向全体到场者致意。然后放下剪刀、手套于托盘之内，举手鼓掌。接下来，可依次与主人握手道喜，并列队在引导者的引导下退场。退场时，一般宜从右侧下台。

待剪彩者退场后，其他礼仪小姐方可列队由右侧退场。

不管是剪彩者还是助剪者在上下场时，都要注意井然有序、步履稳健、神态自然。在剪彩过程中，更是要表现得不卑不亢、落落大方。

知识活页

开业庆典的注意事项

（一）接待宾客

停车接待：停车场安排专人负责指挥车辆排放。

正门接待：由酒店主要负责人与礼仪小姐在正门接待来宾，引领入休息室。来宾签到。

服务接待：由服务小姐安排落座。

接待注意事项：

（1）教育本单位的全体员工以主人翁的身份热情待客，有求必应，主动相助。

（2）接待贵宾时，需由本单位主要负责人亲自出面。在接待其他来宾时则可由本单位的礼仪小姐负责。

接待礼仪：

（1）迎宾小姐向宾客鞠躬，面带微笑地说"欢迎光临"。

（2）酒店负责人与客人握手，握手时要注意以下几点。

①职位高的人先伸手，女士先伸手。

②握手时稍带角度，且拇指向上，双方虎口应互相接触。

③握手时应坚定有力，晃动两下即可，然后松开。

④若戴着手套，先脱掉手套。如果握手的那只手正拿着东西，可以先放下一只手来拿，在一些可能握手的场合，应用左手拿东西，把皮包或笔记本放在左手或背在肩上，以空出右手。

（二）剪彩注意事项

剪彩者：一般不多于5人，多由领导者、合作伙伴、社会名流、员工代表担任。剪彩者以稳重的姿态、轻盈的脚步面带微笑走向剪彩的绸带。剪彩人全体到位后，工作人员用托盘呈上剪刀，剪彩人在拿起剪刀之前应向工作人员和手拉绸带的人员点头微笑表示谢意，然后用右手轻轻拿起剪刀，聚精会神地把彩带一刀剪断。剪彩完毕，将剪刀放回原处，向四周人们鼓掌致意。

常规：剪彩者穿套装、裙装或制服，头发梳理整齐，不允许戴帽子或戴墨镜。

四、交接仪式

在商务交往之中，商务伙伴之间合作的成功，是值得有关各方庆幸与庆贺的一桩大事。实事求是地说，在激烈的竞争环境之中、泾渭分明的利益关系之下以及变幻莫测的商界风云之内，商务伙伴之间的合作的确来之不易，因此，它备受有关各方的高度重视。举行热烈而隆重的交接仪式，就是在商务往来中通常用以庆贺商务伙伴彼此之间合作成功的一种常见的活动形式。

交接仪式，在商界一般是指施工单位依照合同将已经建设、安装完成的工程项目或大型

设备,例如厂房、商厦、宾馆、办公楼、机场、码口、车站、飞机、轮船、火车、机械、物资,等等,经验收合格后正式移交给使用单位之时,专门举行的庆祝典礼。

举行交接仪式的重要意义在于,它既是商务伙伴对于所进行过的成功合作的庆贺,是对给予过自己关怀、支持、帮助和理解的社会各界的答谢,又是接收单位与施工、安装单位巧妙地利用时机,为双方各自提高知名度和美誉度而进行的一种公共宣传活动。

交接的礼仪,一般是指在举行交接仪式时所须遵守的有关规范。通常它具体包括交接仪式的准备、交接仪式的程序、交接仪式的参加等三个方面的主要内容。以下,就分别对这三个方面加以介绍。

(一) 交接仪式的准备

首先要做好交接仪式的准备。准备交接仪式,主要需关注三件事,即来宾的邀请、现场的布置及物品的预备。

来宾的邀请,一般应由交接仪式的东道主——施工、安装单位负责。在具体拟定来宾名单时,施工、安装单位亦应主动征求自己的合作伙伴——接收单位的意见。接收单位对于施工、安装单位草拟的名单不宜过于挑剔,不过可以对此酌情提出自己的一些合理建议。

在一般情况下,参加交接仪式的人数自然越多越好。如果参加者太少,难免会使仪式显得冷冷清清。但是,在宏观上确定参加者的总人数时,必须兼顾场地条件与接待能力,切忌贪多勿得。

从原则上来讲,交接仪式的出席人员应当包括:施工、安装单位的有关人员,接收单位的有关人员、上级主管部门的有关人员,当地政府的有关人员,行业组织、社会团体的有关人员,各界知名人士、新闻界人士,以及协作单位的有关人员,等等。

在上述人员之中,除施工、安装单位与接收单位的有关人员之外,对于其他所有人员,均应提前送达或寄达正式的书面邀请,以示对对方的尊重。

邀请上级主管部门、当地政府、行业组织的有关人员时,虽不必勉强对方,但必须努力争取,并表现得心诚意切。因为利用举行交接仪式这一良机,使施工、安装单位、接收单位,与上级主管部门、当地政府、行业组织进行多方接触,不仅可以宣传自己的工作成绩,而且也有助于有关各方进一步地实现相互理解和相互沟通。

若非涉密,或暂且不宜广而告之,在举行交接仪式时,东道主既要争取多邀请新闻界的人士参加,又要为其尽可能地提供一切便利。对于不邀而至的新闻界人士,亦应尽量来者不拒。至于邀请海外的媒体人员参加交接仪式的问题,则必须认真遵守有关的外事规则与外事纪律,事先履行必要的报批手续。

举行交接仪式的现场,亦称交接仪式的会场。在对其进行选择时,通常应视交接仪式的重要程度、全体出席者的具体人数、交接仪式的具体程序与内容,以及是否要求对其进行保密等几个方面的因素而定。

根据常规,一般可将交接仪式的举行地点安排在已经建设、安装完成并已验收合格的工程项目或大型设备所在地的现场。有时,亦可将其酌情安排在东道主单位本部的会议厅,或者由施工、安装单位与接收单位双方共同认可的其他场所。

将交接仪式安排在已建设、安装完成并已验收合格的工程项目或大型设备所在地的现场举行,最大的好处,是可使全体出席仪式的人员身临其境,获得对被交付使用的工程项目或大型设备的直观而形象的了解,掌握较为充分的第一手资料。倘若在交接仪式举行之后安排来宾进行参观,则更为方便可行。不过,若是在现场举行交接仪式,往往需要准备的工作量较大。在此百废待兴之地忙里忙外,绝非轻而易举之事。另外,由于将被交付的工程项目或大型设备归接收单位所有,故此东道主事先要征得对方的首肯,事后还需取得对方的配合。

将交接仪式安排在东道主单位本部的会议厅举行,可免除大量的接待工作,会场的布置也十分便利。特别是在将被交付的工程项目、大型设备不宜为外人参观,或者暂时不方便外人参观的情况下,以东道主单位本部的会议厅作为举行交接仪式的现场,不失为一种较好的选择。此种选择的主要缺陷是东道主单位往往需要付出更多的人力、财力、物力,全体来宾对于将被交付的工程项目或大型设备缺乏身临其境的直观感受。

如果将被交付的工程项目或大型设备的现场条件欠佳,或是出于东道主单位的本部不在当地以及将要出席仪式的人员较多等其他原因,经施工、安装单位提议,并经接收单位同意之后,交接仪式亦可在其他场所举行。诸如宾馆的多功能厅、单位出租的礼堂或大厅等处,都可用来举行交接仪式。在其他场所举行交接仪式,尽管开支较高,但可省去大量的安排、布置工作,而且还可以提升仪式的档次。

在交接仪式上,有不少需要使用的物品,应由东道主一方提前进行准备。首先,必不可少的,是作为交接象征之物的有关物品。主要有验收文件、一览表、钥匙等。验收文件,此处是指已经公证的由交接双方正式签署的接收证明性文件。一览表,是指交付给接收单位的全部物资、设备或其他物品的名称、数量明细表。钥匙,则是指用来开启被交接的建筑物或机械设备的钥匙。一般情况下,因其具有象征性意味,故预备一把即可。

除此之外,主办交接仪式的单位,还需为交接仪式的现场准备一些用以烘托喜庆气氛的物品,并应为来宾略备一份薄礼。

在交接仪式的现场,可临时搭建一处主席台。必要时,应在其上铺设一块红地毯。至少也要预备足量的桌椅。在主席台上方,应悬挂一条红色巨型横幅,上书交接仪式的具体名称,如"某某工程交接仪式"或"热烈庆祝某某工程正式交付使用"。

在举行交接仪式的现场四周,尤其是在正门入口之处、干道两侧、交接物四周,可酌情悬挂一定数量的彩带、彩旗、彩球,并放置一些色泽艳丽、花朵硕大的盆花,用以美化环境。

若来宾赠送的祝贺花篮较多,可依照约定俗成的顺序,如"先来后到"、"不排名次"等,将其呈一列摆放在主席台正前方,或是分成两行摆放在现场入口处门外的两侧。在此两处同时摆放,也是可以的。不过,若是来宾所赠的花篮较少,则不必将其公开陈列在外。

在交接仪式上用来赠送给来宾的礼品,应突出其纪念性、宣传性。被交接的工程项目、大型设备的微缩模型,或以其为主角的画册、明信片、纪念章、领带针、钥匙扣等等,皆为上佳之选。

(二) 交接仪式的程序

交接仪式的程序,具体是指交接仪式进行的各个步骤。不同内容的交接仪式,其具体程序往往各有不同。主办单位在拟定交接仪式的具体程序时,必须注意两个方面的重要问题。其一,必须在大的方面参照惯例执行,尽量不要标新立异,另搞一套。其二,必须实事求是、量力而行,在具体的细节方面不必事事贪大求全。从总体上来讲,几乎所有的交接仪式都少

不了下述五项基本程序。

1. 主持人宣布交接仪式正式开始

此刻,全体与会者应当进行较长时间的鼓掌,以热烈的掌声来表达对于东道主的祝贺之意。在此之前,主持人应邀请有关各方人士在主席台上就座,并以适当的方式暗示全体人员保持安静。

2. 奏国歌

奏国歌并演奏东道主单位的标志性歌曲。此前,全体与会者必须肃立。该项程序,有时亦可略去。不过若能安排这一程序,往往会使交接仪式显得更为庄严而隆重。

3. 由施工、安装单位与接收单位正式进行有关工程项目或大型设备的交接

具体的做法,主要是由施工、安装单位的代表,将有关工程项目、大型设备的验收文件、一览表或者钥匙等象征性物品,正式递交给接收单位的代表。此时,双方应面带微笑,双手递交、接收有关物品。在此之后,还应热情握手。至此,标志着有关的工程项目或大型设备已经被正式地移交给了接收单位。假如条件允许,在该项程序进行的过程中,可在现场演奏或播放节奏欢快的喜庆歌曲。

在有些情况下,为了进一步营造出一种热烈而隆重的气氛,这一程序亦可由上级主管部门或地方政府的负责人为有关的工程项目、大型设备的启用而剪彩取代。

4. 各方代表发言

按照惯例,在交接仪式上,须由有关各方的代表进行发言。他们依次应为:施工、安装单位的代表,接收单位的代表,来宾的代表,等等。这些发言,一般均为礼节性的,并以喜气洋洋为主要特征。它们通常宜短忌长,只需要点到为止的寥寥数语即可。原则上来讲,每个人的此类发言应以三分钟为限。

5. 宣告交接仪式正式结束

随后安排全体来宾进行参观或观看文娱表演。此时此刻,全体与会者应再次进行较长时间的热烈鼓掌。

按照仪式礼仪的总体要求,交接仪式同其他仪式一样,在所耗费的时间上也是贵短不贵长。正常情况下,每一次交接仪式从头至尾所用的时间,大体上不应超过一个小时。为了做到这一点,就要求交接仪式在具体程序上讲究少而精。正因为如此,一些原本应当列入正式程序的内容,例如参观、观看文娱表演等,均被视为正式仪式结束之后所进行的辅助性活动而另行安排。

如果方便的话,正式仪式一旦结束,东道主与接收单位即应邀请各方来宾一道参观有关的工程项目或大型设备。东道主一方应为此专门安排好有经验的陪同、解说人员,使各方来宾通过现场参观,可以进一步地深化对有关工程项目或大型设备的认识。

若是出于某种主观原因,不便邀请来宾进行现场参观,也可以通过组织其参观有关的图片展览或向其发放宣传资料的方式,来适当地满足来宾的好奇之心。不论是布置图片展览,还是印制宣传资料,在不泄密的前提条件下,均应尽可能地使之内容翔实、资料充足、图文并茂。通常,展示给来宾的应当包括有关工程项目或大型设备的建设背景,主要功能,具体规格,基本数据,开工与竣工的日期,施工、安装、设计、接收单位的概况,与国内外同类项目、设

备的比较,等等。为使之更具说服力,不妨多采用一些准确的数据来进行讨论与说明。

在仪式结束后,若不安排参观活动,还可为来宾安排一场综艺类的文娱表演,以助雅兴。表演者可以是东道主单位的员工,也可以是邀请的专业人士。表演的主要内容应为轻松、欢快、娱乐性强的节目。

需要说明的是,有关工程项目或大型设备的交接,是与其完工验收相互衔接的。对于交付接收单位验收的工程项目、大型设备,施工安装单位理当精心设计、精心施工、精心安装、保质保量地如期完成任务。而接收单位也应当公事公办,严把质量关,切不可为图一己私利而手下留情,致使后患无穷。由于验收工作极其严肃复杂,而且颇耗时日,所以不应为了赶时间、走过场、凑内容,而将其列为交接仪式上的一项正式程序。

换而言之,验收工作与交接仪式由于性质不同,应有所区分,分别而论。正式的验收工作应当安排在交接仪式举行之前进行,而交接仪式则必须安排在验收工作全部完成之后举行。这主要是因为,交接仪式举行之后,有关的工程项目或大型设备即被正式交付给接收单位。此后它们倘若出现了质量问题,当然就不如在验收过程之中解决那么容易了。

(三) 交接仪式的参加

在参加交接仪式时,不论是东道主一方还是来宾一方,都存在一个表现是否得体的问题。假如有人在仪式上表现失当,可能就会破坏整个仪式。有时,甚至还会因此而影响到有关各方的关系。

对东道主一方而言,需要注意的主要问题有以下几点。

1. 要注意仪表整洁

东道主一方参加交接仪式的人员,不仅应当是"精兵强将"、"有功之臣",而且应当能够代表本单位的形象。为此,必须要求他们妆容规范、服饰得体、举止有方。

2. 要注意保持风度

在交接仪式举行期间,不允许东道主一方的人员东游西逛、交头接耳、打打闹闹。在为发言者鼓掌时,不允许厚此薄彼。当来宾为自己道喜时,喜形于色无可厚非,但切勿嚣张放肆、得意忘形。

3. 要注意待人友好

不管自己是否专门负责接待、陪同或解说工作,东道主一方的全体人员都应当自觉地树立起主人翁意识。一旦来宾提出问题或需要帮助时,都要鼎力相助。不允许一问三不知、借故推脱、拒绝帮忙,更不要胡言乱语、大说风凉话。即使自己力所不及,也要向对方说明原因,并且及时向有关方面反映。

对于来宾一方而言,在应邀出席交接仪式时,主要应当重视如下四个方面的问题。

1. 应当致以祝贺

接到正式邀请后,被邀请者即应尽早以单位或个人的名义发出贺电或贺信,向东道主表示热烈祝贺。有时,被邀请者在出席交接仪式时,将贺电或贺信面交东道主,也是可行的。不仅如此,被邀请者在参加仪式时,还须郑重其事地与东道主一方的主要负责人一一握手,再次口头道贺。

2. 应当略备贺礼

为表示祝贺之意,可向东道主一方赠送一些贺礼,如花篮、牌匾、贺幛等等。时下,以赠

送花篮最为流行。它一般需要在花店订制,用各色鲜花插装而成,并且应在其两侧悬挂特制的红色缎带,右书"恭贺某某交接仪式隆重举行",左书本单位的画龙点睛式全称。花篮可由花店代为先行送达,亦可由来宾在抵达现场时面交主人。

3. 应当预备贺词

假若自己与东道主关系密切,则还须提前预备一份书面贺词,供被邀请代表来宾发言时用。其内容应当简明扼要,主要是为了向东道主一方道喜祝贺。

4. 应当准点到场

若无特殊原因,接到邀请后,务必牢记在心,届时准点抵达,为主人捧场。若不能出席,则应尽早通知东道主,以防在仪式举行时来宾甚少,使主人因"门前冷落鞍马稀"而难堪。

第四节 事务性会议礼仪

一、洽谈会礼仪

所谓洽谈,是指在商务交往中,存在着某种关系的有关各方,为了保持接触、建立联系、进行合作、达成交易、拟定协议、签署合同、要求索赔,或是为了处理争端、消除分歧,而坐在一起进行面对面的讨论与协商,以达成某种程度上的妥协。因洽谈而举行的有关各方的会晤,便成为洽谈会。

(一)洽谈会的原则

1. 兼顾的原则

所谓兼顾的原则,是要求商界人士在准备洽谈时以及在洽谈过程中,在不损害自身根本利益的前提下,应当尽可能地替洽谈对手着想,主动为对方保留一定的利益。

2. 预审的原则

所谓预审的原则,含义有二:其一,是指准备洽谈的商界人士,应当对自己的谈判方案预先反复审核、精益求精;其二,是指准备洽谈的商界人士,应当将自己提出的谈判方案,预先报请上级主管部门或主管人士审查、批准。虽说负责洽谈的商界人士拥有一定的授权,在某种特殊的情况下可以"将在外,君命有所不受",或是"先斩后奏"。但是这并不等于说洽谈者可以忘乎所以、一意孤行。在洽谈之前,对自己的方案进行预审,既可以减少差错,又可以群策群力、集思广益,使方案更加完美。

3. 客观的原则

所谓客观的原则,即在准备洽谈时,有关的商界人士所占有的资料要客观,决策时的态度也要客观。占有资料要客观,是要求谈判者尽可能地取得真实而准确的资料,不要以道听途说或是对方有意散布的虚假情报,来作为自己决策的依据。决策时的态度要客观,是要求谈判者在决策时,态度要清醒、冷静,不要被感情左右,或是意气用事。

4. 自主的原则

所谓自主的原则,是指商界人士在准备洽谈时以及在洽谈过程中,要发挥自己的主观能动性,要相信自己、依靠自己、鼓励自己、鞭策自己,在合乎规范与惯例的前提下,力争"以我为中心"。坚持自主的原则,有两大好处:一是可以调动有关商界人士的积极性,使其更好地有所表现;二是可以争取主动权,或是变被动为主动,在洽谈中为自己争取到有利的位置。

(二)洽谈会上的礼仪规范

绝大多数的正式商务洽谈,本身就是按照一系列约定俗成的礼仪和程序进行的庄重的会晤。在商务洽谈中,正确的态度应当是既要讲谋略,又要讲礼仪。

1. 座位安排

在洽谈会上,如果我方身为东道主,那么不仅应当布置好洽谈厅的环境,预备好相关的用品,而且应当特别重视礼仪性很强的座次问题。

只有在某些小规模洽谈会或预备性洽谈会中,座次问题才可以不必拘泥。在举行正式洽谈会时,则须对它予以重视。因为它既是洽谈者对规范的尊重,也是洽谈者给予对手的礼遇。

举行双边洽谈时,应使用长桌子或椭圆形桌子。宾主应分坐于桌子两侧。若桌子横放,则面对正门的一方为上,应属于客方;背对正门的一方为下,应属主方。若桌子竖放,则应以进门的方向为准,右侧为上,属于客方;左侧为下,属于主方。

在进行洽谈时,各方的主谈人员应在自己的一方居中而坐。其余人员则应遵循右高左低的原则,依照职位的高低自近而远地分别在主谈人员的两侧入座。假如需要译员,则应安排其就座于仅次主谈人员的位置,即主谈人员之右。举行多边洽谈时,为了避免失礼,按照国际惯例,一般均以圆桌为洽谈桌来举行"圆桌会议"。这样一来,尊卑的界限就被淡化了。即便如此,在具体就座时,依旧讲究有关各方的与会人员尽量同时入场,同时就座。至少,主方人员不应在客方人员之前就座。

2. 谈吐举止

洽谈人员的谈吐要轻松自如,举止文雅大方,谦虚有礼,不可拘谨慌张。见面后可稍加寒暄,进入正题之前,宜谈些轻松的话题,如旅途经历、季节气候、文体表演、各自爱好或以往合作经历等,但开头的寒暄不宜太长,以免冲淡洽谈气氛。

3. 衣着打扮

参加洽谈者在衣着打扮上要正式一些,以表示对洽谈的重视和充分的准备;如果是非正式洽谈,也可以穿得随便一些,给人以轻松、随和的感觉,这样显得更容易接近,有助于交流,取得共识。一般到豪华宾馆去洽谈,西装革履能够证明自己的身份和气度,使自己感到心灵与环境的和谐,而不是自惭形秽;在普通的办公场所进行洽谈,可以穿得和平时上班一样,不用刻意打扮。

4. 语言使用

洽谈人员在洽谈过程中要注意语言的规范性和灵活性,用语要清晰易懂,口语要尽可能标准,注意使用文明礼貌用语,体现自身的职业道德和商业形象。洽谈中无论出现什么情况

都不能使用粗鲁、污秽的语言或攻击性的语言。洽谈时应注意抑扬顿挫、轻重缓急，避免吐舌挤眼、语句不断、嗓音微弱或大吼大叫。

5. 提问方式

在洽谈中要礼貌地提问，问话方式要委婉，语气要亲切平和，用词要斟酌，不能把提问变成审问和责问。咄咄逼人的提问，容易给对方居高临下的感觉，使其产生防范心理，不利于洽谈。对需要提问的问题，应事先列好提纲，越详细越好；如果不做准备，贸然提问，是不尊重对方的表现。一般提问的时机应选择在对方发言完毕之后、对方发言停顿间歇时、自己发言前后及在议程规定的辩论时间等。当对方回答问题时，作为提问者应耐心倾听，不能因为对方的回答没有使自己满意，就随便插话或任意打断对方的话。一般情况下，插话应借助一些特定的套话来实现，如："对不起，我能打断您一下吗?"或"请停一下"等。

6. 礼貌回答

有提问就有回答。洽谈过程中，作为被提问者答话时，要本着真诚合作的态度，针对提问者的真实心理，实事求是地回答对方的提问，不能闪烁其词，态度暧昧，"顾左右而言他"。如果对方某个问题不甚了解，应以浅显易懂的语言进行解释，切不可流露出不耐烦的神情。如有些问题涉及商业秘密和技术机密，则应委婉说明，避免出现令人尴尬和僵持的局面。

二、发布会礼仪

发布会又称新闻发布会，是特定的社会组织为了宣布某项重要消息，把有关新闻机构的记者召集在一起，进行信息发布的一种特殊形式的会议。它可以及时、公正地把社会组织的重要信息传播给社会公众，扩大信息的传播范围。

发布会礼仪一般指的是有关举行新闻发布会的礼仪规范。对商界而言，发布会礼仪至少应当包括发布会的筹备、媒体的邀请、现场的应酬、善后事宜等四个主要方面的内容。

（一）发布会的筹备

筹备新闻发布会，要做的准备工作很多。其中最重要的，是要做好主题的确定、时空的选择、人员的安排、材料的准备等具体工作。

（二）媒体的邀请

在新闻发布会上，主办单位的交往对象自然以新闻界人士为主。在事先考虑邀请新闻界人士时，必须有所选择、有所侧重。主要有以下三个侧重点。

（1）是否邀请新闻界人士参加。

（2）应当邀请哪些方面的新闻界人士参加。

（3）应当如何协调主办单位与新闻界人士的相互联系。

（三）现场的应酬

在新闻发布会正式举行的过程中，往往会出现种种这样或那样的确定和不确定的问题。为了确保新闻发布会的顺利进行，应注意会议程序要安排得详细、紧凑，避免出现冷场和混乱的局面。同时，与会者还应注意各种礼节、礼仪。新闻发布会主要有以下几个环节。

（1）签到。

（2）会议开始。

（3）领导人发言。

（4）回答记者提问。

（5）会议结束。

（四）善后事宜

新闻发布会举行完毕之后,主办单位需在一定的时间之内,对其进行一次认真的评估善后工作。一般而言,需要认真处理的事情有以下三项。

（1）了解新闻界的反应。

（2）整理保存会议资料。

（3）酌情采取补救措施。

三、展览会礼仪

展览会特指有关方面为了介绍本单位的业绩,展示本单位的成果,推销本单位的产品、技术,采用集中陈列实物、文字、图表、影像资料等方式而组织的商务宣传活动。通过这种活动达到供人参观、了解的目的。

展览会礼仪,通常是指商界单位在组织、参加展览会时,所应当遵守的规范与惯例。

（一）展览会的种类

按照商界目前通行的会务礼仪规范,划分展览会不同类型的标准主要有以下六条。

（1）展览会的规模。

（2）展览品的种类的多少。

（3）展览会的目的。

（4）展览会时间的长短。

（5）展览会场地的大小。

（6）展览会的区域。

（二）展览会的组织

第一,尽早着手展览工作。首先需要尽早提出参展申请。好的展览会可能有很多的申请参展者在等候。展览会组织者的公开原则是按先来后到排序,并基本按此原则接纳新的参展者。因此应尽早报名排队。但是,排队等候的实际情况可能并不十分透明,组织者很可能优先照顾质量好的展出者或者公关工作做得好的展出者。因此,展出者还可以做些公关工作,争取优先参展。当然也要做好长期排队的准备。就世界最好的展览会而言,连续等候数年仍不能参展的现象很普遍。因为展览会面积有限,现在参展者大都不愿退出,便只有等待因违反展出规定而被禁止参展者的空缺。对于举办单独展览会的展出者而言,也应尽早落实场地,好的展场都很拥挤,尤其是好的展览时间,不提前几年是租不到场地的。

第二,做好长期工作的打算,制定展览工作计划,按部就班地开展各项工作。在所有的营销方式中,展览可能是环节最多,周期最长的一种方式,而且各个环节互相连接。所有这些工作不可以（也不可能）等到最后时刻再做,不可以（也不可能）忽略某些环节不做。因此要制定周密的长期工作计划安排,经费、人员（筹备人员、展出人员）、工作项目（联络、调研、展品、运输、设计、施工、宣传、公关、膳食行等）、工作日程等都要统筹考虑安排。

（三）如何参加展览会

参展单位在正式参加展览会时，必须要求自己的全部派出人员齐心协力、同心同德，为大获全胜而努力奋斗。参展单位要予以特别重视的主要有以下三个方面。

1. 要善于运用解说技巧

解说技巧，此处主要是指参展单位的工作人员在向观众介绍或说明展品时，应当掌握的基本方法和技能。在宣传型展览会与销售型展览会上，其解说技巧既有共性可循，又有各自的不同之处。

2. 要时时注意待人礼貌

不管是宣传型展览会还是销售型展览会，在展览会上，全体工作人员都要将礼貌待人放在心坎上，并且落实在行动上。

在任何情况下，工作人员均不得对观众恶语相加，或讥讽嘲弄。对于极个别不守展览会规则而乱摸乱动、乱拿展品的观众，仍须以礼相劝，必要时可请保安人员协助。

3. 要努力维护整体形象

参展单位的整体形象，主要由展示之物的形象和工作人员的形象两个部分构成。对于二者要给予同等的重视，不可偏废其一。

展示之物的形象，主要由展品的外观、展品的质量、展品的陈列、展品的位置、发放的资料等构成。用以展览的展品，外观上要力求完美无缺，陈列上要既整齐美观又讲究主次，布置上要兼顾突出主题与吸引观众注意力。

工作人员的形象，则主要是指在展览会上直接代表参展单位露面的人员的穿着打扮问题。要求在展位上的工作人员要统一服装。为了说明各自的身份，全体工作人员皆应在左胸佩戴表明本人单位、职务、姓名的胸卡，唯有礼仪小姐可以例外。

四、赞助会礼仪

所谓赞助，通常是指某一单位或某一个人拿出自己的钱财、物品，来对其他单位或个人进行帮助和支持。对于商界而言，积极地、力所能及地参加赞助活动，本身就是对自己进行商务活动的一种常规形式，而且也是自己协调本单位与政府、社会各界的公共关系的一种必要手段。

（一）赞助的类型

赞助的类型，指的是赞助的具体形式。赞助的类型选择得当与否，大都对赞助的效果直接产生影响。

根据标准的不同，赞助的类型可有不同的划分。其中最常见的类型有以下两种。

1. 依据赞助商的项目所划分的赞助类型

依据赞助商的项目，在此具体主要是指受赞助的对象。在目前情况下，商界通常积极赞助的项目有体育运动、文化活动、专著的出版、展览画廊、教育事业、娱乐休闲、科研活动、医疗卫生以及公益事业等。

2. 依据赞助物所划分的赞助类型

赞助物，在此特指赞助单位或个人向受赞助者提供的赞助物品。它往往取决于赞助单位或个人的实力与受赞助者的具体需求。通常,赞助物可以分为以下四类:现金、实物、义卖和义工。

除此之外,还可以根据赞助单位或个人向受赞助者所提供的金额的多少,将赞助的类型划分为全额赞助或部分赞助。或者依据赞助单位或个人的具体数量的多少,将赞助的类型划分为单方赞助与多方赞助。

(二) 赞助的步骤

赞助的步骤,指的是赞助活动运作过程中的各个主要环节。赞助活动中必须认真对待的重要步骤有四项。

1. 前期的研究

在正式决定赞助之前,赞助单位首先有必要进行前期的研究,并且对赞助活动的必要性与可能性进行详细的论证。

2. 赞助的计划

赞助的计划实际上是前期研究、论证成果的具体化。根据惯例,应当是由专司其职的工作部门,在进行前期研究、论证的基础上,根据本单位既定的赞助政策和赞助方向,认真制定而成。负责赞助计划的工作部门,主要是指公关部。有时办公室、财务部亦应介入此事。

3. 项目的审核

赞助项目的审核,在此主要是指赞助单位事先对自己所参与的赞助项目进行的核定与审查。在正常的情况下,它是由赞助单位专门负责赞助活动的工作部门负责进行的。经过审核之后,假定赞助项目得大于失,即可将其付诸实施;假如赞助项目失大于得,尤其是毫无任何社会效益可言时,则应当坚决让其下马。

4. 承诺的兑现

赞助活动一经正式决定,即应择机将其付诸实施。在实施过程中,赞助单位必须特别注意四件事:必须有约在先;必须审慎行事;必须扩大影响;必须严守承诺。

同步案例 发放资料的学问

背景与情境:天地石化股份有限公司董事会召开会议讨论从国外引进化工生产设备的问题。秘书小张负责为与会董事准备会议所需的文件资料。因有多家国外公司竞标,所以材料很多。小张由于时间仓促就为每位董事准备了一个文件夹,将所有材料都放入文件夹内。有三位董事在会前回复说将有事不能参加会议,于是小张就未准备他们的资料。不想,正式开会时其中的二位又赶了回来,结果会上有的董事因没有资料可看而无法发表意见,有的董事面对一大摞资料不知如何去找自己想看的资料,从而影响了会议的进度。

问题:应如何发放资料才能避免此类事件的发生?

分析提示:按照预计的人数准备资料,先作为备用,如果真如同案例中所说,那么再补充资料是来不及的。

第五节　婚礼与寿礼

一、婚礼礼仪

婚礼,在中国原为"昏礼",属于汉传统文化精粹之一,古人认为黄昏是吉时,所以会在黄昏行娶妻之礼,故而得名。夫妻结合的礼仪称为"昏礼"。"昏礼"在五礼之中属嘉礼,是继男子的冠礼或女子的笄礼之后的人生第二个里程碑。

(一) 婚礼仪式

婚礼仪式简称婚仪,就是婚礼当天相关的诸多习俗程序。在世界各地,婚仪是五花八门、异彩纷呈的,同样,我国的婚仪也有着地区、民族和时代的差别。在现代中国,婚仪有简有繁。一般形式有以下几种。

1. 传统婚仪

1) 传统习俗

上头:上头仪式于大婚正日的早晨举行,须择时辰。男方要比女方早半个时辰开始(约一小时之差),并由"好命佬"和"好命婆"替男女双方在各自的家中举行。男女双方均要穿着睡衣,女方更要在一个看得见月光的窗口,开着窗进行。所谓"好命佬"和"好命婆"是男女家中的长辈,择父母子女健在,婚姻和睦者。从前,女方上头后便不准落地走动,所以上花轿时须由大妗姐背着。上头时"好命佬"、"好命婆"会一边梳一边说:"一梳,梳到尾;二梳,白发齐眉;三梳,梳到儿孙满地。"

正日出门:打开红伞,代表开枝散叶。撒红豆、绿豆和米于伞顶和车顶,用以辟邪。

三朝回门:一对新人代备些物品返女家,包括金猪两只、酒一壶、鸡一对、西饼两盒、生果两篮、面两盒、猪肚猪肉两斤。女家须留女儿及女婿食饭。回门后女家照例回礼,包括西饼、竹蔗、鸡仔、生菜、芹菜、猪头和猪尾。由于时代的进步,一切从简,以上各礼均可以礼金代替,代替猪肉的,谓之猪肉金。代替西饼的,也就是西饼金了。

禁忌:孕妇和戴孝者都不可以目睹新人出门及过门,更不能触碰新人的衣物及新房所有物品。若是"爬头"结婚的新人,须在其未婚兄长之裤裆下穿过才可以出门。

婚礼,无论在古今中外,都被认为是人生仪礼中的大礼。但对其的认识则古今大不一样。古人认为,家族和血统的延续,是晚辈不容推卸的重任,即所谓"不孝有三,无后为大",因此,把交合男女阴阳、产生子嗣的婚姻之礼放在一个很重要的地位。婚礼和婚姻制度有密切联系,从一个侧面反映了人们的文明教化程度。以汉族为主体的中华民族祖先和世界各民族一样,在原始时期经历过乱婚、群婚的阶段,进入文明社会之后则基本采取一夫一妻的婚姻形式。

最初的婚礼形式大约始于原始社会末期,从相传始于伏羲时代的定婚"以俪皮(成对的鹿皮)为礼"逐渐演进,到夏商时的"亲迎于堂",再到周代所具备的完整的"六礼",已初步奠定了我国传统婚礼的基础。又经过历代的发展,使各种各样的婚礼仪节更趋繁缛、热烈。

概括而言,我国传统婚礼大约分为婚前礼、正婚礼、婚后礼三个阶段。婚前礼是在婚姻筹划、准备阶段举行的一些仪节。

先秦时,包括纳采、问名、纳吉、纳征、请期五种(加上正婚礼时的亲迎,即所谓的"六礼"),后代又逐渐演变出催妆、送妆、铺房等仪节。

在古代封建社会,婚姻取决于"父母之命,媒妁之言",因此,婚前礼的一切仪节,包括从择偶至筹备正式婚礼的一系列环节,几乎都由父母双方的家长包办,真正婚姻的当事人反而被排除在外。

又因为男子的社会地位比女子尊贵,因此,求婚也多以男方为主动。男方家长想为儿子娶亲时,先请媒使向女家提亲(称"下达"),如果女家接受了这门亲事,就开始进行纳采、问名等一系列仪节。

纳采:是男方向女方正式求婚的第一步。

在双方约定进行纳采礼的这一天,男家派出的媒使手捧一只活雁作为贽见礼物(最初用活雁作为贽礼,即取雁为候鸟,秋南飞而春北归,来去有时,从无失信来作为男女双方信守不渝的象征;又取雁飞成行,止成列,以明嫁娶必须长幼有序,不能逾越的意思。后来也用羔羊、白鹅、合欢、胶漆等作为贽礼的),来到女家大门外,对女家摈者(辅助行礼的人)说:"您家主人非常盛情,赏给某某(婿名)一个妻子,某某(婿父或兄)根据祖先遗下的规定,让我来向您家主人请求举行选择贵府小姐的仪节。"

女家主人得到通报后亲自出大门迎接,宾主互作一揖让之后,媒使再次向女主人表达前来行纳采礼节的意思。主人答礼,收下活雁并谦让一番。媒使见婚事得到女方家长的正式应允,就告辞回去复命了。

催妆、送妆及铺房:这三项仪节在先秦文献中未见记载,是后代在婚礼的演变中发展出来的。

催妆,是男家派人携礼催请女家及早为新娘置妆的仪节。在宋代,亲迎前三日,男家送催妆花髻、销金盖头、花扇等物至女家,女家则答以金银双胜御、罗花璞头、绿袍、靴等物。

送妆,是亲迎前数日,女家派人将嫁妆送至男家的仪节。嫁妆往往用箱笼装着,也有人家为炫耀陪嫁,将嫁妆用方桌一一铺开,排成一个纵队浩浩荡荡地送至男家。嫁妆通常有箱柜、被褥、首饰、衣服、绸缎、文房四宝及金银器皿等,还有以田地房屋、店铺、当铺作为陪嫁的。浙江一带,嫁妆中有一种叫做"子孙桶"的(大桶上有一大盖,为新娘生育时用),桶中盛有红蛋、喜果、谓之"送子",有祝福之意。绍兴一带,还有送"女儿酒"作为嫁妆的,即在女儿满月或数岁后,即酿酒数坛埋入地下,待女儿出嫁之日,取出作为嫁妆礼品送至男家。

铺房,是女家派人至男家铺设新房的仪节,有时和送妆同时进行。在宋代,亲迎前一日,女家派人至新房铺设帐幔、被褥及其他房内器皿,并且备礼前来暖房。然后以亲信妇人或从嫁女使看守房中,不许外人进入,以待新人。铺房人必须是福寿双全、家境富裕的"好命婆",以取吉祥。现代有些地方还流行此俗。

亲迎:是新郎亲往女家迎娶新娘的仪节,也是古今婚礼中最为繁缛隆重的仪节。

据《仪礼·士昏礼》记载,结婚那天傍晚,新娘穿上结婚礼服——系有浅红色花边的纯衣

（丝质衣服），头上戴着"次"（编好的假发套），向南站在房中，身右站着保姆，新娘的女随从则披着白黑色相间的外衣，站在后面。当新郎穿着礼服，带领着墨车（新郎坐车）、彩车（新娘坐车，设有帏帘）、从车、仆人等迎亲队伍来到新娘家大门外时，女家主人亲自出来迎接，经过一番揖让，双方来到堂上，新郎向岳父行过稽礼（古代跪拜礼中最重的一种，需磕头至地多时）之后，新娘就从房里走到东阶上她父亲跟前，父亲告诫她道："今后要时刻小心、恭敬、谨慎，不要违背你公公婆婆的意愿。"同时，将一件衣服给她，作为告诫的证物。接着，新娘再来到西阶上她母亲跟前，母亲给她在腰间系上一条带子，并接上佩巾，然后告诫她道："勤勉、恭敬，好好完成你公公婆婆吩咐你的家务。"随后，新娘随新郎下堂来到大门口，新娘披上御尘的外套登上彩车，并从新郎手中接过驾车的带子。于是，新郎驾着彩车往前走，在车轮转了3周后，新郎将车子交给驾车的，自己则乘坐墨车先走，因为他还要到自己家门前迎候新娘。

亲迎流传到后世，多以花轿、喜车、彩船等迎娶新娘，新娘的结婚礼服多为绣有龙凤图案和彩饰的凤衣凤冠，垂下丝穗以遮面，也有以红巾一帕、纸扇一把来遮面的。当新郎亲迎来到女家时，新娘往往哭哭啼啼不肯上轿，新娘的亲友则要当众试才——请新郎赋诗，新郎在当场吟诵了"催妆诗"后，新娘方始起身上轿。上轿前，女家先使一妇人手持灯或镜子向轿中照一下，谓之"照轿"，认为这样可以压邪。近代，花轿起轿后，女家在门口泼上一盆水，原意是认为水可以涤除污秽，当然也可以压邪治鬼，后来演变成"嫁出去的女儿泼出去的水"——祈祝女儿出嫁之后和婆家关系融洽，不要被斥退回。

花轿在迎归男家的路上，前呼后拥，好不气派：最前面的是开道的，紧随的是执事的、掌灯的、吹鼓奏乐的，然后才是新娘的花轿。沿路吹吹打打，呈现出一派喜庆景象。花轿迎至男家，邻人乡亲还要索取吉利钱，谓之"拦门"。送亲者以铜钱向空中扬撒，儿童争着去抢，叫做"撒满天星"，另有一个手执花斗，将所盛之谷物、豆子以及金钱、果子等物望门而撒——据说是用以禳避阻挡新妇进门的煞神——称为"撒谷豆"。新娘要下轿了，但双脚不能履地，只能履青布条、毡席或麻袋。因古人认为，地与天都是神圣的境界，不得侵犯，而新娘的脚一旦与土地接触，难免会触犯地神，因此，必须铺上毡或席来避免。唐代白居易的《春深娶妇家》一诗记叙了这一习俗："青衣转毡褥，锦绣一条斜。"宋代改毡为席，称为"传席"或"传袋"，即以席或麻袋辗转传递，直到洞房前，席谐音"息"（小儿、后代），袋谐音"代"，都是传宗接代的意思。后来也有使女家亲戚中力气较大者抱新娘下轿登床的，演变至今，已成为娘家小舅子抱新娘上轿、下轿了。

当新娘来到新房门前时，还要从马鞍上跨过去，以示平安，也有跨火以压邪的。

拜堂：是新娘过门后拜见天神地祇、男家祖宗、公婆亲戚及夫婿的仪节。

先秦时，新娘拜见公婆是在新婚的第二天清晨。新娘沐浴后，由赞者引带着去见公婆。新娘双手捧着盛有枣子和栗子的竹盘，走到公公的座席前，脸向东行拜礼，然后上前一步，跪坐下，把竹盘摆在席上，公公用手抚一下，站起来回拜，新娘再行拜礼，然后下堂，从女随从手里接过盛有肉干的竹盘，走到婆婆的座席前，进行如同刚才一样的仪式。

接着，赞者代替公婆向新娘行一种以甜酒赐给新娘的礼节，然后，新娘再用根据规定准备好的食品向公公婆婆行"馈食礼"，以表示公公婆婆的生活，今后要由她来照料。第三天，公公婆婆再以"一献之礼"赐还给媳妇。

在公公婆婆和媳妇相互敬酒之后，公公婆婆由西阶下堂，新媳妇由东阶——这是主人的方位——下堂,显示新媳妇已取得了接替婆婆做家庭主妇的资格。在拜见公婆后第三个月的某一吉日,新媳妇要到夫家的祖庙行"庙见之礼"——拜见夫家的列祖列宗,以慰先祖在天之灵。经过这一系列仪式,新媳妇才算正式成为夫家家族中的一员。

从汉魏到唐代,北方一带,拜堂有在"青庐"中举行的。所谓"青庐"就是在住宅的西南角"吉地",露天设一帐幕,新娘从特备的毡席上踏入青庐,公公婆婆则踏着新娘的脚印随后而入,以压媳妇的锐气。新娘入门后,先拜猪圈及灶,然后夫妻交拜,第二天再拜见公婆及亲戚。

后来,逐渐把拜堂这一仪式改在新婚之夜进行。新郎迎请新娘进门后,各执一端用红绿彩缎结成的同心结,并立在高烧大红龙凤喜烛的堂前,请男家福寿双全的太太,以秤杆挑去新娘的蒙面巾。

新郎新娘先拜天地,然后依次拜见公婆及尊长亲戚。这时,拜与被拜的双方往往要互赠礼物。最后夫妻交拜,礼毕之后,新人由亲友送入新房。

酒筵及合酒:古往今来,酒筵几乎是每对新婚夫妇行婚礼时必不可少的仪式,流传到今天,"吃喜酒"已成为民间行婚礼的简称。

当然,酒筵有繁有简,规模不等,但最主要的意义,则是新郎新娘的婚姻得到了亲朋好友的承认。因此,酒筵也是婚礼中最具有社会意义的环节。先秦时代,新郎新娘的酒筵并不和众人在一起,而是在新房中专设一席,新郎新娘在司仪的指挥下,相对而坐,按照一定的程序服用一些饭菜酒食之后,即告撤席,时间不会很久。在酒筵上,最具有意义的仪式无过于"合酒"了。

"合酒",是以线相连,新郎新娘各执其一,相对饮酒的仪式。酒杯一分为二,象征夫妇原为二体;以线连柄,则象征两人通过婚姻而相连;合之则一,象征夫妇虽两体犹一心。新婚夫妇在酒筵上共吃一鼎所调制的菜肴,同喝一杯,象征夫妻间互敬互爱、亲密无间。由于这一仪式意义深远,所以后来的婚礼中都少不了这一节目,当然,随着时代的变迁,名称有所不同("饮交杯酒"),器皿也有所变化,饮酒的形式也不一样。

秦汉以后,在婚礼酒筵前后,又增加了"撒帐"、"结发"等仪式。当新郎将新娘迎入新房后,两人一起在婚床帐中女左男右对坐,随后由前来参加婚礼的女宾或司仪边唱边向帐中抛撒金钱彩果,即所谓"撒帐"。接着,将一些预先从新郎头上取下的头发交给新娘,让她和自己的头发梳结在一起,称为"结发"。

这以后,新郎就从床上下来,到外室接受亲友道贺,招待众人参加酒筵,而新娘则仍然在帐中继续安坐,直到酒筵结束,新郎再度回房为止。

闹房:在近代,这是新婚夫妇于婚礼之夜在新房接受亲友祝贺、嬉闹的仪节,民间有"新婚三日无大小","闹喜闹喜,越闹越喜"的说法。

在先秦时代,新郎新娘酒筵的结束,标志着婚礼之夜仪式的基本结束,接下来,新郎新娘就安寝了。

大约在汉代时,参加婚礼的宾朋不甘就此罢休,于是就有了"听房",即新婚之夜,爱看热闹的人悄悄来到新房窗外,偷听新郎新娘的言语及举动,以此为笑乐。

传衍至晋代,民间已有戏弄新娘的习俗,即于大庭广众之前,以各种怪问题来为难新娘,甚至对新娘施以种种恶作剧。

后来流行的"闹房",可能就是这一习俗的演变。各地的"闹房"有不同的方式、方法,闹的程度也有文雅和粗俗之分,有时闹过了头,往往给主宾双方带来尴尬和不快,但因为它给婚礼增加了热烈的气氛,所以后来的婚礼中往往少不了这一节目。

2）婚礼前的准备

（1）婚礼前半年的准备。

①确定婚期的大致日子。

动员人员：双方父母长辈。

你们需要坐下来,翻翻老黄历,挑挑好日子。

②确定婚礼预算。

动员人员：自己实力不够,只好求助父母。

你们从现在起,就要把各自的存折放在一起,仔细加一加,看看两人的经济实力。一般父母也会贴一些。

③确定婚礼形式。

动员人员：有创意天赋的所有熟人。

在自己能力范围内,你们可以确定婚礼形式,如饭店婚礼,教堂婚礼,集体婚礼等；也可以让你的朋友们想出新颖的形式,做一对与众不同的新人。

④准备你们的新房。

动员人员：装潢公司和有关领域的朋友。

这时候你们可以开始布置新房,采购家具电器等。就像燕子衔泥一样,构筑属于你们自己的温馨小家。

⑤蜜月计划。

动员人员：旅行社和在相关方面有经验的朋友们。

首先,要找到一个合适的旅行社。其次,现在你们还比较有空,有机会参考资料和请教朋友。

⑥礼服的订制。

动员人员：好裁缝。

一般如果新娘婚纱准备租用的话,新郎的西装则是要订制的,慢工出细活,且更加合身,以后正式场合也可以穿。

⑦新人保养。

动员人员：新郎新娘。

新人如果想在婚礼时容光焕发,保养起码就要从这时开始。

⑧婚前体检。

动员人员：新郎新娘。

婚检可以免除很多后患。

（2）婚礼前三个月的准备。

①婚宴地点的确定。

动员人员：饭店管理人员和该行业的朋友。

如果你们挑的日子、饭店都很热门,就要尽早预定,以免麻烦。请教朋友关于选定饭店的菜肴特色,以确定是否符合你们的要求。

②择日搬家。

动员人员:搬家公司和亲朋好友。

你们就要告别父母的家,自己的东西要整理,必需的日用品也要买齐。

③婚纱婚礼摄影。

动员人员:专业摄影公司和精于此道的朋友。

④婚戒选择。

动员人员:新郎新娘。

挑一下你们的婚戒吧,从此情定今生。

⑤决定蜜月游程。

动员人员:旅行社或在线旅游网站。

(3)婚礼前一个月的准备。

①准备协助人员名单。

动员人员:亲朋好友。

你们需要很多人的帮忙,快点想想你们死党吧!

②统计来宾名单。

动员人员:长辈和统计学系毕业的朋友。

长辈会给你最详细的家族关系表,漏了谁都不好!

③拍摄婚纱照。

动员人员:婚纱摄影店。

留下爱情的美好见证吧!

④请假。

动员人员:老板、人事主管。

你必须为你的婚期请假,如果是白领,还会为了你的蜜月和老板周旋,现在就要努力把近期手头的工作做完,给主管一个好印象,请假就有望。

⑤迁户口。

动员人员:户籍机关。

迁户口的程序非朝夕之工啊!

(4)婚礼前三周的准备。

①订车、订蛋糕、订酒席。

动员人员:饭店人员和出租公司。

如果要好车,就得赶紧订了。还有大蛋糕的样式也可以看看了。多少桌酒席也该确定了。

②仪容整理。

动员人员:美容美发院和闺中好友。

新娘要修剪头发,试妆。还要逛街购买结婚时的衣服、鞋子。

(5)婚礼前一周的准备。

①召集大会。

动员人员：所有工作人员。

确定各自任务，汇报完成情况，协调下一步工作。

②美容全身护理。

动员人员：美容院。

为了婚礼上最美的自己。

③整理行装。

动员人员：新郎新娘。

不要漏下重要证件哦。

（6）婚礼前三天的准备。

①布置会堂。

动员人员：工作人员。

布置喜庆会堂，写好各席名单。

②订花。

动员人员：花店。

不必过分奢侈，量力而行即可。

③取礼服。

动员人员：礼服店。

试穿一下，万一不好，还来得及改。

（7）婚礼前一天的准备。

①所有工作再确认。

动员人员：所有工作人员。

汇报各自情况，分配明天任务。确定万事俱备！

②休息。

动员人员：新郎新娘。

筋疲力尽，补充点能量吧。

2. 旅游结婚

结婚是人生的一件大事，每个人都希望自己的婚礼能留下美好的回忆。随着时代的变迁，21世纪的今天，婚礼不再以铺张排场的婚宴为代表，而是呈现出个性化与多元化。跳出传统婚宴，选择轻松、浪漫的旅游结婚，成为时下年轻人的时尚选择。一张结婚证、一次浪漫而新奇的旅行，谱写着一首首新时代的结婚奏鸣曲。旅游结婚应特别注意以下几个问题。

（1）应量力而行，注意劳逸结合，不能太疲劳。我国的交通、服务设施还有许多不尽人意的地方。此时就应劳逸结合，旅游日程不能安排得太满。夫妇性生活应在比较充分的休息之后。鉴于环境对性生活会产生影响，通常人们对陌生的环境多抱有一些警觉，因此转换旅游地点不宜太频繁。在确定旅游结婚的线路时，除了充分考虑自己的经济能力外，更重要的是要考虑自己的体力和旅游地的环境。对于平时活动量较小的夫妇来说，适合选择以休闲为主的旅游线路。而一些有跋山涉水、赶乘舟车的线路，往往体力消耗较大，适合身体强壮、活动量较大的夫妇。如西藏等旅游景点，对旅客的体力要求相对较高，夫妇应量力选择。

（2）应注意卫生。有些低档次的房间，卫生条件往往很差，甚至有感染疾病的危险，一般在旅游结婚时不要贪图便宜而选择较差的居住环境,旅行中更应注意公共卫生和性生活卫生。旅行结婚最好自备用水工具。可能的话,每天洗淋浴。旅行结婚最好能自备床单、床套。

(3)蜜月旅行最好避开女方的月经期。因为月经期间不宜过性生活,况且女方月经期间较为疲劳,旅行会加重疲劳,这些都会给新婚带来不愉快。

(4)新婚夫妇要了解性生活的基本常识,使性生活过得更加美满。蜜月旅行游玩观光,体力消耗较大,因此蜜月中要节制性生活。旅行期间不宜怀孕。旅行期间身体疲劳,饥饱不均,营养不足,睡眠时间少,这些情况均不利于怀孕和优生。待旅行结束,体力和精力均已恢复时再考虑生育,这样才有利于优生。所以,建议婚后3个月以后受孕。

(5)旅游结婚还要注意身体保健。在人体过度疲劳时免疫力会下降,感冒等各种疾病易乘虚而入。所以,旅游结婚的夫妇要注意携带一些常用药,如治疗感冒、腹泻、外伤等类药品。

(6)旅游结婚往往会打乱平时的生活规律,环境不安定,饮食起居失常,新郎新娘不宜借酒助兴,也不宜饥饱不均;双方在旅游途中更要相互体贴、相互关爱,不要为小事斗气,影响情绪。尽可能按平日的睡眠规律休息。

3. 集体婚礼

集体婚礼相对于中国的传统旧式婚礼而言,是一种新式婚礼。集体婚礼,尽管在21世纪初盛行,却并非近几年才肇始,早在民国时代便已开先风。20世纪30年代,国民政府提倡新生活运动,在婚礼形制上也推广西式新婚仪,并由社会局出面组织,首开近现代集体结婚风气。上海是首倡之地,自1934年10月至1937年8月后,先后举办了十多次,集体婚礼的青年情侣有1000多对,顿成一时之大景观。1935年在南京励志社大礼堂举行的"第一届新生活集团结婚",时任南京市长马超俊出席证婚,共有33对新人志愿参加,各式媒体盛赞这种新兴婚仪"观礼者千余人,极一时之盛"。

最早的集体婚礼,便要求新人们要统一着装,通常是新郎身着蓝袍、黑褂、蓝裤、白袜,脚穿黑缎鞋,手带白手套,胸佩礼花;新娘身着短袖淡红色长旗袍、长裤,脚穿肉色丝袜和缎鞋,头罩白纱,戴白手套执鲜花一束。婚礼完毕后颁发结婚证书、纪念证章并合影留念,整个过程,洋为中用,新旧交融,简朴而不失隆重。其后,又有完全抛弃旧式旗袍长衫的,新郎一身西装革履,新娘则洁白婚纱笼罩,越发接近纯粹的西方婚礼。新中国成立后,也曾多次组织集体婚礼,目的是移风易俗,倡导简约。新人们多半穿着朴素,较少大红大绿,至多也不过是新娘的红衣衫,为婚礼添了一道喜庆色彩。90年代后,时代新风洋溢,青年男女又重归了西式路线,婚纱礼服也悄然走俏,即后,古典风味的民族服饰苏醒,又有喜着旧式对襟红绸礼服或者旗袍的,于是两道风景并现,任人各取所需。

尽管目前的集体婚礼作为一种新方式,往往主题是提倡节俭朴素风尚,树立积极健康的婚姻价值观和婚庆消费观,也确实为广大适龄青年所喜闻乐见,但也并未能全然深入民心,征服不了传统婚庆仪式的顽强,甚至有些人认为过分简约的婚礼形同未婚,依旧大摆宴席,花销巨大。

4. 西式婚礼

若想在教堂举行西式婚礼,首先应了解一些教会的规矩。一般来说,要在教堂举行婚

礼,双方应有一方已经加入教会,但也许有些教堂对这些的控制没有那么严,新人应提前去教堂联系,了解清楚。在教堂举行婚礼必须要先去民政局领取结婚证书,然后去教堂与负责的牧师或神父确定日期。西式婚礼也有以下一些传统习俗。

1)钻石订婚戒

这个传统始于15世纪,奥地利大公麦西米伦以钻戒向玛丽公主许下海誓山盟。当时,他的亲信呈文献言:"殿下,在订婚时,您必须送一枚有钻石的戒指。"麦西米伦纳言。这个仪式从此流传至今,已有数世纪之久。

2)新娘要戴手套

手套是爱的信物。在中古世纪,许多绅士送手套给意中人表示求婚。如果对方在星期日上教堂时戴着那副手套,就表示她已答应他的求婚了。

3)婚戒要带在左手无名指上

古人认为左手无名指的血管直通心脏。中古世纪的新郎把婚戒轮流戴在新娘的三个手指上,以象征圣父、圣子和圣灵三位一体,最后把戒指套在无名指上。于是左手的无名指就作为所有英语系国家传统戴婚戒的手指。

4)钻石是爱情的最高象征

热能和压力孕育出颗颗结晶的钻石。钻石是人类目前所知硬度最高的物质。在古代,人们并没有切割钻石的工具和技术。钻石因此自然成为永恒不渝的爱情的象征,孕育钻石的热能就代表着炽热的爱。

5)新娘要戴面纱

最初,新娘的面纱象征着青春和纯洁。基督徒的新娘或戴白色面纱以表示清纯和欢庆,或戴蓝色面纱以示如圣女玛利亚般纯洁。据说,当年美国首位第一夫人玛莎·华盛顿的孙女妮莉·华莱士在结婚时别出心裁地披着白色的围巾,掀起一种风尚。这就是今天新娘戴白面纱习俗的由来。

6)新娘穿白色礼服

自罗马时代开始,白色就象征着欢庆。在1850年到1900年的维多利亚女皇时代,白色也是富裕、快乐的象征。后来则加强了圣洁和忠贞的意义,形成了纯白婚纱的崇高地位。而再婚的女性,可以用白色以外的其他颜色,如粉红或湖蓝等,以示与初婚区别。

7)结婚典礼时,新娘总是站在新郎的左边

古时候,盎格鲁撒克逊的新郎常常必须挺身而出,以保护新娘子不被别人抢走。在结婚典礼上,新郎让新娘子站在自己的左边,一旦情敌出现,就可以立即拔出佩剑,击退敌人。

8)结婚蛋糕特别定制

自罗马时代开始,蛋糕就是节庆仪式中不可或缺的一部分。在那个时代,婚礼结束时,人们会在新娘头上折断一条面包。制造面包的材料——小麦,象征着生育能力。而面包屑则代表着幸运,宾客无不争着捡拾。依照中古时代的传统习俗,新娘和新郎要隔着蛋糕接吻。后来,想象力丰富的烘焙师傅在蛋糕上饰以糖霜,也就成了今天美丽又可口的结婚蛋糕。

9)蜜月旅行

"蜜月"(honeymoon)一词起源于古欧洲。新婚夫妇在婚后的30天内,或直到月缺时,每天都要喝由蜂蜜发酵制成的饮料,以增强性生活的和谐。古时候,蜂蜜是生命、健康和生育能力的象征。"蜜月"是新婚夫妇在恢复日常生活前的单独相处。

西式婚礼的基本程序包括以下内容。

(1) 新郎新娘分别前往教堂,会合后开始举行婚礼(一般是下午)。

(2) 婚礼一般由神父或牧师主持,亲朋或有心聆听"福音"的人一般都欢迎观礼(意大利人、希腊人除外),大家静候新人到来。

(3) 主持者说完一段誓词之后,问新郎新娘是否愿意接受对方?

(4) 互相说完"我愿意"之后双方交换戒指,接吻,签字后婚礼便具有法律效力。

(5) 一般情况下,新郎新娘分别有伴郎、伴娘及花童。

(6) 婚礼完成后,新人及一干人等前往外景地,在公园、海边等特别景点拍摄自然风格的婚礼图片,除传统惯例要拍的合影镜头外,其余镜头常常是即兴发挥。

(7) 晚上,一对新人、双方父母及宾客等聚于酒店、酒吧或餐厅甚至海边开 party,程序为入场—就座—伴郎致辞—宴会—切蛋糕—新人跳第一支舞—舞会＋自助餐—新娘抛花球(新郎抛袜圈)—吻别。

(8) 新郎新娘赴酒店或度假地欢度新婚夜。

(二) 婚宴

座次的安排,按照"长幼有序"的传统思想,婚宴入席时要有专人负责将前来贺喜的宾客按一定的顺序牵引入座。不但席位有"主席"、"二席"、"次席"的区别,同一桌席上的座次也有"上座"、"下座"之分。一般来说,主席为新郎新娘的长辈、媒人、单位领导等重要人物;二席为新娘的平辈亲戚和一般宾客;次席是新娘的朋友、同事、邻里等。在席位的安排上,最好是把同性别、年纪相仿、互相熟悉的人安排在一起,因为他们有共同语言,可以增强婚宴欢乐、喜庆的气氛。婚宴一般是男女宾客分开入席。

关于各桌席的排列顺序,一般是以左桌为主席,右桌为次席。如果是两桌以上,则以中桌为主席,其余的依次从左至右为序。

关于各桌席上的具体座次,"上座"(首座)一般靠近正对大门的室壁,通常由尊者、长者或主宾就座;"下座"(末座)通常由主人或主人的亲属晚辈就座,在宴席上负责接菜递盘、把盏倒酒,习惯上以首座对面的座位为下座。其他客人则以首座为中心,依次分坐左右两边。

在安排宾客入席时,一定要按照宾客的身份、年纪,安排在适当的席位和座位上,以免失礼。

新郎新娘在婚宴上的礼节是否周全、适当,在一定程度上决定着婚宴以至整个婚礼是否能够顺利、圆满地完成,也影响客人对新郎新娘的印象。新郎新娘应注意以下几点。

(1) 无论是在家里还是在饭店举行婚宴,当客人开始入席时,新郎新娘要双双立于门外,对客人的到来表示感谢(对虽然路程较远、工作繁忙或身体不适而仍前来者以及对长辈客人,不妨多说几句),一直到最后一位客人入席。

(2) 婚宴正式开始前,一些地方时兴由新娘为客人行"茶礼"。对于客人此时送上的红包,不论礼轻礼重,新娘都要一视同仁地致以谢意,不能因礼轻而轻视怠慢,也不能因礼重而喜形于色,殷勤有加。

(3) 不要大吃大喝。新郎新娘在婚礼宴席上应多照应客人,让亲朋好友吃好喝好,高兴

而来,满意而去。不要只顾自己,大吃大喝,甚至饮酒过度,当场醉倒,那就过于失礼了。但是,要是一点酒也不喝,一点菜也不吃,显得过于拘束、紧张,这种做法也不礼貌。对于客人的敬酒,即使酒量再有限,也要略加表示,至少要举起酒杯向客人致以谢意,并说明不能多喝的理由。

(4)婚宴进行到一定程序(一般在快要结束时),新郎新娘要按主次,依次到各席向每位客人敬酒。无论是在排练晚餐会抑或正式的婚宴上,敬酒都是极为重要且不可或缺的一环。不过,就如同种种历史久远的礼仪一般,敬酒时,也有若干礼节应该加以遵循。例如,接受敬酒的人不必喝酒,只需坐在座位上,微笑面对敬酒者。

要敬酒时,如果席间有10位宾客甚至更多,务必站起身来。如果是在人数较少、彼此都熟识的场合上,则可以坐着敬酒。为了引起他人的注意,可以先说句开场白,如"各位女士、各位先生,我想向某某先生(小姐)敬个酒";或者也可以不必说得那么正式,只要声音比正常说话时大一点说"现在我想说一些话"。

婚宴上每一次敬酒时间不宜超过3分钟。因此,应该避免东扯西拉没完没了。向新人致意时,话语中可以表达关怀、幽默风趣、率真感人,甚至可以戏谑,这些都无伤大雅。态度可以严肃,也可以机敏谐趣。不过,最好事先演练一番。

敬酒时要亲手为客人将酒杯倒满并双手为客人端起,但不要一律强求客人一饮而尽。等客人放下酒杯后,新郎新娘要说声"谢谢",并再次为客人将酒杯添满,方可再向下一位客人敬酒。

(5)婚宴结束,客人离去时,新郎新娘要双双立于门外,同客人握手再见,并说些"谢谢光临"、"请慢走"之类的话。

知识活页

国外婚宴礼仪简介

在世界绝大多数地方,一般在结婚仪式后都要举行丰盛的宴会,以示庆贺一对新人结成秦晋之好,还有酬谢各位来宾参加婚礼之意。

在西方国家,当一对新人在教堂举行结婚仪式之后,他们和全体宾客就要乘车前往婚宴地点。一到达婚宴大厅,就要立即组成以新娘新郎家为主的迎宾队列,排列在大门口迎接来宾。新娘母亲应站在队首,不断问候来宾,并把来宾一一介绍给新郎母亲。新郎母亲紧挨着新娘母亲站着。紧跟其后的是新郎新娘,新娘应站在新郎右边。接着是主女傧相,最后是女傧相。不过,如果两位新人的父亲和他们的母亲一起站在主人的位置上参加迎宾则最佳,但他们往往愿意混在宾客中间。离婚父母切忌一起站在迎宾队列里。如果婚礼是由新娘的母亲和继父操办,母亲和继父应作为主人站在迎宾队列,而新娘的亲生父亲不应站在那里;若婚礼是由新娘的父亲和继母操办,父亲和继母应站在主人位置,新娘生母只能作为宾客出现。

在日本的新式婚礼中,婚礼和婚宴通常都在婚宴大厅里举行。婚礼开始前,新郎新娘及双方的父母要站到婚礼大厅入口处迎接来宾入席。在婚宴上,司仪要请人宣读贺词（一般都事先安排妥当）。祝词人若是新人工作单位的上司，则要代表上级向下属表示新婚祝贺，并谈及下属在工作单位的重要性及良好的敬业态度；若是师长，可以说些孩提及学生时代的佳话；若是朋友，可讲鲜为人知、逗人发笑的趣闻。这样使婚礼气氛热闹活跃，使人们在欢声笑语中品尝丰盛的婚宴。在婚宴期间，新郎新娘还要一起到来宾面前给大家敬酒，来宾们也纷纷举杯为新人祝福。

在柬埔寨，婚宴在婚礼第二天的诵经仪式结束后举行。婚宴一般要在女方家的迎宾棚和堂屋举行。新郎新娘衣着结婚服装站在门口，迎接陆续到来的宾客。宾客按坐序坐定后，就开始上菜。在乐队演奏的优美动听的乐曲声中，宾主边吃边谈，十分热闹。宴会即将结束之时，新郎新娘要一起到每个餐桌一一敬烟。一般由新娘递烟，新郎点火。此时，宾客要推举一名代表向新婚夫妇表示祝福。然后，每位宾客相继拿出一些结婚贺金赠送给新郎新娘，称为"缚手钱"。柬埔寨人认为，婚礼喜宴是新郎新娘两人的荣誉，它可以把宾客的心情连接在一起。同时，男女以一对新人的形象在众人面前亮相，可以使宾客承认和认同这对新人组成的家庭，说明这一婚姻是按照传统习俗办理的正当的结合。至于"缚手钱"则是人们互相扶持、团结友爱的象征。

二、祝寿礼仪

中国人祝寿一般从六十岁或六十六岁开始，不论是六十岁还是六十六岁都是按虚岁计算，即按实际年龄提前一年。祝寿，也惯称作"过生日"，老年人一开始"过生日"，以后就须年年过，不能间断。平常为小庆，逢十如七十、八十、九十等，为大寿，要大庆，不但设宴待客，还唱大戏、放电影，或请唢呐班子演奏助兴。给老人贺寿的人有族内子侄辈和儿孙辈、女儿和女婿、侄女儿和女婿、干女儿和女婿、徒弟、学生、亲戚中的晚辈及朋友等，七十岁以上的高寿老人过生日时，街坊邻居也常备礼庆贺。

（一）祝寿准备

给老人祝寿，儿女们要提前做好各项准备工作，第一是预备招待宾朋的馒头、菜肴和酒水。第二是准备寿面、寿桃、寿糕等。寿面多为挂面，没挂面可用自擀的细面条，叫长寿面。寿桃是用白面做成桃形，蒸熟后涂上红绿食色。寿糕是用白面和红枣蒸制的多层枣馍，城镇多买生日蛋糕代替。第三要布置寿堂。寿堂一般在堂屋正厅，屋内张灯结彩，正面墙壁中间悬挂中堂图画，男寿多为南极仙翁，女寿多为瑶池王母，或八仙庆寿、百寿图，或红纸书一大金色寿字。中堂两边为"福如东海长流水，寿比南山不老松"等祝福语句的对联。墙下放礼桌，桌上陈寿桃、寿糕、寿酒等，两边摆放两只红蜡烛。桌前地上铺设红毡或花席，以备后辈人行礼。

（二）祝寿仪礼

中国人给老人庆寿并无严格的仪式程序，仅有大致的章法。一般是，寿辰之日，先把祖宗的神主牌位请于神案之上，点燃香烛，鸣放鞭炮，寿诞老人穿戴一新，率全家拜祭。之后，老寿星端坐寿堂椅上，晚辈们衣冠整齐，恭恭敬敬依次磕头祝寿，并献上贺寿礼品。祝寿磕头为"寿头"，"寿头"是必定要磕的，现在很多年轻人不会磕头，就变为三鞠躬。

祝寿完毕，寿宴开始，众人给寿星敬酒，寿星把寿糕、寿蛋、寿果等吃食分给众人，众人踊跃嚼食，说是替老人"嚼灾"。长寿面是寿宴上必有的食物，吃面时，儿女们要把自己碗中的面条拨向老人碗中一些，谓之给老人"添寿"。

寿宴后稍事休息，大家陪老寿星看戏、看电影。晚上请执事人等吃酒答谢。寿礼便圆满落幕。

（三）祝寿礼品

给老人祝寿的亲朋邻里都要拿祝寿礼品，祝寿礼品也多种多样，有衣服、鞋帽、手杖，有寿面、寿桃、寿糕或生日蛋糕，有肉、蛋、鱼、酒，有苹果、石榴、桃，还有写有祝寿字句的寿幛、寿联、寿屏和寿圖。也有朋友送戏、送电影庆贺的。忌讳送钟（终）。

（四）特殊寿礼

老人过六十六、七十三、八十四几次生日时，祝寿礼比较特殊。

六十六占两个六字，象征"六六大顺"，老人和子女都很看重，所以寿礼较为隆重。"六十六，娘吃闺女一块肉"，父母六十六岁生日这天，已出嫁的女儿除了准备一般礼品外，还须买一块六斤六两的肉，蒸六十六个小馒头为父母祝寿，以报答父母生养之恩。肉与小馒头须父母两人吃，其他人不得分食，否则谓之"夺福"。

七十三岁和八十四岁，俗谓人的一道生死坎儿，谚云："七十三，八十四，阎王不叫自己去。"到了这个年龄，老人和子女都比较紧张，平时对老人加倍呵护，生日时也有个特别的破法，即子女买活鲤鱼为寿礼让老人吃，鲤鱼擅跳跃，吃了鲤鱼，就会跃过这道坎儿，获得平安健康。

知识活页

祝寿通用对联

松龄长岁月　　蟠桃捧日三千岁
鹤语寄春秋　　古柏参天四十围
愿献南山寿　　年齐大衍经纶富
先开北海樽　　学到知非德器纯
绿琪千岁树　　杖朝步履春秋永
明月一池莲　　钓渭丝纶日月长
寿考征宏福　　闲雅鹿裘人生三乐
文明享大年　　逍遥鸠杖天保九如

燕桂谢兰年经半甲　上寿期颐庄椿不老

桑弧蓬矢志在四方　君子福履洪范斯陈

瑶池春不老　设悦遇芳辰百岁期颐刚一半

寿域日开祥　称觞有莱子九畴福寿已双全

王树盈阶秀　玉树阶前荣衣兢舞金萱映日荣　金萱堂上花甲初周范陈九五福

桃熟三千年贤淑七旬人经几度七二风光现出麻姑仙草

导引三摩地应独有三千岁月结成王母蟠桃

璇阁数华年恰合蟾圆一度瑶池看桃实预期鹤　筭千春

相夫教子壶范久钦际此欣逢设悦日

积福延龄期颐预卜而今初倍及筭年

萱寿八千八旬伊始

范福九五九畴乃全

设悦溯当年喜花甲一周又半

称觞逢此日祝萱　龄百岁有奇

第六节　聚会与舞会

一、聚会礼仪

聚会的种类较多,有家庭聚会、朋友聚会、同学聚会,本节只介绍公关聚会礼仪。

公关聚会是一种不带具体任务、较为轻松的聚会,主要由企业、机关、团体发起,内外部公众参加的诸如舞会、宴会、茶话会这样的活动,以联络感情、增进友谊为目的。

中餐宴席刚刚上桌时,服务员往往会送上一条湿毛巾,这条毛巾是用来擦手的,不要用它来擦脸。上龙虾、鸡、水果等需要用手直接和菜品接触时,服务员会送上一只小水盆。这是给客人洗手用的,不要喝,吃前和吃后都可以沾湿双手轻轻洗刷。中国人喜欢劝菜甚至给客人夹菜,但在商务场合就要克制了。对客人不要反复劝菜,如果客人不是本地人,可向对方介绍当地菜的特点,通常客人在你介绍完后至少会尝尝。在宴席入座后,不要立刻动筷子,要等主人示意开始后再开动,要尊重请客的主人。夹菜时要文明,不能抢菜或起身夹菜。现在大部分餐桌都是旋转餐桌,应等菜肴转到自己面前时再取食,同时要注意一次夹菜不要过多。不要狼吞虎咽,不要只盯着自己喜欢吃的菜吃,更不要把各种菜堆在自己的盘子里。

用餐的过程中切记动作幅度要小,不要碰触邻座。同时不要弄出各种响声,餐具轻拿轻放,要表现出淡定文雅,不要太过粗矿。嘴里的骨头和鱼刺等不要乱丢在桌子上,一般宴席都有垫盘,可以放在盘中,或放在纸巾上。在进餐过程中需要讲话时,要注意千万不能用筷子指向别人,可以放下餐具身体稍稍向后,以免讲话时唾液飞溅。用餐结束后,若想剔牙,不要用手去嘴里乱抠。用牙签剔牙时,要用手或餐巾掩住嘴。结束后,用纸巾、毛巾擦擦嘴。最后,在主人还没示意结束时,客人不能先离席。

二、舞会礼仪

舞会是人们尤其是青年人喜爱的社交活动,它不仅可以增进交往,加深友谊,还可以丰富人们的文化娱乐生活。

(一) 舞会的准备工作

组织舞会要精心安排,力求使舞会的气氛活泼、热烈又不失典雅。

1. 邀请参加人员

比较正式的舞会或家庭舞会首先应考虑的是邀请哪些人员来参加,并给每个被邀请者发一个请帖。请帖上应注明开舞会的时间、地点和要参加的人员,最好简要说明开舞会的事由或者目的。

2. 布置舞场

布置舞场首先应注意所选择舞场的大小,舞场的大小,应与客人的数量相适应,根据发请帖的多少估计将有多少客人来参加舞会。舞场过小,客人有拥挤感,不便于翩翩起舞,而舞场过大时,整个舞场空空荡荡,又显得气氛不够热烈。另外舞场的布置要突出"欢快"、"热烈"的气氛,场地空间可用彩色花环、飘带、彩灯等加以装饰。灯光的亮度及颜色应调整好,既不能太亮,也不能太暗。太亮了影响气氛,太暗了容易使人感到压抑。同时,还要准备好音响和音乐,如果条件好的还可以请乐队来演奏,舞场四周应摆放好足够的桌椅,以供来宾在跳舞间隙就座。如果是比较重要的酬宾舞会,应免费供应饮料,还可以放一些糖果之类的小食品。总之,舞场的布置就是要求典雅大方,营造良好的氛围,创造优雅的环境,提高人们的兴致。

3. 选择合适的舞曲

跳舞必须有舞曲伴奏,所以舞曲的选择对客人情绪的影响是很大的。好的舞曲能够创造出高雅、欢快、美妙的舞场气氛,必然受到舞客的欢迎,把舞会推向高潮。舞会主办者既要选择一些民族乐曲或世界名曲作为伴奏曲,也要选择一些受大众欢迎的流行乐曲作为伴奏曲,以提高共鸣。选择舞曲,应根据对象而定,以利于创造良好的气氛。舞曲要丰富多彩,各种舞步的舞曲要穿插播放,音量要适中,不宜过大或过小。

4. 安排舞伴

舞会一般是男女相伴起舞,因此,舞会主持者应考虑舞客的性别比例以及年龄层次,安排一定数量的伴舞人员。如举办会议专场舞会时,代表中一般以男性居多,舞会主持者应事先从本单位或兄弟单位邀请一些女士前来伴舞。

5. 做好安全保卫工作

舞会从开始到结束,都要十分重视做好安全保卫工作。闲散人员不准入内,严防社会小痞子混入闹事。衣冠不整者谢绝入场。舞场的气氛要尽量热烈,但舞风必须端正。当发现个别舞客举止不轨时,应由保安人员劝阻或劝其退场。

另外,还要有专人保管舞客的衣服、财物,严防发生舞客财物丢失等不愉快的事件。在舞会进行过程中应尽量避免发生打架斗殴、盗窃等事件。

(二) 参加舞会的礼仪

参加舞会,应注意自己的身份,遵循一定的礼节,做到文明高雅,彬彬有礼,在舞会中树立自己的良好形象。

1. 做好准备

当接到主人的邀请时,如无特殊情况,应愉快地接受,且明确告知主人是否应邀前往,是否带女伴参加等情况。如遇特殊情况不能前往,应向主人说明理由。接受邀请后应做好准备工作。首先,应该修饰仪表仪容,总的要求是仪表仪容整洁、大方,女士要化妆,并注意发型,衣着可华贵些,但要注意得体,包括衬衣、领带、鞋等也要讲究。夜晚参加舞会,妆色可以浓一些,但不可过分妖艳,可以佩戴饰物。男士的头发要梳理整齐,不蓄须的应事先剃须,可以着西装并系领带,也可着其他礼服。男女上舞场最好往身上洒点香水。男青年要给人以充满青春活力的印象,女青年要显得端庄大方,热情活泼。

应邀者热天参加舞会前要洗澡,以免汗气熏人,让对方不快。参加舞会前饮食要合理,过饥、过饱都是不适宜的。不要饮酒和吃葱蒜之类的食物,以免产生异味,影响对方,应事先刷牙漱口,清除口中的异味,必要时可准备一些口香糖之类的食品。如遇身体不适,这时不要带着病倦的身体勉强参加舞会。

刚学跳舞的人,下舞场前最好多学几种舞步,否则会影响别的舞伴跳舞。另外,不要在舞场学舞步,这样会影响对方的情绪。

2. 步入舞场

一切准备妥当之后,应主动相约,文雅大方地步入舞场。步入舞场脚步要不快不慢,既不能急匆匆、迫不及待地入场,也不要懒懒散散、无精打采地进场。入场时要向舞场保安人员点头示意,或出示入场。进入舞场后,应主动与主持者及周围熟悉的客人打招呼,并在指定的区域就座。待舞曲响起时,应主动邀请舞伴,相伴而舞。

3. 邀舞的礼仪

交谊舞体现着人们的活力、青春和朝气,是一种很好的社交方式,有促进友谊和联络感情的作用。因此,对一个注意社交礼仪的人来说,交谊舞是一门不可缺少的必修课。男女即使彼此互不相识,但只要参加了舞会,都可以主动邀请别人共舞,而通常是由男士主动去邀请女士共舞。

邀舞时,男士应步履庄重地走到女士面前,弯腰鞠躬,同时轻声微笑着说:"想请您跳个舞,可以吗?"弯腰以 15 度左右为宜,不能太过。否则,会有不雅之嫌。

当你有意邀请一位素不相识的女士跳舞时,必须先认真观察好她是否已有男友伴舞,如有,一般不宜前去邀请,以免发生误解。

在正常的情况下,两个女士可以同舞,但两个男士却不能同舞。在欧美,两个女士同舞表示她们在现场没有男伴;而两个男士同舞,则意味着他们不愿向在场的女性邀舞,这是对

女性的不尊重,也有同性恋之嫌。所以,只有两位女士已在舞池内旋转起舞时,两位男士才可采取同舞的方式,追随到她们身边,然后共同向她们邀舞,进而分别组合成两对男女舞友。邀舞者应彬彬有礼,谦恭自然;受邀者应落落大方,不能紧张和做作。如果是女士邀请男士,男士一般不得拒绝。音乐结束后,男士应将女士送到其原来的座位。待其落座后,说一声:"谢谢,再会!"然后方可离去,切忌在跳完舞后,不予理睬。

不论是男士还是女士,如果一个人单独坐在远离人群的地方,别人就不要去打扰。但如果她是坐在一群人的中间,则可以邀请她跳舞。一般来讲,女士也不应该随意拒绝邀请。如已有人邀请在先,则可以婉言解释:"对不起,已经有人邀请我跳了,下一个曲子再和您跳吧!"如表示谢绝,可以说:"对不起,我累了,想休息一下"。或者说:"我不大会跳,真对不起。"以此来求得对方的谅解。已经婉言谢绝别人的邀请后,在一曲未终时,女士不宜再同别的男士共舞。

如果同时有两位男士邀请一位女士共舞,通常女士最好都礼貌地拒绝。如果已同意其中一方的邀请,对另一方则应表示歉意,应礼貌地说:"对不起,只能请您跳下曲了。"当女士拒绝一位男士的邀请后,如果这位男士再次前来邀请,在无特殊情况下,女士应答应与之共舞。有的男士自带舞伴,两个人多跳几场也无不可。但如果别人来请,一般也不能拒绝,女士不能说"我不认识你,不跟你跳"这类小家子气的话。男士和夫人一同去跳舞,跳过一曲之后,如果有人前来向其夫人邀舞时,应按礼节促请夫人接受,绝不能代夫人回绝对方的邀请,这也是失礼的表现。

4. 舞姿与风度

跳舞的风度,主要是指舞者的舞姿和表情等方面表现出来的美。跳舞过程中,男女双方都应面带微笑,说话声音要轻细,不要旁若无人地大声说笑。讲话时只要对方听得到即可。舞姿要端正、大方和活泼,整个身体应始终保持平、正、直、稳,无论是进是退,还是向前、后、左、右方向移动,都要掌握好重心,如果身体摇摇晃晃,肩膀一高一低,甚至踩了对方的脚,都是有失风度的。在跳舞时,男女双方的神态要轻盈自若,给人以欢乐感;表情应谦和悦目,动作要协调舒展,给人以和谐感。男士不要强拉硬拽,女士不可挂在或扑在对方身上,这样既让对方有不胜负担之苦,自己也有失雅观。女士跳舞时态度固然应和谐可亲,但不能乱送秋波,有失自己的稳重。即使是热恋中的一对,也不宜过分亲昵,因为这对周围的人来说是不礼貌的。

舞姿应力求标准正确。一般是男士用右手扶着女士腰肢,手掌心向下向外,用右手大拇指的背面轻轻地将女士挽住即可,不应用掌心紧贴女方腰部。男方的左手应让左臂以弧形向上与肩部成水平线举起,掌心向上,拇指平展,只将女伴的右掌轻轻托住,不能随意捏紧或握住。女伴的左手应轻轻放在男方右肩上,而不应勾住男方的脖颈。跳舞时,双方不能握得或搂得过紧,有些舞蹈动作顺握搂时,也应一运而过,停留时间过长则有失风度。一曲终了,双方应立即分开,缓缓退出舞池,切不可继续共舞或搂扶。男伴应将女伴送至座位。跳回步舞(布鲁斯)时,舞步可稍微大些,表现出庄重、典雅和明快的姿态;跳三步舞(华尔兹)时,双方应保持一臂的距离,让身躯略微昂起向右,使旋转时重心适当,表现出热情、舒展、轻快的情绪与节奏;跳探戈舞时,随着乐曲中切分音所含节拍的弹性跳跃,因男女双方的步法与舞姿变化较多,舞步可稍大些,但男士应注意不可将脚伸入到女士两脚间过远,回旋时也不要把女士拉来拖去；跳伦巴舞时，男女双方可随着音乐节奏轻轻扭动腿部及脚踝，但臀部不应大幅度地摆动。

在舞场中还应做到举止文明，行为端庄。首先语言要文明，不能满口污言秽语。其次举止要文雅，走路脚步要轻，不能单个人进入舞池，如果有事找人，也应等到这支曲子结束时，才能去找。找座位时应向旁边的客人有礼貌地询问："这里有人吗？"再者，还要注意舞场卫生，不能乱扔纸屑或瓜果皮壳之类的东西。

5. 礼貌退场

当音乐停止，主持人宣布本次舞会结束时，要听从安排，按时结束，不能因为自己没有跳够而迟迟不愿退场，也不能急匆匆地抢在别人前面离去。应该向主人道别后，将衣帽穿戴整齐，然后退出舞场。

三、舞会主人的礼仪

作为舞会的主持人或主人除了要布置好舞场，为舞会创造欢快、热烈的气氛外，还要在舞会进行中注意以下几个方面的礼仪。

首先，舞会的妆容应该适当，如果你是一位少女，不要梳太造作的发型，不能抹太浓的脂粉，只需涂上鲜艳的唇色，比平时多加装扮即可。

其次，在舞会上，主持人或主人要注意照料客人，把害羞的青年介绍给同伴。安排他们坐在一起，但介绍时要考虑他们的个子高矮是否合适、性格是否相近等因素。主人可以在舞会开始前，或音乐的间歇，对单身的男青年说："我给你介绍一个不错的舞伴吧！"并把他带到一位女青年身边，作一简单介绍，然后鼓励他们一起跳舞。

在第一首音乐开始时，你作为女主人，如果没有舞伴，可以选一个比较要好的男性朋友带头先下舞池；以后，每一首音乐，你都应该轮着去跟所有的异性朋友跳舞，主动邀请或者答应朋友的邀请。别人有舞伴同来的，就只能邀请别人一次。舞会开始时，如果迟迟还未有男士去邀请小姐起舞，男主人就必须负起这个责任，轮流去邀请在座的任何一位小姐起舞。当第二只舞曲奏起时，男女主人发觉有的舞伴没有被邀请起舞。这时男主人或女主人就应该承担起这个责任与之共舞。舞会在进行过程中，如果所有的宾客都起舞，为了使舞池不会太拥挤，男女主人应该从舞池中退出来。

总之，舞会的主持人或主人要控制场内的情绪，使整个舞会自始至终保持热烈、欢快的气氛和文明、健康、优雅的情调。

同步案例　张先生就餐

背景与情境：一天，有位斯里兰卡客人来到南京的一家宾馆准备住宿。前厅服务人员为了确认客人的身份，在办理相关手续及核对证件时花费了较多的时间。看到客人等得有些不耐烦了，前厅服务人员便用中文跟陪同客人的女士进行解释，希望能够通过她使对方谅解。谈话中他习惯地用了"老外"这个词来称呼客人。谁料这位女士听到这个称呼，立刻沉下脸来，表示了极大的不满，原来这位女士不是别人，正是客人的妻子，她认为服务人员的称呼太不礼貌了。见此情形，有关人员及

这位服务人员随即赔礼道歉,但客人的心情已经大受影响,并且始终不能释怀,甚至连带着对这家宾馆也产生了不良的印象。

问题:前厅服务人员该如何称呼这位外国人较为得体?请结合案例谈一下称呼礼仪的重要性。

分析提示:前厅服务人员应该称呼这位外国人先生或外宾比较合适。前厅服务人员在不知外宾人员的国籍,不知其国家礼仪的情况下,应该使用先生、太太、小姐、女士等较为得体的称呼。称呼是人与人之间交往的称谓,是表达不同情感的手段。得体的称呼,能得到对方的尊重,也体现了自身的教养程度,每个人都希望得到他人的尊重,得到他人对自己的敬称。好的礼仪称呼可以增进交谈双方的感情交流,为办理事物带来方便。

教学互动

刘小姐至今都记得自己第一次吃西餐的情形。刚走进餐厅,她就看到豪华而气派的装饰,而且整个餐厅很安静,若有若无的音乐轻轻回荡,让刘小姐很心动,同时也不免紧张。她走到餐桌边,伸手去拖餐椅,此时侍从赶紧过来,帮她轻轻挪动椅子,刘小姐同时发现自己站在了椅子的右边,脸一下子就红了。接下来进餐的过程中,她牢记左叉右刀的原则,但是其实她是左撇子,而且是第一次用,心里很紧张,更显得笨拙。整个进餐过程,刘小姐觉得像是在受罪,音乐、环境对她而言都不曾留下什么印象,只有紧张与小心翼翼,以及小心翼翼后的笨拙,令她终生难忘。

结合上述现象谈谈在西餐餐桌礼仪方面应该注意哪些事项。

要求:

1. 教师不直接提供上述问题的答案,而引导学生结合本章教学内容就这些问题进行独立思考、自由发表见解,组织课堂讨论。

2. 教师把握好讨论节奏,对学生提出的典型见解进行点评。

本章小结

内容提要

本章简要地解释了会议礼仪的基本概念,阐明了会议礼仪的性质、内容、目标、特点和分类等内容,具体指明了仪典礼仪、婚庆与寿礼、宴会礼仪、交际舞会等礼仪服务规范。

核心概念

会议 会议发言 会议接待服务 开业仪式 开幕仪式 奠基仪式 破土仪式 剪彩仪式 交接仪式 洽谈 发布会 展览会 婚礼仪式 宴会 舞会

重点实务

了解和掌握各种会议礼仪。

知识训练

一、简答题

1. 什么是礼仪？

2. 仪典礼仪包括哪些类型？

3. 应如何准备交接仪式？

4. 剪彩礼仪的必备物品是什么？

5. 怎么参加展览会能够获得满意的效果？

6. 祝寿礼仪中有哪些注意事项？

二、讨论题

1. 在确定要召开会议之后，会议召开时间的确定需要考察哪些事项？应注意些什么？

2. 邀舞的礼仪有哪些？

能力训练

一、理解与评价

要想安排一次成功的跨国会议，需要从哪些方面入手准备？

二、案例分析

背景与情境：某公司举行新项目开工剪彩仪式，请来了张市长和当地各界名流嘉宾参加，请他们坐在主席台上。仪式开始时，主持人宣布："请张市长下台剪彩！"却见张市长端坐没动，主持人很奇怪，重复了一遍："请张市长下台剪彩！"张市长还是端坐没动，脸上还露出了一丝恼怒。主持人又宣布了一遍："请张市长剪彩！"张市长才很不情愿地勉强起来去剪彩。

问题：请指出本案例中的失礼之处。

第七章
涉外礼仪

学习目标

通过本章学习,应当达到以下目标:

职业知识目标:学习和把握涉外礼仪的基本通则,涉外礼仪中的迎送仪式,涉外礼仪中的具体规范,出入境手续的办理程序,国际交往中的礼仪禁忌。

职业能力目标:运用本章专业知识研究相关案例,培养与涉外礼仪相关的旅游服务情境中分析问题与决策设计能力;掌握涉外礼仪的礼仪规范和各国礼仪禁忌。

职业道德目标:结合礼仪教学内容,依照涉外礼仪通则,迎来送往的礼节仪式,强化职业道德素质。

引例:维护好个人形象

背景与情境:法国一家公司的经理邀请日本商人到自己家做客。在宴席上,主妇端上洗手用的水,这个日本商人一时大意,竟然把碗中的水喝下去了。主人看到后,马上就向同座的孩子们示意,两个孩子也就一声不响地跟着喝下了碗中的水,顾全了对方的面子。此后,双方不仅在生意往来上有很好的合作,私底下还成为关系不错的朋友。

分析思考:法国经理及其家人的做法的可取之处在哪里?

在日常交往中应当珍惜交易过程中的人际关系,人际关系是用信赖的链条牢牢地互相联结的。这种信赖也会影响到商业上的交往。一般来说,在尚未成为朋友之前,很难做成大笔生意。因此,你如果和法国人洽谈生意,就必须和法国人建立友好关系,这需要付出长时间的努力。

第一节　涉外礼仪通则

涉外礼仪通则就是涉外交际中的礼仪通则,是指中国人在接触外国人时,应当遵守并应用的有关国际交往惯例的基本原则。它是对国际交往惯例的高度概括,对于参与涉外交际的中国人具有普遍的指导意义。随着我国旅游业的发展,外国游客来华旅游的人数与日俱增,活动的领域也不断扩大,而"十里不同风,百里不同俗",在涉外交往中,可能会出现各种各样、错综复杂的情况与问题,在解决处理这些问题时,我们必须坚持以下涉外礼仪通则。

一、维护形象,信守约定

在国际交往之中,人们普遍对交往对象的个人形象倍加关注,并且都十分重视遵照规范、得体的方式塑造、维护自己的个人形象。个人形象在国际交往中之所以深受人们的重视,主要是基于下列五个方面的原因。

(1) 每一个人的个人形象,都真实地体现着他的个人教养和品位。

(2) 每一个人的个人形象,都客观地反映了他个人的精神风貌与生活态度。

(3) 每一个人的个人形象,都如实地展现了他对待交往对象的重视程度。

(4) 每一个人的个人形象,都是其所在单位的整体形象的有机组成部分。当人们不知道某一个人的归属时,他个人形象方面所存在的缺陷,顶多会被视为个人方面存在着某些问题。但是,当人们确知他属于某一单位,甚至代表着某一单位时,则往往将其个人形象与其所在单位的形象等量齐观。

(5) 每一个人的个人形象,在国际交往中还往往代表着其所属国家、所属民族的形象。

在涉外交往中,每个人都必须时时刻刻注意维护自身形象,特别是要注意维护自己在正式场合留给初次见面的外国友人的第一印象。个人形象在构成上主要包括六个方面,即仪容、表情、举止、服饰、谈吐、待人接物等。

所谓信守约定,是指在一切正式的国际交往之中,都必须认真而严格地遵守自己的所有承诺。说话务必要算数,许诺一定要兑现,约会必须如约而至。尤其在一切有关时间方面的正式约定之中,更加需要恪守不怠。在涉外交往中,要真正做到信守约定,对一般人而言,必须在下列三个方面身体力行,严格地要求自己:必须谨慎许诺;言出必行;如遇意外单方面失约,或是有约难行,则应尽早通报、如实解释说明,还要郑重地向对方致以歉意,并且主动地按照规定和惯例负担给对方造成的某些物质方面的损失,维护组织的形象。

二、互相尊重,不卑不亢

这是涉外礼仪的重要原则,它要求涉外旅游人员在涉外交往中既要维护本国、本民族的尊严,塑造组织、自身的形象,又要尊重对方的国家尊严;既要尊重对方的风俗习惯及其人

格，又要体现自己的国格、人格。要意识到自己代表了自己的国家、民族、所在单位的形象，故言行应从容得体，堂堂正正。在外国人面前不应表现得畏惧自卑，低三下四，也不应表现得狂傲自大，目中无人。

一方面，需要努力做到"不卑"。要在虚心向外国人学习长处、尊重外国的风俗习惯的同时，坚决反对所谓"外国的月亮都比中国的月亮圆"的自卑自贱的思想，在对外交往中，要以自尊、从容不迫、落落大方、自重、自爱和自信为基础，表现得堂堂正正，坦诚乐观，豁达开朗，既谨慎又不拘谨，既主动又不盲目。

另一方面，则需要做到"不亢"。要在坚持自立、自强，以自己的实际行动在外国人面前体现出"中华民族站立起来了"的精神风貌的同时，坚决反对盲目排外的思想，对外交往中要谦虚谨慎、戒骄戒躁。

三、入乡随俗，求同存异

由于不同国家的社会制度存在差异，文化习俗有别，思维方式与理解角度也往往差别较大。要真正做到尊重交往对象，首先就必须尊重对方独有的风俗习惯。当自己身为东道主时，应尽量设法满足对方的愿望和要求，通常讲究"主随客便"；而当自己身为客人时，则又讲究"客随主便"，尊重东道主国的风俗习惯。当然，"随"不是没有原则，不是言听计从、一切听从人家摆布，更不是卑躬屈膝，而是建立在平等、友好、相互尊重的基础之上的豁达大度。因此，每到一个国家或接待来自某一国的客人时，都要事先了解该国的礼俗，不要对其礼俗评判是非、鉴定优劣，即使是相当熟悉的友人，也应注意基本礼仪。在交往中相互尊重，谨慎从事，不能不拘小节或超过限度。例如，在涉外交往中的见面礼仪各国均不尽相同：中国过去采用作揖打拱；日本、韩国、朝鲜等同行鞠躬礼；信奉佛教的国家采用合十礼；欧美各国则同行拥抱亲吻礼等，这些都是个性化礼节，但在涉外交往中当礼仪有分歧时则可遵守国际惯例。

四、热情有度，尊重隐私

热情有度，是涉外礼仪的基本原则之一。它的含义是要人们在参与国际交往，直接同外国人打交道时，不仅待人要热情而友好，更为重要的是，要把握好待人热情友好的具体分寸，否则就会事与愿违，过犹不及。

中国人在涉外交往中要遵守"热情有度"这一基本原则，关键是要掌握好下列四个方面的"度"。

第一，要做到"关心有度"。中国人一向倡导"关心他人比关心自己重要"。可是在国外，人们却大都强调的是个性独立，自强自爱，绝对自由，反对他人对自己的过分关心。

第二，要做到"批评有度"。一般情况下，只要外国人的行为不触犯我国法律，不有悖于伦理道德，没有侮辱我方国格人格，不危及人身安全，那么通常就没有必要去评判其是非对错，尤其是不宜当面对对方进行批评指正，或是加以干预。这是因为，一方面，外国人讲究的是独善其身，反对别人多管闲事。他们认定，除法律明文禁止的事情之外，其他任何事情自己都有权利去做，别人对此无权干涉。另一方面，由于中外文化、习俗本身多有差异，双方在日常生活之中的许多方面，是非曲直的标准未必一致，有时甚至还会大相径庭，国内许多司空见惯之事,到了国外却未必尽然。因此,以自己的见解去强加于人,显然是不适当的。

第三,要做到"距离有度"。在涉外交往中,人们对交际距离倍加关注。与外国人打交道时,与对方相距过近,会使对方产生被"侵犯"之感;而与对方相距过远,则又会使对方感觉到冷遇。人与人之间的正常距离大致可以划分为四种,它们各自适合不同的情况。其一,是私人距离,0.5米之内。它仅适用于家人、恋人与至交。因此有人称其为"亲密距离"。其二,是社交距离,其距离为0.5~1.5米。它适合于一般性的交际应酬,故亦称"常规距离"。其三,是礼仪距离,其距离为1.5~3米。它适用于会议、演讲、庆典、仪式以及接见,意在向交往对象表示敬意,所以又称"敬人距离"。其四,是公共距离,其距离在3米开外,适用于在公共场所同陌生人相处。它也被称为"有距离的距离"。

第四,要做到"举止有度"。在与外国人相处之时,务必要对自己的举止动作多多检点,切勿因为自己的举止动作过分随意而引起误会,或是失敬于人。最重要的是要注意以下两个方面:一是不要随便采用某些意在显示热情的动作。如朋友相见时,彼此拍拍肩膀;与同性外宾在街上携手而行等。二是不要采用不文明、不礼貌的动作。比如,当众挖鼻孔、抓痒痒、脱鞋子、抠脚丫,或是在与人交谈时用手指对对方指指点点,高跷着二郎腿乱晃,乱抖不止,这样既不文明,也不礼貌。

中国人在涉外交往中,务必要严格遵守尊重隐私这一涉外礼仪的主要原则。在国际交往中,尊重个人隐私是衡量一个人是否有教养、是否尊重和体谅交往对象的重要标志之一。一般而言,下列八个方面的私人问题,均被外国人视为个人隐私问题。

1. 收入支出

在国外,个人的收入与支出是最不宜直接打探的。因为人们的普遍看法是,收入与支出通常与其个人能力、社会地位存在着一定的因果关系,就如同人的脸面一般,忌讳别人的关注。

2. 年龄大小

"白领丽人"和老年人尤其忌讳被人问年纪,或被人尊为"长者"。

3. 恋爱婚姻

外国友人的见解是,家家有本难念的经,随意向外人打探此类家庭问题,极有可能触动对方的伤心之处,伤害其自尊、自信,令对方感到难堪。

4. 身体健康

在国外,由于市场经济的影响,人们普遍将个人的健康状态看作是自己的重要"资本"。如果身体欠佳,则意味着自己"日薄西山",前途渺茫,失去个人发展的许多机会,因此与外国友人交谈时,要"讳疾忌医",不可与之交流"求医问药"的心得体会。

5. 家庭住址

绝大多数外国友人都将自己的私人居所看作是自己神圣不可侵犯的个人领地。一般情况下,若非亲属、至交、知己,外国友人都不可能会邀请外人到自己家中做客。必要时,他们宁肯花钱去饭店、餐馆请客吃饭。

6. 个人经历

"英雄莫问出处"一说,在国外普遍流行。若是对对方的经历再三刨根问底,往往给人居

心叵测之感。特别是籍贯、学历、学术学位、技术职称或行政职务以及职业经历,更不宜打听。

7. 信仰政见

国家之间的合作,讲究的是求同存异。鉴于此,我方人员在与外方人士交谈时,不宜对对方的政治见解、宗教信仰品头论足或是"唯我独尊"。

8. 所忙何事

在外国友人眼里,个人习惯与别人毫不相关,完全没有被外人了解的必要。此外,他们还担心此类问题一旦被人深究,可能会泄漏行业秘密,使自己的工作与事业受损。

以上这些除非他们自己提及,否则决不要贸然谈起。

五、不宜先为,谦虚适当

所谓不宜先为原则,也被有些人称为"不为先"的原则。它的基本要求是,在涉外交往中,面对自己一时难以应付,或者不知道到底怎样做才好的情况时,如果有可能,最明智的做法是不要急于采取行动,尤其是不宜急于抢先,冒昧行事。也就是说,若有可能的话,面对这种情况时,不妨先按兵不动,然后再静观一下周围人的所作所为,并与之采取一致的行动。

不宜先为原则具有双重的含意。一方面,它要求人们在难以确定如何行动时,应当尽可能地避免采取任何行动,免得出丑露怯;另一方面,它又要求人们在不知道到底怎么做而又必须采取行动时,最好先观察一下其他人的正确做法,然后加以模仿,或是同当时的绝大多数在场者在行动上保持一致。

不必过谦的原则的基本含意是,在国际交往中涉及自我评价时,虽然不应该自吹自擂,自我标榜,一味地抬高自己,但是也绝对没有必要妄自菲薄,自我贬低,自轻自贱,过度地对外国人谦虚、客套。

中国人一向视谦虚为一种美德,"满招损,谦受益"被视为千古不变的规律。"动于心,发于情,止于礼"被视为有良好道德修养的表现。多数西方人则与此相反,他们不喜欢过分的谦虚,也不提倡过分客套,不认同自谦、自贬。他们往往有一说一,决不害怕"锋芒外露","东方式的谦虚"在他们看来不是虚伪就是无能。同时,他们大都性格豪爽,情感热烈,拥抱礼、亲吻礼、吻手礼这些礼仪形式,都淋漓尽致地表现了他们民族的性格特征和文化心理。

六、女士优先,以右为尊

所谓女士优先,是国际社会公认的一条重要的礼仪原则,它主要适用于成年的异性进行社交活动之时。女士优先的含意是,在一切社交场合,每一名成年男子都有义务主动自觉地以自己的实际行动,去尊重女性,照顾女性,体谅女性,关心女性,保护女性,并且还要想方设法、竭尽全力地去为女性排忧解难。倘若因为男士的不慎,而使女性陷于尴尬、困难的处境,便意味着男士的失职。

女士优先原则还要求,在尊重、照顾、体谅、关心、保护妇女方面,男士对所有的女性都应一视同仁。

在正式的国际交往中,依照国际惯例,将多人进行并排排列时,最基本的规则是右高左低,即以右为上,以左为下;以右为尊,以左为卑。大到政治磋商、商务往来、文化交流,小到私人接触、社交应酬,但凡有必要确定并排列具体位置的主次尊卑时,以右为尊都是普遍适用的。

七、举止得体,注重环保

在涉外活动中,举止要落落大方、端庄稳重,与外国人交往,严忌姿势歪斜,手舞足蹈,以手指人,拉拉扯扯,相距过近,左顾右盼,目视远处,频频看表,玩弄东西,抓耳挠腮。也不要在公共场合高声喧哗,谈话时手势不要过大、过多。

注重环保是涉外礼仪的主要原则之一,其主要含意是,在日常生活中,每一个人都有义务对人类赖以生存的环境,自觉地加以爱惜和保护。

在涉外交往中,之所以要特别地讨论爱护环境的问题,除了因为它是作为人所应具备的基本的社会公德之外,还在于,在当今国际舞台上,它已经成为舆论倍加关注的焦点问题之一。在国际交往中涉及此类问题时,需要特别注意两点:首先,仅有爱护环境的意识是远远不够的,更为重要的是,要有实际行动;其次,与外国人打交道时,在爱护环境的具体问题上要严于自律。具体而言,中国人在涉外交往中特别需要在爱护环境方面倍加注意的细节问题,又可分为下列八个方面:不可毁损自然环境;不可虐待动物;不可损坏公物;不可乱堆乱挂私人物品;不可乱扔乱丢废弃物品;不可随地吐痰;不可到处随意吸烟;不可任意制造噪声等。

同步案例　　*汪海的故事*

　　汪海有一次去美国考察,在一次新闻发布会上遇到了许多记者的提问。一位意大利记者问:"你们生产的运动鞋为什么叫'双星'? 是不是代表你们常讲的物质文明和精神文明?"汪海微笑地点了点头,说:"还可以这样理解,一颗星代表东半球,一颗星代表西半球,我们要让双星牌运动鞋潇洒走世界。"对这番豪言壮语,一位美国记者却不以为然,问道:"请问先生您脚上穿的是什么鞋?"这一问用意非常明了:如果你穿的是双星牌,那自然没话说,但如果穿的是洋货,意味着连自己都不愿穿双星牌,还谈什么潇洒走世界? 不料,汪海十分沉着自信地答道:"在贵国这种场合脱鞋是不礼貌的,但是这位先生既然问起,我就破例了。"说着他把自己的鞋脱了,高高举起,指着商标处,大声说道"Double Star"。这时,场上响起了热烈的掌声,不少记者争相拍下这一镜头。第二天,美国纽约各大报纸在主要版面上纷纷刊登出这幅照片。《纽约时报》的一位记者评述道:"在美国脱鞋的社会主义国家有两个人,一个是苏联的领导人赫鲁晓夫,他脱鞋敲桌子表明了一个社会主义大国的傲慢无礼;一个是来自中国的双星集团总经理,他脱鞋表明了中国的商品要征服美国市场的雄心!"

第二节　涉外迎送礼仪

迎来送往,是社会交往接待活动中最基本的形式和重要环节,是表达主人情谊、体现礼貌素养的重要方面。尤其是迎接,是能使来宾一到我国就给他们留下良好第一印象的最重要的工作。给对方留下好的第一印象,就为下一步深入接触打下了基础。而一个圆满的欢送仪式又能给来宾留下难忘的回忆。对应邀前来的访问者,无论是官方人士、专业代表团还是民间团体、知名人士,在他们抵离时,均应认真做好迎送工作。

迎送活动的安排通常分为两种不同的档次,即官方迎送和民间迎送。

所谓官方迎送就是指政府高级官员互相访问时的迎接送别仪式,它将会产生较大的政治影响,往往都举行隆重的迎送仪式。

民间迎送则是适用于一般人员的访问,可以不举行迎送仪式。

一、确定迎送规格

涉外活动中迎送礼仪的基础就是要清楚地了解来宾的身份、地位、访问目的,并以此确定迎送规格,同时要注意国际惯例,综合平衡。主要迎送人通常都要同来宾的身份相当,但由于各种原因,例如国家体制不同,当事人年岁已高不便出面,临时身体不适或不在当地等,不可能完全对等。遇此情况,可灵活变通,由职位相当的人士,或由副职出面。总之,主人身份总要与客人相差不大,同客人对口、对等为宜。当事人不能出面时,无论做何种处理,应从礼貌出发,向对方解释。其他迎送人员不宜过多。官方迎送中也有从发展两国关系或当前政治需要出发,破格接待,安排较大的迎送场面,安排献花、照相、拍电视、组织群众欢迎场面等内容,献花人员的挑选和鲜花花束(花环)的准备、介绍宾主相见的方式、车辆顺序的编排、座次的安排、国旗的悬挂等等,都要逐项落实。然而,旅游接待不允许破格接待,除非有特殊需要,一般都按常规办理。

二、做好迎送准备

(一) 确认来宾情况,做好前期准备

迎送工作首先一定要充分掌握迎宾对象的基本状况,弄清来宾的国别、名称、成员名单、来访目的等内容。尤其是主宾的个人简况,如姓名、性别、年龄、籍贯、民族、单位、职务、职称、学历、学位、专业、专长、偏好、著述、知名度等。必要时,还需要了解其婚姻、健康状况,以及政治倾向与宗教信仰。在了解来宾的具体人数时,不仅要务求准确无误,而且应着重了解对方由何人负责、来宾之中有几对夫妇、来宾此前有无正式来访的记录等。如果来宾尤其是主宾此前来此进行过访问,则在接待规格上要注意前后协调一致。无特殊原因时,一般不宜随意在迎宾时升格或降格。来宾如能报出自己一方的计划,例如来访的目的、来访的行程、

来访的要求等,在力所能及的前提下,应当在迎宾活动中兼顾来宾一方的特殊要求,尽可能地对对方多加照顾。如需要根据客人要求预订宾馆或返程机票,还应索取来宾护照的复印(传真)件。掌握了以上情况后,再制定一份周密的(中外文)书面接待活动日程安排(表),包括迎送、会见、会谈、签字仪式、宴请、参观游览、交通工具、餐寝时间、陪同人员等详细内容。日程安排应尽量事先征询来宾意见,还要考虑来宾的风俗习惯和宗教信仰。日程安排(表)印制妥当后,要让来宾抵达后人手一份。

(二) 确定抵离时间,安排好交通、食宿

外宾到来前必须准确掌握来宾乘坐飞机(火车、轮船)的抵离时间,及早通知全体迎送人员和有关单位。如有变化,应及时通知。由于天气变化等意外原因,飞机、火车、轮船不能准时,且一般在大城市,机场离市区较远,因此,既要顺利地接送客人,又不过多耽误迎送人员的时间,就要准确掌握抵离时间。迎接人员应在飞机(火车、轮船)抵达前三十分钟到达机场(车站、码头)。送行则应在客人登机之前抵达(离去时如有欢送仪式,则应在仪式开始之前到达)。如客人乘坐班机离开,应通知其按航空公司的规定时间抵达机场办理有关手续(身份地位高的客人,可由接待人员提前前往代办手续)。

最好在客人到达前一个星期,预订好宾馆,安排好车辆。并根据客人的身份、地位安排对口部门、对口身份的人员前往迎接。对身份地位较高者,可以在机场(车站、码头)安排贵宾休息室。

三、迎宾礼仪

(一) 介绍与行礼

迎宾时,外宾下飞机(车、船)后,依照惯例,礼宾人员应主动将迎宾人员按其职位的高低,由高而低,一一介绍给来宾,迎宾人员随即与来宾握手表示欢迎。如遇外宾主动与我方人员拥抱时,可做相应表示,不要退却或勉强拥抱。握手寒暄稍作休息,即可将日程安排表、宾馆牌号、乘车表等递交给客人。如遇重要代表团或大团,应派专门的人员将宾客的行李尽快送往住处,方便客人更衣取用。

如需献花,应安排在迎宾的主要领导人与客人握手之后进行。献花须用鲜花,并注意保持花束整洁、鲜艳。有的国家习惯送花环,或者送一两枝名贵的兰花、玫瑰花等。献花者通常应为女青年或少先队员。若来宾不止一人,可向每位来宾逐一献花,也可只向主宾或主宾夫妇献花。向主宾夫妇献花时,可先献花给女主宾,也可以同时向男女主宾献花。所献鲜花忌用菊花、杜鹃花、石竹花或黄色花朵。

(二) 陪车要求

客人抵达或离开时要有专车接送,并由有关人员陪同,而涉外迎接的车辆还要体现出规格,不然失礼又失格。

客人抵达后,从机场到住地,以及访问结束,由住地到机场,有的安排主人陪同乘车,也有不陪同乘车的。如果主人陪同乘车,应请客人坐在主人的右侧。如果是三排座的轿车,译员坐在主人前面的加座上;如同乘是二排座,译员坐在司机旁边。上车时,最好客人从右侧车门上车,主人从左侧车门上车,避免从客人座前穿过。如遇客人先上车,坐到了主人的位

置上,则不必请客人挪动位置。

民间团体乘车时,9人以上乘大轿车,地位低者先上车,下车时顺序相反。大轿车以前排为尊位,自右而左,顺序排列。

四、迎送中的具体注意事项

(1)主人到车站、机场去迎接客人,应提前到达,恭候客人的到来,决不能迟到让客人久等。客人看到有人来迎接,内心会感到非常高兴,若迎接来迟,必定会给客人心里留下阴影,事后无论怎样解释,都无法消除这种失职和不守信誉的印象。

(2)迎接外宾时可使用接站牌或欢迎横幅。使用接站牌时,牌子要正规、整洁,字迹要大而清晰。不要随便用纸乱写。尽量不要用白纸写黑字,让人感到晦气。接站牌的具体内容,可以用中文和来宾的母语或英语写上"热烈欢迎某某团",或是"某单位来宾接待处"。

(3)接到客人后,应首先问候"一路辛苦了"、"欢迎您来到我们这个美丽的城市"、"欢迎您来到我们酒店"等等。然后向对方进行自我介绍,如果有名片,可送予对方。注意送名片的礼仪,当你与长者、尊者交换名片时,双手递上,身体可微微前倾,说一句"请多关照"。你想得到对方名片时,可以用请求的口吻说:"如果您方便的话,能否留张名片给我?"特别注意作为接名片的人,双手接过名片后,应仔细地看一遍,千万不要看也不看就放入口袋,也不要顺手往桌上扔。

(4)迎接客人应提前为客人准备好交通工具,不要等到客人到了才匆匆忙忙准备交通工具,那样会因让客人久等而误事。

(5)为来宾服务周到。接到来宾后,迎宾人员应主动为来宾拎拿行李。不过,对于来宾手中的外套、提包或是密码箱,则没有必要为之"代劳"。

(6)主人应提前为客人准备好住宿,帮客人办理好一切手续并将客人领进房间,同时向客人介绍住处的服务、设施,将活动的计划、日程安排交给客人,并把准备好的地图或旅游图、名胜古迹等介绍材料送给客人。考虑到客人一路旅途劳累,主人不宜久留,让客人早些休息。分手时将下次联系的时间、地点、方式等告诉客人。

第三节 涉外礼仪规范

一、涉外交往的见面礼节

(一)打招呼

在欧美国家,见面打招呼是很自然的,即使是不认识的人。打招呼并不是为了要跟谁有进一步的交往,只是一种生活礼仪形式。其实不论任何人,面对有人微笑打招呼,都会受到感染,心情就跟着好起来一样,很自然会打招呼回应。在向外宾打招呼问候时,应注意以下三点。

一是要慎选问候的具体内容。由于国情不同,中国人过去常用的一些问候内容诸如:"吃过饭没有"、"身体怎么样"、"正在忙什么"等,在涉外交往中并不适用。一般而言,在问候外国人时,可问候对方"你好",或者说"很高兴认识你","见到你很高兴"。具体问候对方"早安"、"午安"、"晚安",也是可以的。

二是要注意问候的先后次序。在交往双方相见时,通常应由身份较低的一方首先向身份较高的一方问候。若同时需要问候许多人时,要依由尊而卑或者由近而远的顺序,依次而行。当他人率先问候自己时,应立即予以回应。

三是要重视问候的态度表现。在交际场合与他人相见时,一定要主动而热情地问候对方。要真正做到这一点至少要注意以下三条:一定要面含真诚的微笑;一定要神态大方地正视对方的双眼;一定要发出清晰而爽朗的声音。

(二) 称呼

涉外交往中称呼是否恰当不但反映了一个人的教养和心态,而且也反映出对来宾的尊重程度。但国家不同、民族不同、习惯不一样,称呼上面就有一些差异,故使用正确称呼首先必须区分对象。

(1) 在涉外交往中,一般对男子均称某某先生,对女子均称某某夫人、女士或小姐;对已婚女子称夫人、女士,对未婚女子称小姐;对不了解其婚姻情况的女子也可称其为小姐或女士;对地位较高、年龄稍长的已婚女子称夫人。近年来,女士已逐渐成为对女性最常用的称呼。

(2) 对于有学位、军衔、技术职称的人士,可以称呼其头衔。

(3) 对于地位较高的官方人士(一般指政府部长以上的高级官员),按其国家情况可称"阁下",如某某"总统阁下"、"主席阁下"、"部长阁下"等。对君主制的国家,按习惯对其国王、皇后可称为"陛下";对其王子、公主或亲王可称为"殿下"。在日本对身份高的日本女子也称"先生";对其公、侯、伯、子、男等有爵位的人士,既可称呼其爵位,也可称呼"阁下"或者"先生"。但是美国、墨西哥、德国等国却没有称"阁下"的习惯,因此对这些国家的贵宾可称"先生"。

在涉外交往中还要注意称呼禁忌,不要懒于使用称呼,直接代之以"喂"、"哎",或称呼为"那个俄国人"、"黑人"等。

(三) 名片

在参加涉外交往时,应随身携带名片。按照惯例,在外事活动中,一般不宜主动向外国友人索取名片。然而,当对方主动提议互换名片、率先将名片递送过来时,或是我方有必要进行较为周详的自我介绍、在拜访涉外人员需要经由他人代为通报时,都需要使用自己的名片。因此参加涉外活动前,应将本人的名片装入专用的名片包,或是放在上衣口袋之中,以供随时取用。需要注意的是,首先,递送本人名片时,应当彬彬有礼。将本人名片递交给外国友人时,应当起身站立,走向对方,面含笑意,以右手或双手捧着或拿着正面面对对方的名片,以齐胸的高度,不紧不慢地递送过去。与此同时,嘴里应当说:"请多关照","请多指教"或是"希望今后保持联络"。同时向多人递送本人名片时,可由尊而卑或近而远,依次而行。

其次,接受他人名片时,应当毕恭毕敬。当他人主动将名片递给自己时,一定要表现出自己的恭敬、重视之意。首先要起身站立,迎上前去,并称"谢谢"。其次,务必要用右手或双手将对方的名片郑重其事地接过来,捧到面前,仔细默念一遍。再次,应将对方的名片收藏于自己的名片包或是上衣口袋内,并随之递上自己的名片。最后,参与国际交往时,应熟知名片的特殊用途。在国际交往中,私人名片还可以发挥下列几种特殊作用:可以代替私人书信;可以代为引荐他人;可以代替送礼时专用的礼单;可以在拜访时代为通报或代替留言;可以向亲朋好友通知本人的有关变动。

(四)常见礼节

1. 握手礼

握手是一种很常用的礼节,一般在相互见面、离别、祝贺、慰问等情况下使用。纯礼节意义上的握手姿势是,伸出右手,以手指稍用力握住对方的手掌持续一至三秒,双目注视对方,面带笑容,上身要略微前倾,头要微低。首先,要专心致志。在一般情况下,握手时应当面含笑意,起身站立,用右手与对方右手完全相握后,上下晃动两三下,用力不重不轻,时间大约要三至五秒。最重要的是,握手时务必要正视对方的双眼,并与对方稍事寒暄。其次,要留意次序。一般应由握手双方之中身份为尊的一方首先伸出手来,即职务高者与职务低者握手时,应由职务高者首先伸手;女士与男士握手时,应由女士首先伸手;长辈与晚辈握手时,应由长辈首先伸手。当来宾抵达时,应由主人首先伸手;而当来宾告辞时,应由来宾首先伸手。最后,在握手时要注意出手的顺序和禁忌,忌用左手握手、忌坐着握手、忌戴有手套(女性与礼服配套手套除外)、忌手脏、忌交叉握手、忌与异性握手用双手、忌三心二意。

2. 鞠躬礼

鞠躬意思是弯身行礼,是表示对他人敬重的一种礼节。在我国,鞠躬常用于下级对上级、学生对老师、晚辈对长辈,亦常用于服务人员向宾客致意,演员向观众掌声致谢。

3. 拥抱礼

拥抱礼是流行于欧美的一种礼节,通常与接吻礼同时进行。拥抱礼的行礼方法为,两人相对而立,右臂向上,左臂向下;右手挟对方左后肩,左手挟对方右后腰。握各自方位,双方头部及上身均向左相互拥抱,然后再向右拥抱,最后再次向左拥抱,礼毕。

4. 亲吻礼

(1)吻手礼。男子同上层社会贵族妇女相见时,如果女方先伸出手作下垂式,男方则可将指尖轻轻提起吻之;但如果女方不伸手表示,则不吻。如女方地位较高,男士要屈一膝作半跪式,再提手吻之。此礼在英法两国最流行。

(2)接吻礼。多见于西方、东欧、阿拉伯国家,是亲人以及亲密的朋友间表示亲昵、慰问、爱抚的一种礼,通常是在受礼者脸上或额上接一个吻。接吻方式为,父母与子女之间亲脸,亲额头;兄弟姐妹、平辈亲友是贴面颊;亲人、熟人之间是拥抱、亲脸、贴面颊,在公共场合关系亲近的妇女之间是亲脸,男女之间是贴面颊,长辈对晚辈一般是亲额头,只有情人或夫妻之间才吻嘴。

5. 合十礼

合十礼又称合掌礼,流行于南亚和东南亚信奉佛教的国家。其行礼方法是,两个手掌在胸前对合,掌尖和鼻尖基本相对,手掌向外倾斜,头略低,面带微笑。

6. 拱手礼

拱手礼,又叫作揖礼,在我国至少已有 2000 多年的历史,是我国传统的礼节之一,常在人们相见时采用。即两手握拳,右手抱左手。行礼时,不分尊卑,拱手齐眉,上下加重摇动几下,重礼可作揖后鞠躬。目前,它主要用于佳节团拜活动、元旦春节等节日的相互祝贺。在开订货会、产品鉴定会等业务会议时,厂长经理有时也拱手致意。

二、服饰礼仪

中国有句俗语:"远看头,近看脚,不远不近看中腰。"因此,在涉外交往中必须特别注意自己的衣着服饰。

(一) 服饰 TPO 原则

着装的 TPO 原则是世界通行的着装打扮的最基本的原则。T 代表时间、季节、时令、时代;P 代表地点、场合、职位;O 代表目的、对象。它要求人们的服饰应力求和谐,以和谐为美。着装要与时间、季节相吻合,符合时令;要与所处场合环境,与不同国家、区域、民族的不同习俗相吻合,符合着装人的身份;要根据不同的交往目的、交往对象选择服饰,给人留下良好的印象。

根据 TPO 原则,着装时应注意以下几个问题。

1. 着装应与自身条件相适应

选择服装首先应该与自己的年龄、身份、体形、肤色、性格和谐统一。年长者,身份地位高者,选择服装款式不宜太新潮,款式简单而面料质地讲究才与身份年龄相吻合;青少年着装则着重体现青春气息,朴素、整洁为宜,清新、活泼最好,"青春自有三分俏",若以过分的服饰破坏了青春朝气实在得不偿失。形体条件对服装款式的选择也有很大影响。身材矮胖、颈粗圆脸形者,宜穿深色低 V 字形领,大 U 形领套装,浅色高领服装则不适合;而身材瘦长、颈细长、长脸形者宜穿浅色、高领或圆形领服装,方脸形者则宜穿小圆领或双翻领服装;身材匀称,形体条件好,肤色也好的人,着装范围则较广,可谓"浓妆淡抹总相宜"。

2. 着装应与职业、场合、交往目的对象相协调

着装要与职业、场合相宜,这是不可忽视的原则。服装与活动场合是否协调,直接影响涉外交际的效果,所以着装应该比较严格地和活动场所保持协调一致。

旅游时着装:T 恤配运动装式的弹力牛仔或全棉休闲长裤或腰部有松紧带的宽敞裙子。针织套装不易起皱又轻便,作为旅行服装也很恰当,西装革履则显得拘谨而不适宜。

运动时着装:可穿棉质翻领衫或防风夹克配针织长裤,最好穿棉线袜、平底鞋。

赴宴会着装:赴宴会可穿黑色的服装,因为这种颜色的服装给人正式而稳重的感觉。如果女士穿长裙晚礼服,长裙最好是用无花边布料做成的,这样才不致显得过分华丽,而且能使人自然流露出温柔的气质。对于男士来说,赴宴时西装是最好的装束。

职业女装:套式裙装是目前最适合职业女性的服装,但这种套装要讲究质地的精良。过分暴露的服装,绝不能出现在正式场合。工作时间着装应遵循端庄、整洁、稳重、美观、和谐的原则,能给人以愉悦感和庄重感。

家庭生活中：着休闲装、便装更益于家人之间沟通感情，营造轻松、愉悦、温馨的氛围。但不能穿睡衣、拖鞋到大街上去购物或散步，那是不雅和失礼的。着装应与交往对象、目的相适应。与外宾、少数民族相处，更要特别尊重他们的习俗禁忌。

总之，着装的最基本的原则是体现"和谐美"，上下装呼应和谐，饰物与服装色彩相配和谐，与身份、年龄、职业、肤色、体形和谐，与时令、季节环境和谐等。

（二）首饰

涉外交际场合佩戴首饰应注意以下几条原则。

（1）不要靠佩戴首饰去标新立异，而应遵守有关的传统和习惯。

（2）在正式场合佩戴的首饰应是质地和做工俱佳的。

（3）首饰只有在交际和应酬场合最合适，上班、旅游、运动时，不宜戴太多的首饰。

（4）应考虑性别的差异。男士佩戴最多的饰物就是结婚戒指，而且场合越正式，男士的首饰应当越少。

三、会见、会谈

在涉外交往中，会见与会谈是一种十分重要的交往形式。它既具有礼仪性，又具有实质性，可以在不同的层次和各个不同方面的人员中进行。

（一）会见、会谈的分类

在国际上会见有接见和拜会之分，凡身份高者会见身份低者，或主人会见客人，一般称为接见或召见。凡身份低者会见身份高者，一般称为拜会或拜见。拜见君主，又称谒见、觐见。为避免因双方身份不等而造成一些不愉快的影响，我国一般统称为会见。接见和拜会后的回访称回拜。

会见根据对象不同，分为个别约见和大型接见。会见按照内容不同分为三类：礼节性会见，政治性会见，事物性会见。礼节性会见时间较短、话题较广，一般不涉及具体实质性的问题，重在沟通信息、联络感情；政治性会见一般涉及双边关系、国际局势等重大问题，时间可长可短；事务性会见指一般外交交涉、业务商谈等，时间较长，也较严肃。

会谈是双方或多方就实质性的问题交换意见、进行讨论、阐述各自的立场，或为求得某些具体问题的解决而进行的严肃而正式的商谈。根据国际惯例，参加会谈的双方主要领导人的级别、身份应遵照"对等"的原则，所负责的事务和业务也应是对口的。

会谈内容一般较为正式，政治性和业务性都很强，要特别注意保密。会谈也可按不同的标准进行分类，按会谈首席代表的身份、地位，可分为最高层次会谈、专业人员会谈等；按会谈内容性质，可分为实质性会谈、技术性会谈等；按程序可分为预备性会谈、正式会谈和善后性会谈等。

（二）会见的安排

会见安排的具体工作就是会场布置与座位排列。我国一般在会客室、会议室进行，国外多在主人的办公室进行。

在涉外交往中，东道主应根据来宾的身份、访谈目的来安排人员，对场所进行精心的布置，使其整洁、明亮。会谈桌上通常要放置两国国旗、鲜花，会谈场所应安排足够的座位，若客厅面积大,应安装扩音器。会谈桌事先要安排好座位图,现场每一座位上放置中外文座位卡,上部写中文,下部写英文。双方会谈一般用长方形、椭圆形或圆形桌子。宾主相对而坐,以正门为准,主人坐背门一侧,客人面向正门。主谈人居中,翻译安排在主谈人右侧或后面,其他人按礼宾次序。若会谈长桌一端向正门,则以入门的方向为准,右为客方,左为主方。

(三)会见的程序

(1)提出会见的一方要先将会见人的姓名、职务及会见的目的和本方参加人员的情况如实告知对方。接见一方应尽早给予回复,约好时间、地点等。

(2)遵时守约。接见方应按照约定先于客人到达会场,工作人员在大楼门口迎接客人,引入会客厅,主人应在会客厅门口迎接。

(3)见面注重礼仪。主客相见,宾主握手寒暄问好,双方简短致辞,互相赠送礼品,礼品最好是能表达敬意和互致友谊的纪念品。

(4)如需合影,合影后再入座。合影时按礼宾次序主人居中,主客间隔排列,第一排要考虑人员身份,同时兼顾场地大小,要保证全部人员摄入画面,排列时需注意,每排的两端由主方人员把头。

(5)宾主入座,双方就有关问题进行商谈。

(6)会议结束,主人应送客人到车前或门口握手告别,目送客人离去后,再退回室内。礼节性的会见一般掌握在半小时左右。

第四节 出入境手续的办理

根据《中华人民共和国公民出境入境管理法实施细则》规定,中国公民因私出境,应向户口所在地的市、县、公安机关提出申请,办理有关证件。中国公民因私出境,是指定居、探亲、访友、继承财产、留学、就业、旅游和从事商务等其他非公务活动。中国公民出入境的主要证件有护照、签证和国际预防接种证书。

一、护照的办理

办理护照,必须要本人到户口所在地县级以上的(县)公安局出入境管理部门办理,不能委托他人代办。护照是公民在国际通行所使用的身份证和国籍证明,也是一国政府为其提供外交保护的重要依据。

(一)护照的分类

1. 外交护照

主要发给副部长、副省长等以上的中国政府官员,党、政、军等重要代表团正、副团长以及外交官员、领事官员及其随行配偶、未成年子女、外交信使等。

2．公务护照

主要发给中国各级政府部门的工作人员、中国驻外国的外交代表机关、领事机关和驻联合国组织系统及其有关专门机构的工作人员及其随行配偶、未成年子女等。

3．因公普通护照

主要发给中国国有企业、事业单位出国从事经济、贸易、文化、体育、卫生、科学技术交流等公务活动的人员、公派留学、进修人员、访问学者及公派出国从事劳务的人员等。

4．因私普通护照

主要发给定居、探亲、访友、继承遗产、自费留学、就业、旅游和其他因私人事务出国和定居国外的中国公民。

（二）护照的作用

护照有两方面的作用：第一，护照是申办签证的有效证件，没有护照就不能办理签证；第二，为持照人在国外提供身份证明及帮助、保护。

（三）如何申办自己的护照

（1）根据《中华人民共和国公民出境入境管理法》，居住国内的公民因私事出境须向户口所在地的市、县公安局出入境管理部门提出申请，并凭自己的身份证或户口簿到公安局出入境管理部门领取中国公民因私出国（境）申请审批表。或者到国家旅游局批准的经营中国公民出国（境）旅游业务的旅行社领取一式两份的中国公民因私出国（境）申请表及出国旅游个人登记表。

（2）到公安局出入境管理部门指定的翻译机构将出境事由（如探亲访友的外文邀请信等）的有关材料翻译成中文。

（3）按填表要求，认真填写好上述申请表格。

（4）将填写清楚并加盖公章的申请表，连同本人的身份证、户口簿或其他户籍证明（验原件，收复印件），及本人近期 2 寸照片 6 张，连同组团旅行社开具的全额旅游费用发票（验原件，收复印件）一并提交给公安局出入境管理部门。

（5）在规定的时间内（一般为 7 天至 15 天）到公安局出入境管理部门领取护照。

（四）查验自己的护照

颁发护照是件很严肃的工作，公安机关在审核和制作护照的过程中，为确保护照无任何差错和纰漏，要经过反复检查，一般不会发生问题。但是，为了保证万无一失，申请人在领取护照后，最好进行认真细致的"自我查验"。

二、签证的办理

签证是一个国家的主权机关在本国或外国公民所持的护照或其他旅行证件上的签注、盖印。

（一）签证的作用

签证的作用主要有两个：第一，是每个公民出国旅游、定居、商贸、留学必须拥有的证明，否则，就不能达到出国的目的；第二，是主权国家维护本国主权、尊严、安全和利益的防卫措施,也是主权国家管理本国国境的重要手段。

(二) 签证的种类

签证按照出入境性质分为出境签证、入境签证、出入境签证、入出境签证、再入境签证和过境签证等六大类。

(三) 签证的代号

签证上有不同的字母符号组成签证的代号,它们分别表示申请签证者的不同事由。

(四) 一般国家的签证的内容

每个国家的签证都有不同的格式和风格,但包括的基本内容是一致的。签证的主要内容有签证的种类、签证的代号、入出境(过境)目的、停留期限、有效次数、签发机构、签发地点、签证官员签字盖章、签发日期和签发费用。有的国家还附有签证获得者照片(与护照上的一致),有的还贴有印花和防伪标识等。

(五) 签证的有效期和停留期

签证的有效期是指签证在某一时间段内有效。签证的停留期是指准许签证获得者在前往国家停留的期限。

(六) 申请外国签证的一般程序

(1) 提供有关的材料。

(2) 个人的有效护照或代替护照的其他旅行证件。

(3) 国外亲友的邀请信原件、担保函原件、身份证明材料、护照或身份证的复印件(有的国家需要原件和复印件同时提供)及其他相关的材料(如邀请人的经济收入证明、纳税证明等)。

(4) 有关申请人的各类相关的资料(如有关的公证书、身份证的复印件、国际机票等)。

(5) 本人照片(必须和护照上的照片一致)。

(七) 填写签证申请表

各国申请表基本上都有两种文字组成:本国文字和英文。也有由本国文字和英文、中文组成的。申请人可填写本国文字,也可填写英文,少数国家也可填写中文。填写完毕后,签上本人的姓名(中国公民都用中文签名)。

(八) 接受使(领)馆官员会面

有的国家在递交护照等材料的同时和申请人会面;有的国家不要求和申请人会面;还有的国家只选择部分申请人会面,情况不尽相同。申请人应根据使(领)馆的要求和安排,准时应邀会见。

(九) 大使馆或领事馆审核材料并报国内审批

有的国家的使(领)馆的签证官员有当场决定是否签发签证的权利(如美国);而有的国家的使(领)馆须将申请人的有关材料审核完毕后,呈报其国内主管部门审批。

（十）前往国家的主管部门审批后，通知其驻华使（领）馆

（十一）大使馆或领事馆通知申请人前往领取签证

三、"国际预防接种证书"的办理

到所在地的出入境检验检疫部门进行卫生检疫和预防接种，并领取黄皮书——国际预防接种证书。

申请办理黄皮书，须向卫生检疫机关提供的证件材料有：

（1）本人护照、出境登记卡、身份证、工作证；

（2）所在单位或街道办事处（乡政府）等开具的介绍信；

（3）身体患病者，须提供医院的诊断证明，以作为能否接种的参考；

（4）本人照片两张。

第五节　涉外礼仪禁忌

一、数字的忌讳

西方人普遍认为"13"这个数字是不吉利的，应当尽量避开，甚至每个月的"13"日，有些人都会感到忐忑不安。西方人还认为星期五也是不吉利的。尤其是逢到"13"日又是星期五时，最好不举办任何活动。在日常生活中的编号，如门牌号、旅馆房号、楼层号、宴会桌次等编号，都尽量避开"13"这个数字。常常以"14（A）"或"12（B）"代替。究其原因主要来源于基督教传说。耶稣的十二门徒之一犹大，为了贪图三十枚银币，出卖了耶稣，结果使耶稣被钉死在十字架上，在那天最后晚餐上的第十三个人就是犹大，这天又是星期五。所以，人们将"13"日又逢星期五的日子称为"黑色星期五"，有些人会因此而闭门不出，唯恐发生不吉利的事情。"4"字在中文和日文中的发音与"死"相似，所以在亚洲的一些国家将它视为不吉利的数字。在日本和朝鲜等国家的医院里没有"4"号病房和病床。在我国也是如此，如遇到"4"非说不可时，忌讳的人常常说"两双"或"两二"来代替。在日语中"9"的发音与"苦"相似，因而也属忌讳之列。在美国，还有"零年灾难"之说。自1840年以来，凡是在尾数为"0"那一年当选的美国总统，除里根外，都没有活着离开白宫的，其中有4人被刺身亡，3人病死。

二、食品的忌讳

饮食上的忌讳，有的因宗教信仰，有的因生活习惯，都应特别注意。佛教徒一般不吃荤，包括各种动物肉、蛋类和牛奶，还要戒酒；印度教徒绝对不吃牛肉以及蛋类和其他动物肉，还有大蒜、洋葱、蘑菇等；基督教徒对食物没有太多太严的规定，只有罗马天主教徒禁止在星期五吃肉。无论与哪国宗教人士打交道,一定记住不要向他们宣传无神论,并尽量避免有关宗教问题的争论。伊斯兰国家和地区的居民不吃猪肉和无鳞鱼,不吸烟、不喝酒;沙特阿拉伯和巴基斯坦等国都有十分严厉的禁酒法令,在阿拉伯国家做客不能喝酒;英、美、日客人不吃猪内脏,也不喜欢吃肥肉;东欧一些国家的人不喜欢吃海味。

三、颜色的禁忌

欧洲许多国家以黑色为丧色,遇有丧事,才戴黑纱,系黑领带,表示对死者的悼念和尊敬;埃塞俄比亚人则以穿淡黄色的服装表示对死者的深切悼念;叙利亚人也将黄色视为死亡之色;巴西人以棕黄色为凶丧之色,认为人死好像黄叶从树上落下来;巴基斯坦忌黄色,是因为那是僧侣的专用服色;而委内瑞拉却用黄色作为医务标志;蓝色在埃及人眼里是恶魔的象征;比利时人也最忌蓝色,如遇不吉利的事,都穿蓝色衣服;法国和比利时人憎恶墨绿色,因为它是纳粹军服的颜色,而他们的国家都被纳粹军占领过;日本人认为绿色是不吉利的象征,所以忌用绿色;土耳其人则认为花色是凶兆,因此在布置房间、客厅时绝对禁用花色,喜欢用素色。

四、花卉的禁忌

菊花在西方许多国家是丧礼的象征,只能用于墓地与灵前;日本人认为荷花是不吉祥之物,意味着祭奠;巴西人忌绛紫色花;德国人认为郁金香是没有感情的花;法国人忌黄色的花,认为黄花是不忠诚的象征,不用黄花送人。在国际交际场合,忌用菊花、杜鹃花、石竹花、黄色的花献给客人。在欧美,我们被邀请到朋友家去做客,献花给夫人是件愉快的事,但在阿拉伯国家,则是违反了礼仪。

五、动物的禁忌

美国人忌蝙蝠,认为它象征凶神,凡有蝙蝠图案的商品不能销往美国;英国人忌用人像作为商品广告,忌用大象图案,讨厌孔雀;委内瑞拉人也讨厌孔雀,凡是与孔雀有关的东西和图案都被视为不祥之物,法国人忌讳孔雀、仙鹤,认为孔雀是淫鸟、祸鸟,并把仙鹤当成蠢汉和淫夫的代称,法国人不喜欢无鳞鱼,所以也不大爱吃它;在瑞士,猫头鹰是死亡的象征,忌用来作为商标。

六、行为禁忌

信奉佛教的国家和地区,忌讳别人用手触摸自己的头部,尤其在泰国,认为人的头是神圣不可侵犯的,头部被人触摸是对人的一种极大的侮辱,住宅门口上也禁止悬挂衣物,特别是内衣裤;泰国人忌讳红笔签名,忌头朝西睡觉,忌脚底朝向对方,他们认为脚是低下的,用脚示意东西给人看,或把脚伸到别人跟前,意味着把别人踩到脚底下,更不能把东西踢给别人,这些均是失礼的行为;而巴基斯坦人忌讳别人用手拍打自己的肩背,认为这是警察逮捕人时才用的动作;在使用筷子进食的国家,不可用筷子垂直插在米饭中,这意味着祭奠;在日本不能穿白色鞋子进房间,他们认为这是不吉利的动作;在匈牙利,如果不小心打破玻璃,就

会被认为是厄运的先兆；印度人忌讳用左手递送食物和礼品，认为这是不礼貌的，因为左手是洗澡和上厕所用的；西方人忌讳在同一盆中洗手，洗手时，也不将肥皂递与别人，而是先将其放下，再由另一个人拿起；在欧洲国家，新娘在婚礼前是不试穿结婚用的礼服的，因为害怕幸福婚姻破裂，另外，他们也不会随便用手折断柳枝，他们认为这是要承受失恋的痛苦的；英、美两国人认为，在大庭广众下，节哀是知礼，而印度人则相反，丧礼中如不大哭，便是有悖礼仪的；跟英国人谈话，两膝不可张得太宽，忌架二郎腿，一切有违绅士风度、淑女风范的动作、语言，英国人都很忌讳。特别有趣的是，沙特的甸蛮人忌讳笑，小辈见了长辈，笑为不敬不孝的举动；而尼日利亚东部的伊特人忌讳苗条女子，认为只有胖墩墩的女人才能成为贤惠的妻子；保加利亚人和阿尔巴尼亚人习惯"点头不算摇头算"；在非洲的赞比亚，除旅游观光地区外，不能随意拍照，否则，不仅相机和胶卷会被没收，还可能被抓进拘留所和警察局，甚至可能招来自动步枪的射击。

七、送礼禁忌

给阿拉伯人送礼极有讲究，若为初次相见切勿送礼，否则，难脱行贿之嫌。送给阿拉伯人的礼物，价值不能低，不能送带有动物形象的礼品，更不能送女人画片、图像等。不能给阿拉伯人的妻子送礼，但给孩子送礼会特别受欢迎。除非是私人朋友之间，送礼最好有第三者在场时进行，不能私下送礼。德国人不给女士送玫瑰、香水和内衣，因为它们有特殊的意义。玫瑰表示"爱"，香水与内衣表示"亲近"，即使女性之间，也不宜互赠这类物品。用刀、剪、餐刀和餐叉等西餐餐具送人，有"断交"之嫌，这也是德国人所忌讳的。瑞典是个半禁酒的国家，所以，在瑞典忌讳送酒。给俄罗斯人送花，要送单不送双，双数是不吉利的。

教学互动

　　1960年，周恩来总理赴印度新德里就中印边界问题进行磋商、谈判，努力在不违背原则的前提下与印方达成和解。其间，周恩来召开记者招待会，从容应对西方和印度记者的种种刁难，当时一个西方女记者忽然提出一个非常私人的问题，她说："据我所知，您今年已经62岁了，比我的父亲还要大8岁，可是，为什么您依然神采奕奕，记忆非凡，显得这样年轻、英俊？"这个问题使得紧张的会场气氛松弛下来，人们在笑声中等待周恩来总理的回复。周恩来略作思考，回答道："我是东方人，我是按照东方人的生活习惯和生活方式生活的，所以依然这么健康。"会场顿时响起了经久不息的掌声和喝彩声。

　　结合上述现象谈谈在会议礼仪方面应该注意哪些事项。

　　要求：

　　1. 教师不直接提供上述问题的答案，而引导学生结合本章教学内容就这些问题进行独立思考、自由发表见解，组织课堂讨论。

　　2. 教师把握好讨论节奏，对学生提出的典型见解进行点评。

内容提要

本章简要地解释了涉外礼仪通则、涉外迎送规格、会见会谈、涉外礼仪规范的基本概念，它是涉外人员在国际交往中具体从事接待工作时所应遵守的基本行为规范，它的基本要求是从事具体接待工作的每一名涉外工作人员都必须树立良好的礼宾服务意识，即主随客便、礼待宾客、宾客至上。

本章还简要地叙述了中国人在涉外交往中，务必严格遵守"尊重隐私"这一涉外礼仪的主要原则。在国际交往中，尊重个人隐私是衡量一个人是否有教养、是否尊重和体谅交往对象的重要标志之一。迎接，是能使来宾一到我国就给他们留下良好第一印象的最重要工作，给对方留下好的第一印象，就为下一步深入接触打下了基础。而一个圆满的欢送仪式又能给来宾留下难忘的回忆。

核心概念

涉外礼仪通则　不宜为先原则　不必过谦原则　女士优先原则　TPO 原则

重点实务

涉外礼仪知识在旅游服务中的运用；掌握涉外礼仪的礼仪规范和各国礼仪禁忌。

知识训练

一、名词解释

1. 涉外礼仪通则

2. 官方迎送

3. TPO 原则

二、简答题

1. 涉外礼仪通则包括哪些？

2. 涉外迎送礼仪包括哪些？

3. 涉外礼仪禁忌包括哪些？

能力训练

一、理解与评价

能运用所学知识分析日常国际交往现象，在国际交往中把握原则，回避忌讳，增强国际交往能力。

二、案例分析

周恩来的"烤鸭外交"

背景与情境：1971 年 7 月，美国总统尼克松的特使基辛格来到北京，与周恩来总理举行

秘密会谈。7月10日上午参观完故宫后,基辛格来到人民大会堂福建厅,出席在这里举行的会谈。会谈之初,由于双方互不摸底,谈话都非常谨慎,神经高度紧张。到了中午,会谈仍没有取得一致意见。这时,周恩来话锋一转:"我们不如先吃饭,烤鸭要凉了。"午饭共有12道菜,"唱主角"的是北京烤鸭。周恩来向基辛格介绍烤鸭的吃法,并亲自为他夹上片好的鸭肉,放在荷叶饼上。临近午饭结束时,周恩来提议大家举杯,喝中国的"国酒"——茅台酒,预祝双方下午的会谈取得成功。这次举杯喝酒,后来被国际舆论称为周恩来的"茅台外交"。这天下午和第二天的会谈,取得了积极的进展,起草基辛格这次访问的联合公报、我国政府决定发表邀请美国总统尼克松访华的公告。尼克松愉快地接受了这一邀请,并于1972年2月按计划如期访华。从此,中美关系揭开了新的一页。在此之前——1971年4月,美国乒乓球队来华访问和进行友谊比赛,也在世界上引起了很大反响,被国际舆论称为周恩来的"乒乓外交"。后来,人们把"乒乓外交"、"烤鸭外交"、"茅台外交",统称为周恩来的"三大外交策略"。

　　问题:

　　1. 本案例中,周总理的外交策略是什么? 它们涉及哪些本章的知识点?

　　2. 你能从周总理的做法中得到什么启示?

第八章
宗 教 礼 仪

学习目标

通过本章学习,应当达到以下目标:

职业知识目标:了解宗教的起源,学习三大宗教的简况和基本教义,熟悉三大宗教的礼仪。

职业能力目标:运用本章专业知识研究相关案例,掌握三大宗教的主要节日和禁忌。

职业道德目标:结合宗教礼仪的教学内容,强化职业道德素质。

引例:维护好个人形象

背景与情境:目前,无论在国外还是国内,旅游资源中宗教文化可谓是非常重要的旅游资源。无论是过去、现在还是将来,宗教文化作为人文旅游资源在旅游业的发展中都将起着举足轻重的作用。有关的统计资料表明:著名的旅游景点中,宗教名胜所占的比例,在中国达到了55%;在联合国教科文组织颁布的《世界文化遗产名录》中,宗教名胜竟占了90%。而各种宗教在其漫长的发展过程中,创造出了许许多多可供旅游者旅游观光的景点。如佛教自公元前2世纪传入我国,经过漫长的发展岁月,在我国风景优美的名山大川修建了大量的佛寺、佛塔、佛窟,留下了大量令人叹为观止的壁画、摩崖艺术珍品。我国甘肃敦煌莫高窟更是一处由建筑、绘画、雕塑组成的博大精深的艺术殿堂,成为世界上现存规模最大、内容最丰富的佛教艺术宝库。

第一节 宗 教 概 述

宗教作为一种普遍存在的社会现象,伴随着人类历史的发展。21世纪的今天,它仍以各种形式影响着人类的政治、经济、文化等生活的各个方面。当今世界的61亿人口中,绝大部分的人都有不同的宗教信仰,有的民族和国家几乎全民信教。世界上几乎找不到一个没有任何宗教信徒的民族或国度,即使在我国这样一个以无神论群众为主的国家也有1亿多群众信仰各种不同的宗教。现在,世界上除三大宗教(佛教、基督教、伊斯兰教)和其他民族性宗教(如犹太教、印度教、锡克教、神道教等)外,无数个新兴宗教组织和社团仍在不断出现。

宗教作为一种特殊的历史文化现象,对世界各国、各民族历史的发展产生过重大影响。可以这样说,不了解基督教就不了解欧洲和美洲的历史和现状,不了解伊斯兰教就不了解阿拉伯和伊斯兰国家的社会和人民,不了解佛教、印度教、神道教、犹太教就读不懂信奉这些宗教的国家、民族和社会发展史。也可以说,不了解宗教不仅不能理解人类社会发展的历史,而且难以深刻认识当今国际政治生活中出现的种种纷繁复杂的现象。

一、宗教的本质

宗教(religion)是一种社会现象和文化现象。辩证唯物主义认为,宗教是统治人们的自然力量和社会力量在人们头脑中的歪曲、虚幻的反映,是以对超自然的神灵的崇拜来支配人们命运的一种社会意识形态。信仰是一切宗教的共同特点。

宗教现象,来自原始人类在自然界力量的压迫下产生的对自然现象的神秘不安感,也来源于阶级社会的阶级压迫和剥削制度所造成的社会苦难。当人们在感到绝望和无法摆脱苦难时,便寄希望于神灵。可见,宗教是在人类历史发展到一定阶段才出现的一种社会现象,是社会生产力不发达和人类科学文化水平不高的产物,有它产生、发展和消亡的客观规律。

知识活页

宗教本质诸论

1. 精神鸦片论(虚幻反映论)

宗教的本质是人对外部世界力量的反映,是虚幻和主观的。过去某些"马克思主义者"提到宗教时马上就想到"宗教是人民的鸦片"这个著名的论断。"一切宗教都不过是支配着人们日常生活的外部力量在人们头脑中幻想的反映。在这种反映中,人间的力量采取了超人间的力量和形式。"但恐怕这也只是一种形象化的说法,而且会产生很大的歧义。

2. 道德本质论

宗教的本质是道德规范，或者说宗教是为道德的实行而设立的。在这里，宗教是工具，而道德规范才是内在实质。而宗教内部有自己的看法，有人把宗教等同于一种道德规范或教育，提出"诸恶莫做，诸善奉行，是诸佛教。"直到今天还有人认为佛教是一种道德教化。中国古书《易经》中说："圣人以神道设教，而天下服矣。"《中庸》说："天命之谓性，率性之谓道，修道之谓教。"直到今天还有人认为一切宗教都是在劝人为善。

3. 终极关怀论

宗教反映了人是一种寻求终极意义和价值的东西，它为人提供生活的终极依据。在人关心的终极问题中，死亡与爱，是人类永恒的主题。康德问自己："我从哪里来？我往哪里去？我该做些什么？"田力克认为"宗教是人的终极关怀"，罗勃·贝拉认为"宗教是一系列把人与其存在的终极条件联系起来的符号形式和活动"，弗莱德里克·斯爵恩认为"宗教是达到终极改造的手段"。

4. 人神关系论

宗教是建立人与超自然世界关系的一种手段。缪勒认为"宗教是人对无限者的渴望，对上帝的爱"。英国人类学家泰勒提出"对精灵实体的信仰"，但涂尔干就认为不能如此界定，因为佛教本质上是不相信有神的。当然，超自然世界不一定代表就有一位上帝或创世主宰。

5. 自我中心论

这是巴特和潘霍华观点，他们从基督教启示的立场出发，认为宗教都是人为的表现形式，是人为了满足靠自己寻求上帝的愿望而发明出来的。巴特在 1961 年的一次演讲中指出宗教是人的巴别塔，是人的自我架构，是人违抗上帝的作为。上帝的自我启示产生真正信心，而人寻求上帝的宗教本能产生宗教。二者完全相反，这是巴特批判自然神学的一贯主张的反映。潘霍华则相信世界已经进入了成熟期，以往宗教的作用越来越没有用处。"上帝死了"表明了一个无神的世界，因此要"非宗教性的基督教信仰"在现实世界担当起人的使命，追随基督而非对宗教形式顶礼膜拜。

6. 两个世界论

涂尔干认为宗教是一种与既与众不同，又不可冒犯的神圣事物有关的信仰与仪轨所组成的统一体系，这些信仰与仪轨将所有信奉他们的人结合在一个被称为"教会"的道德共同体之内。他认为神圣和世俗的划分乃是核心，强调宗教的社会性与群体性，但却认为神圣事物是社会力量的一种外化和位格化，因此有人认为他的界定过于宽泛。足球、流行音乐、革命都可成为宗教。

二、宗教的起源

（一）宗教起源于无知

休谟认为，由于原始人对自然现象无知，把它们作为希望和恐惧的对象，而人们的想象力又把它们加以拟人化，用祈祷和供奉来求福免灾。此后，在人们对生活幸福的追求中，把这些简单的神祇观念逐步扩大，最后就形成了统一的无限完善的神即上帝观念。

卢克莱修认为，宗教的起源有两个原因：一是对自然规律的无知；二是由于灵魂不死的观念和对死后生活的恐惧。他的《物性论》就是要通过说明自然现象及心灵和灵魂的本性来批判宗教迷信。卢克莱修把神赶出自然界却不否认神的存在，神只是无力主宰我们的世界而已。他批判迷信、愚昧的目的是为了驱散人心中的恐惧和黑暗，获得心灵的恬静、安宁，知足地过淡泊生活。

（二）宗教起源于人的本质

费尔巴哈分析了宗教产生的心理根源。他说："人的依赖感是宗教的基础。"所谓依赖感，包括恐惧和崇拜两个方面。人在自然力量面前无能为力，产生了恐惧感。但是，人们害怕的对象往往又是人们感激和崇敬的对象。洪水可以伤害人，但它又灌溉了农田和牧场。而人之所以有依赖感，是因为人要生存，是对生命的爱，是利己主义。费尔巴哈说，没有利己主义，也就没有依赖感。

费尔巴哈认为，仅仅用依赖感以及人的无知还不足以说明宗教观念的产生。他用人的本质及其异化来说明宗教的产生和宗教的本质。他明确地宣称人的本质不仅是宗教的基础，更重要的，它也是宗教的对象，宗教的本质。宗教（自然宗教和精神宗教）是人的本质的异化，神学的秘密就是人本学。

（三）宗教起源于无知与欺骗

伏尔泰指出，神的产生、宗教迷信的原因在于人们的无知和僧侣的欺骗。基督教就是建立在"最下流的无赖编造出来的最卑鄙的谎话"的基础上的，它是"最卑鄙的混蛋所做出的各种最卑劣的欺骗"的产物。教会利用盲从迷信使宗教观念在人心中根深蒂固，"把宇宙看作牢狱，把所有的人看作马上要受刑的罪犯，这是一个狂信者的观念"。圣经、福音书充满了胡说八道，所谓原罪、方舟、神迹等等全是滑稽可笑、荒唐透顶的神话故事。全部教会史乃是充满了迫害、抢劫、谋杀等暴行的历史，是僧侣煽动宗教狂热和偏见的罪恶史，尤其宗教裁判所更是犯下了无数反人类的罪行。自从圣处女的儿子死后，恐怕没有一天没有人因他而被杀。伏尔泰不仅揭露、批判了宗教所造成的罪恶，而且为遭受宗教迫害的人们奔走呼喊。面对卡拉、德·拉·巴尔、西尔文、蒙巴里等人的冤案，他挺身而出，为他们辩护，愤怒地揭发了教会和法官制造冤狱、进行宗教迫害的无耻行径，动员了法国乃至欧洲各国的进步舆论，掀起了声势浩大的抗议浪潮。

三、宗教的发展及类别

宗教在原始社会的一定阶段上产生之后，随着人类社会的不断发展，经历了漫长的发展过程。

（一）原始宗教

原始宗教又称自然宗教或自发宗教,是人类历史上最早出现的宗教,形式主要有大自然崇拜、动植物崇拜、祖先崇拜、图腾崇拜。

（二）人为宗教

人为宗教就是"以人为因素为主而发展起来的宗教"(恩格斯用语),指与原始宗教相对的、较高的宗教历史形态。根据马克思主义者的观点,社会存在决定社会意识,属于社会意识形态的宗教,其发生与发展,也决定于客观的社会历史条件。

人为宗教与自发宗教的划分并不是绝对的,这是因为:①宗教发展中自发因素与人为因素互为消长;②一些现代所谓典型的人为宗教,起初也源于自发宗教。

四、中国各民族的宗教信仰状况

（一）总述

我国是一个多宗教的国家,主要有从国外传入的佛教、基督教、伊斯兰教以及产生于我国本土的道教,这四教合称为我国的四大宗教。此外,在我国的一些少数民族中,还流传着其他的宗教,有 30 多个少数民族至今还保留着原始宗教。在我国,佛教传入已有 2000 多年的历史;基督教自唐初传入我国,鸦片战争以后获得较快的发展;伊斯兰教传入我国也已有 1300 多年的历史,道教产生于我国东汉初期,已有 1700 多年的历史。在我国,信教群众虽然只占全国总人口的少数,但信教群众的总人口并不少,且地域分布广。

（二）汉族宗教信仰的主要特征

在我国,汉族信教群体主要信仰佛教、道教和基督教。

历史上,汉族人对于宗教同样采取了他们广阔的接纳心态,兼容并蓄,因此,佛教、基督教、伊斯兰教虽然作为外来宗教,但都能在中国扎根。当然,在传播的过程中,它们也不断地被中国文化不同程度地同化,或者说汲取了中国文化的精华,所以,这些外来宗教都必须地方化和民族化,才能在中国存在和发展。

（三）少数民族的宗教信仰

在我国,总的来说,少数民族的宗教信仰表现出明显的地域性。

信仰伊斯兰教的少数民族,大多聚居于西北地区,如回族、维吾尔族、哈萨克族、柯尔克孜族、塔吉克族、乌孜别克族、塔塔尔族、东乡族、撒拉族、保安族等。

信仰藏传佛教的少数民族主要聚居在西藏自治区、青海省、内蒙古自治区、四川省、甘肃省等地,如藏族、蒙古族、裕固族、土族等。

信仰大乘佛教的少数民族,主要居住在西南和东北等省的一些地区,如白族、壮族、布依族、侗族、纳西族、彝族、羌族、满族、朝鲜族等。浙江的畲族也信仰大乘佛教。

信仰上座部佛教的主要是云南省的一些少数民族,有傣族、德昂族、阿昌族、布朗族、佤族等。

信仰基督教中的东正教的少数民族,主要居住在东北地区,如俄罗斯族、鄂温克族。

教学互动

　　互动问题：谈谈自己在旅游中见到的宗教礼仪。
　　要求：
　　1. 教师不直接提供上述问题的答案，而引导学生结合本节教学内容就这些问题进行独立思考、自由发表见解，组织课堂讨论。
　　2. 教师把握好讨论节奏，对学生提出的典型见解进行点评。

第二节　佛　教　礼　仪

一、简况

　　佛教是广泛流行于亚洲的宗教，它对东方世界的宗教、文化、社会生活具有重要影响。佛教起源于公元前 6 世纪至公元前 5 世纪的古印度，由古印度迦毗罗卫国（在今尼泊尔境内）的王子悉达多·乔达摩创立，后人称之为释迦牟尼，意为释迦族的圣人。

　　佛教向古印度境外传播，形成了各具特色的教派。传入中国、朝鲜、日本和越南等国的以大乘佛教为主，称为北传佛教，其经典主要属汉文系统；传入斯里兰卡、缅甸、泰国、柬埔寨、老挝以及中国傣族地区的以小乘佛教为主，称为南传佛教，其经典属巴利文系统；传入中国西藏、蒙古、尼泊尔、锡金、俄罗斯部分地区的以藏传佛教为主，俗称喇嘛教，其经典属藏文系统。

　　公元 1 世纪前后，佛教传入中国。魏晋南北朝时期得到发展，隋唐时期达到鼎盛，形成天台宗、三论宗、法相宗、华严宗、律宗、禅宗、净土宗、密宗等中国佛教宗派。

二、佛教的基本教义

　　佛教的基本教义主要包括三法印、四圣谛、八正道、十二因缘。

　　三法印如同佛教教义之印鉴，用以鉴别佛教与外道的教理。符合三法印者即为佛理，反之则为外道。三法印为诸行无常，诸法无我，涅槃寂静。

　　四圣谛即苦谛（苦海无边）、集谛（痛苦的原因）、灭谛（得悟涅槃）、道谛（手段方法），实质上就是以"苦谛"为核心的求解脱的道理。

　　八正道，即合乎正法的八种悟道成佛的途径，又称八圣道。即正见，正确的见解，离开一切断常邪见；正思维，正确的思考，离开一切颠倒妄想；正语，正确的言语，也就是不妄语、不恶语、不谤语、不绮语、不暴语；正业，正确的行为活动，也就是不杀生、不偷盗、不邪淫等，诸恶莫做,众善奉行;正命,正确的生活方式,即远离一切不正当的职业和谋生方式,如赌博、卖淫、看相、占卜等;正精进,正确的努力,去恶从善,勤奋修行,不懒散度日;正念,正确的念法,即忆持正法,不忘佛教真理,时时以惕厉自己;正定,正确的禅定,即专注一境,身心寂静,远离散乱之心,以佛教智慧去观想事物的道理,获得人生的觉悟。

十二因缘就是无明,行,识,名色,六入,触,受,爱,取,有,生,老死。这十二个环节一环套一环,顺逆都互相缘生缘灭,故称十二因缘。十二因缘包含过去、现在、未来三世,有两重因果关系,称为三世两重因果。

三、佛教的经典等

大乘和小乘佛教的经典,包括经藏(释迦牟尼说法的言论汇集)、律藏(佛教戒律和规章制度的汇集)、论藏(释迦牟尼后来大弟子对其理论、思想的阐述汇集),故称三藏经。三藏皆分大小乘,即有大乘经、小乘经,大乘律、小乘律,大乘论、小乘论。藏传佛教大藏经称为《甘珠尔》(佛语部)和《丹珠尔》(论部)。

佛教的旗帜或佛像的胸前,往往有"卍"的标记,意为太阳光芒四射或燃烧的火。后来作为佛教吉祥的标记,以表示吉祥万德。

佛教的标志也往往以法轮表示。法轮原为古印度一种无坚不摧的战车,佛教用以比喻佛法。有两种说法,一说佛法能摧破众生烦恼邪恶,如法轮摧破山岳岩石一样;另一说是佛法如车轮一般辗转不停。

佛教的教旗为六色旗。

四、佛教礼仪

(一)佛教称谓

一般有"四众弟子"、"出家四众"、"出家五众"、"七众"之称。比丘、比丘尼为出家男女二众,优婆塞、优婆夷为在家男女二众,此为"四众弟子"。比丘、比丘尼、沙弥、沙弥尼即为"出家四众",如加上式叉摩那(学戒尼),则称为"出家五众","出家五众"加"在家二众"则称为"七众"。

对较高水平的僧人,则根据具体情况称"法师",是通晓佛法的僧人;"经师",即通晓经藏或善于诵读经文的僧人;"论师",即精通论藏的僧人;"律师",即通晓律藏的僧人;"三藏法师",即精通经、律、论三藏的僧人;"大师",一般用以尊称著名僧人;"高僧",是对德行高的僧人的尊称。

还有以职务相称,如"住持"(方丈)、"监院"(当家和尚)等。现在一般称和尚为"师傅",称尼姑为"师太"。

(二)基本礼仪

1. 羯磨

羯磨,梵文 karma 的音译,意为业或办事,指佛教中按照戒律的规定,处理僧团和个人事务的各种活动,主要有僧人的出家受戒仪式、布萨(诵戒)仪式、安居仪式等。

2. 行为礼仪

四威仪:僧尼的行、住、坐、卧应保持威仪德相,行如风、立如松、坐如钟、卧如弓,是僧尼

日常举止应遵循的礼仪准则。

合十：佛教徒常用的见面礼节，合十可以达到收摄内心的作用，也给人一种谦和的印象，是佛教徒日常生活中最常用的礼节之一。基本做法是，轻轻合起双掌，手指并拢，手肘自然弯曲，置于胸前约呈45度。合双掌时，双眼下垂，目光注视合掌的指尖，能够凝聚心神，排除妄念。

顶礼（五体投地）：为佛教的最高礼节。"五体"指头、两肘和两膝。按佛教规矩，在行顶礼时，要五体投地。具体做法是，立正合掌，先以右手撩衣，屈两膝并着地，尔后两肘着地，接着头着地，最后两手掌翻上承尊者之足。礼毕，收顶头，收两肘，收两膝，起立。藏传佛教的五体投地礼则幅度很大。传说五体投地礼为阿难所创。

问讯：除了在大殿向佛、菩萨、上座行顶礼，平日在正式场合见到师父或长者行顶礼外，在其他时候如师父正在行走、吃饭、说话、演说时，则用问讯表达虔诚的心意。基本做法是，首先虔诚地合起双掌，目光注视中指指尖，然后向下弯腰约90度，当要直起身子来时，合十的双手也同时变换姿势。以左手的中指、无名指、小指，盖住右手的中指、无名指、小指，大拇指指尖轻轻相接触，食指尖也轻轻相接触，食指与大拇指刚好略呈三角形状。双手维持这个姿势经过胸前，一直举高到眉心，但不触到额头，随后再轻轻将手放下，到胸前恢复合十姿势，然后放下双掌。

3. 僧尼戒规

佛教的戒律很多，这些戒律是对佛教徒的行为、思想进行的种种约束，其目的是加强佛教信仰，统一教徒的行为，受戒后的佛教徒必须恪守佛教的各种清规戒律。这些戒律主要有三皈依、五戒、十善、四摄及六度。

三皈依是进入佛门的第一步。佛、法、僧是佛门三宝，三皈依即皈依佛、皈依法、皈依僧。不受三皈依的人不能被称为佛教徒，它是信教和不信教的界限。

五戒是指一戒杀生，二戒偷盗，三戒邪淫，四戒妄语，五戒饮酒。

十善是指不杀生、不偷盗、不邪淫、不妄语、不两舌、不恶口、不绮语、不贪、不嗔、不邪见。

四摄，"摄"字有引导、摄受之义，四摄即布施、爱语、利行、同事，是菩萨摄受众生时坚持的四种方法。

六度也叫六波罗蜜，波罗蜜是梵语"到彼岸"的意思，六度，就是六种从烦恼到觉悟、从此岸到彼岸的方法。六度包括布施、持戒、忍辱、精进、禅定和般若（智慧），布施度悭贪、持戒度毁犯、忍辱度嗔心、精进度懈怠、禅定度散乱、般若度愚痴（邪见）。

4. 丧葬礼仪

相传释迦牟尼圆寂后实行火化，其舍利安放在众多的佛塔中。这一习俗被南北传佛教沿用，僧尼圆寂后，一般实行火葬，遗骨或骨灰被安放在骨灰瓶或特制的灵塔中；藏传佛教实行天葬或水葬。

五、节日

（一）佛诞节

纪念释迦牟尼诞生的节日。根据佛祖诞生时出现九条巨龙喷香水浴身的传说，佛诞日时一般要举行象征性的仪式,以香水灌洗佛像,祭拜佛祖,施舍僧众,并举行龙舟赛或互相泼水祝福等活动。佛诞节的日期和名称有所不同,汉族以农历四月八日为浴佛节;藏族以农历四月十五日为萨嘎达瓦节;傣族以清明节后十天为泼水节;日本自明治维新后以 4 月 8 日为佛诞节,也称花节。

（二）成道节

中国汉族传统节日,又称腊八节。农历十二月(腊月)八日,寺庙诵经礼佛,并效法佛祖成道前牧女献乳糜的传说,取米麦豆谷及干果等煮粥供佛,俗称腊八粥,后演变为民俗。

（三）涅槃节

纪念释迦牟尼逝世的节日。由于南北传佛教对佛陀生卒年月说法不一,故这一节日的时间也不一样。南传佛教认为是公元前 543 年,并以此年作为佛历元年;北传佛教认为佛陀死于公元前 485 年 2 月 15 日。农历二月十五日为佛祖释迦牟尼的逝世日,届时,佛教寺院举行佛涅槃法会,挂释迦涅槃图像,"率比丘众,严备香花灯烛茶果珍馐,以中供养",表示对佛祖的纪念。

东南亚一些南传佛教的国家常常把佛陀的出生、成道和涅槃放在一起纪念,称吠舍怯节,日期为公历 5 月的月圆日,这个节日是全国性的传统节日,这一天要举行大规模的庆祝活动。

除上述节日外,在我国和日本等国家颇为流行的还有观音菩萨的诞生,救度亡灵倒悬之苦的盂兰盆会;在泰国有三重宝节(敬佛、敬法、敬僧);在斯里兰卡有佛牙节;在老挝有入腊节、出腊节等。

六、禁忌

对于佛祖、佛像、寺庙以及僧尼,佛教均要求其信徒毕恭毕敬,非信徒对其不得非议。不准攀登、侮辱佛像。遇见僧尼不要直接询问姓名,不行握手礼,一般行合十礼,不准触摸、辱骂僧尼,不得与僧尼"平起平坐"。进入寺庙时,不宜中央直行,进退应依顺序左行,要慢步轻声,不乱动、不乱讲、不乱走、不拍照。入殿门后,帽子及手杖等物品应自己携带或寄放其他房间,不可向佛案及佛桌上安放。佛教仪式进行时,不应对其任意阻挠或者蓄意扰乱。

严禁将一切荤腥食品带入寺庙,佛教信徒要求绝对素食,忌食荤腥。荤专指葱、姜、蒜、辣椒、韭菜等五种有刺激性气味的菜蔬,腥指鱼、肉等食品,因吃荤腥不利修行,所以被佛教严禁。

同步案例　郁闷的小李

背景与情境:某旅行社小李,是一个能言善道、工作能力极强的导游,多次受到客人的表扬。于是旅行社决定由小李担任全陪,带团队到泰国。

对于第一次到泰国的小李,本次的工作并不轻松。小李查阅了大量关于泰国的资料,特别是泰国的佛教,做好了充分的准备。出行一路十分顺畅,到了泰国的曼谷,遇到了本次泰国旅行社的地陪 Immy,Immy 热情大方很容易相处。第三天的

行程主要是游览大皇宫,听完Immy的介绍后,小李为了表现自己的丰富知识,开始对佛教大谈特谈。哪知这一谈惹怒了一旁的Immy,她十分生气地丢下团队走了,人生地不熟的小李千辛万苦才把客人们领回酒店。接下来泰国旅行社换了地陪,虽然一路上再没有发生不愉快的事情,但这次旅游令客人们很不满意,在小李心中也留下了阴影。

　　分析提示:小李最大的问题就是没有认真地了解宗教礼仪知识。泰国佛教盛行,而且历史悠久,上至皇亲国戚,下至黎民百姓,无不参加佛教仪式。佛教对泰国人的生活、思想、文化有着深刻的影响。在与泰国朋友交往时,切不可当着他们的面谈论他们的宗教信仰,更不能说一些轻率的话。可见,宗教礼仪的常识虽然不常引起人们的重视,但是极其细微的忽略或是错误都会导致严重的后果。

七、佛教供奉的对象

(一) 佛

"佛"是个音译外来词,是"佛陀"的简称,也译为"浮陀"、"浮屠"、"浮图"等,其意为"觉者"、"智者"。佛教对佛的解释有三层含义:正觉(自觉)、等觉(觉他)、圆觉(觉行圆满)。正觉就是对宇宙间的一切事物如实了解了、觉察了;等觉就是不仅自己觉悟了,而且能平等普遍地使别人也觉悟;圆觉就是自己觉悟和使别人觉悟的智慧、行动和功德都达到了最高和最圆满的境地。寺院中经常供奉的佛有以下几种。

1. 三身佛

据天台宗说法,佛(释迦牟尼)有三身,即法身佛毗卢遮那佛,代表佛教真理(佛法)凝聚所成的佛身;报身佛卢舍那佛,指以法身为因,经过修习得到佛果,享有佛国(净土)之身;应身佛释迦牟尼佛,指佛为超度众生,来到众生之中,随缘应机而呈现的各种化身,特指释迦牟尼之生身。

2. 三方佛(又称横三世佛)

三方佛体现佛教的净土信仰。佛教称世界有秽土(凡人所居)和净土(圣人所居佛国)之分,每个世界都有一佛二菩萨负责教化。十方世界都有净土,但最著名的净土为西方极乐世界、东方净琉璃世界和上方的弥勒净土。三方佛正中为娑婆世界(即我们人类现住的"秽土")教主释迦牟尼佛,左侧为东方净琉璃世界教主药师佛,右侧为西方极乐世界教主阿弥陀佛。

3. 三世佛(又名竖三世佛)

三世佛从时间上体现佛的传承关系,表示佛法永存,世代不息。正中为现在世佛,即释迦牟尼佛;左侧为过去世佛,即燃灯佛;右侧为未来世佛,即弥勒佛。

特别需要指出的是,有些导游称释迦牟尼佛为"如来佛",这是错误的。如来的意思是佛乘如实之道而来,如来和佛都是一切佛的通称。

(二) 菩萨

所谓菩萨,是"菩提萨埵"的略称,是指"自觉"、"觉他"者,是按大乘佛教修行,将来可以成就佛果的修行者。佛教中经常提到的菩萨有"三大士"（文殊、普贤、观世音）、"四大士"（文殊、普贤、观音、地藏，又称"四大菩萨"）和"五大士"（文殊、普贤、观音、地藏、大势至）。

1. 文殊菩萨

全称文殊师利菩萨，意译为"妙德"、"妙吉祥"，专司佛的智慧。手持宝剑，象征智慧锐利；身骑狮子，象征智慧威猛，人称大智菩萨。相传其道场在山西五台山。

2. 普贤菩萨

专司佛的理德。手持如意棒，身骑六牙大象（表示六度），人称大行菩萨。相传其道场在四川峨眉山。

3. 观音菩萨

全称"观世音菩萨"，也称为观自在、观世音等，因避唐太宗李世民之讳而称观音。他以大慈大悲为德性，人若有难，只要诵其名号，菩萨即时观其音声，前往拯救解脱，人称大悲菩萨。为普度众生，观音可以示现三十二应身。观音作为菩萨本无性别，但在南朝后，为更好地体现大慈大悲和方便闺房小姐供奉，产生女身观音像。为中国老百姓所喜闻乐见的还有千手千眼观音像，其意为观音发誓，要用千手千眼来利益一切众生。相传其道场在浙江普陀山。

4. 地藏菩萨

因其"安忍不动犹如大地，静虑深密犹如地藏"而名。佛教中传说佛灭后1500年佛降诞于新罗国王族，名金乔觉，唐玄宗时来华入九华山，99岁圆寂，3年后其肉体仍不腐不化，现九华山的月身塔即其灵塔。因他曾发下宏愿"众生度尽，方证菩提，地狱未空，誓不成佛"，所以人称大愿菩萨。相传其道场在安徽九华山。

（三）罗汉

全称为"阿罗汉"，是指自觉者，为小乘佛教最高果位。达到这一果位者，没有任何烦恼，受天人供养，他们永远进入涅槃，不再生死轮回，并弘扬佛法。寺院中有十六罗汉、十八罗汉、五百罗汉、济公罗汉等。

1. 十六罗汉

在佛教中，十六罗汉是指受释迦牟尼的嘱托，常驻世间守护佛法、普济众生的大弟子。最初是四大罗汉，因世间广大，任务艰巨，便增加为十六罗汉。

2. 十八罗汉

由十六罗汉发展而来。元朝以后，寺院中十八罗汉的塑像取代了十六罗汉，成为常见的形式。

3. 五百罗汉

至今，佛教史上大规模的结集（即高僧们集中在一起合诵、编纂佛教经典）已有七次。五百罗汉，一般指参加释迦牟尼涅槃后第一次结集的五百比丘，包括迦叶和阿难两位大弟子，但大多数已不知姓名。在我国，五百罗汉都有名号，这是宋代人附会的结果。

4. 济公罗汉

法名道济，南宋僧人，俗名李修远，出生于浙江台州。济公于杭州灵隐寺出家，因不守佛门戒律，而被赶至净慈寺，圆寂后葬于杭州虎跑寺。民间传说中，济公是个其貌不扬、举止痴

狂、言语诙谐、劫富济贫、爱打抱不平、深受下层百姓欢迎的人物。相传他还是降龙罗汉转世，但去罗汉堂报到时已晚，因此，只被安排站在过道上，有的寺院甚至让其蹲在梁上，一张苦笑脸，似嗔似喜。

（四）护法天神

本是古印度神话中惩恶护善的人物，佛教称之为"天"，是护持佛法的天神。著名的护法天神有四大天王（东方持国天王、南方增长天王、西方广目天王、北方多闻天王）、韦驮、密迹金刚、伽蓝神关羽等。

知识活页

中国汉地佛教寺院的布局

寺院文化是中国佛教文化的重要组成部分，也是我国人文旅游资源的重要表现形态之一。科学地看待佛教、正确地讲解寺院，是对博大精深的中国文化的有力宣传。

寺，原本是中国古代的官署名，如大理寺、太常寺等。汉代设有鸿胪寺，是招待宾客的机构，类似礼宾司、交际处。佛教传入中国之际，在洛阳建白马寺，就是专供西域来的僧人居住、译经的场所。后就把佛教僧侣居住修行的场所统称为寺，与"伽蓝"意思相同。院，也用作僧侣修行处所的名称，但规模比寺要小。庵，则是专指佛教出家的女众（比丘尼）所居住、修行的处所。

就佛教寺院建筑的构成而言，中国汉地的一般寺院的主要殿堂由三门殿、天王殿、钟楼、鼓楼、大雄宝殿、伽蓝殿、祖师殿、观音殿、罗汉堂、方丈室、藏经楼、佛塔等组成。

（一）三门殿

汉地佛教寺院的大门，一般都是三门并立，中间一大门，两旁各一小门，故称三门殿。中间为空门，东西两边分别为无相门和无作门，象征三解脱。因寺院大多位于山林之中，所以又称为山门殿。三门殿内，通常塑有哼哈二将（密迹金刚）。

（二）钟楼、鼓楼

钟楼位于天王殿东侧，有的寺院还供奉有地藏王菩萨，左胁侍道明，右胁侍闵公。鼓楼位于天王殿西侧，有的寺院还供奉伽蓝神关羽，左胁侍关平，右胁侍周仓。

寺院什么时候敲钟和击鼓，是按照佛教的仪式和日常行事来定的。如有重大佛事活动和节日时，钟、鼓都要齐鸣，有"晨钟暮鼓"的说法。

（三）天王殿

为三门内的第二重殿，其正中供奉弥勒菩萨，两侧供奉四大天王，弥勒背后为韦驮。

（四）大雄宝殿

为寺院的主体建筑，正殿，或称"大殿"，大雄即"大无畏"，是称赞释迦牟尼威德高尚的意思。有供奉一佛、三佛、五佛、七佛等情况，以三佛同殿居多。

1. 释迦牟尼的各种塑像

大雄宝殿中的释迦牟尼佛像有多种不同的姿势,主要有三种,即坐像、立像、卧像。在坐像中又由于手印(手的姿势)不同,分为"成道像"和"说法像"。

1)成道像

释迦牟尼结跏趺坐,左手横置左足上,名为"定印",表示禅定。右手直伸下垂,名为"触地印",表示释迦牟尼佛为了众生解脱,牺牲自己的一切,这些都是在大地上做的事,唯有大地能够证明。

2)说法像

说法像是大雄宝殿中较常见的塑像。体姿是结跏趺坐,左手横置左足上,名"定印",右手向上曲肘举于胸前,以拇指与中指(或食指、无名指)相圈,其余手指自然舒展。其意为佛正在给弟子们讲经说法。

3)释迦牟尼立像(旃檀佛像)

体姿是双脚并立莲花台上,左手自然下垂,掌心朝外,这手印叫"与愿印",表示佛陀能满足众生愿望,使众生所祈之愿都能实现。右手曲肘上举于胸前,手指自然舒展,掌心向外,这一手印叫"无畏印",表示佛陀能使众生心安、无所畏惧、佛有救济众生的大悲心愿。传说佛在世时,印度优填王用旃檀木(檀香木)为材料雕造佛像,以后,不管材料如何,凡造成这种样式的都称为旃檀佛像。

4)释迦牟尼卧像

这是根据释迦牟尼在娑罗双树间涅槃的体态塑造。佛祖侧身而卧,两脚并拢直伸,左手置于身体上,双目微合,自在安详。卧佛像也时常供奉于寺院卧佛殿中。

2. 释迦牟尼和弟子的塑像

若佛像两旁有两位站立的比丘像,一位年老,一位年轻,则年老的一位是迦叶,年轻的是阿难。据佛经记载,佛陀涅槃后迦叶继领徒众,第一次结集就是迦叶领导的。迦叶涅槃后,阿难继领教徒。

如释迦牟尼佛像两旁的两位比丘年龄相仿,则为舍利弗和目犍连,他们也是佛陀的十大弟子之中的两位。

3. 释迦牟尼佛与其他佛组成的群像

中国汉地佛教寺院的大雄宝殿中常见的有"三方佛"、"三世佛"、"三身佛"。供五佛(密宗的五方五佛)和七佛(释迦牟尼佛以前的六佛加上释迦牟尼)的较少,多为历史久远的寺院。

4. 两侧的塑像

大雄宝殿左右两侧,一般供奉十六或十八罗汉像,也有的寺院供奉二十诸天或十二圆觉。

5. 海天佛国塑像

不少寺院的大雄宝殿的释迦牟尼佛像背后有一组群塑,即海天佛国(或海岛观音)壁塑,如上海玉佛寺、杭州灵隐寺等。以灵隐寺为例,海天佛国群塑的内容由三部分组成,最下面的是"海岛观音",讲的是十八罗汉南海参拜观音。塑像中间为大慈大悲的观音菩萨站立在鳌头之上,手持净瓶,不断倾泻出的甘露遍洒人间,解除众生的痛苦;左右两边分别是两胁侍善财和龙女。观音的上方为地藏菩萨。地藏的上方是释迦牟尼像,讲的是释迦牟尼出家后在山中苦修的故事。除此之外,上下左右饰以"五十三参"故事。

(五)伽蓝殿

位于大雄宝殿东侧,属配殿,是纪念赠送祇园精舍给佛陀的须达多和舍卫国祇陀太子的,以表他们护持佛教的功德。因舍卫国国王波斯匿也皈信佛教,所以伽蓝殿正中供奉波斯匿王,左方是祇陀太子,右方是给孤独长者须达多。

(六)祖师殿

位于大雄宝殿西侧,与伽蓝殿相对。此殿主要供奉该寺院本宗祖师的像。如果该寺院是禅宗的,祖师殿就供奉禅宗初祖达摩禅师。达摩禅师左边供奉六祖慧能禅师,右边是慧能的三传弟子、建立丛林制度的百丈怀海禅师。

(七)观音殿

观音殿又名圆通殿、大悲坛。一般与大雄宝殿同在一个院落,位于大雄宝殿之后,专门供奉观世音菩萨。

(八)罗汉堂

中国汉族地区寺院如专门设一殿堂供奉阿罗汉,大多是五百罗汉堂。五百罗汉的名号与形象已无经典依据可循,多为后人附会和艺术家创作的结果。我国现存五百罗汉堂的寺院中较著名的有北京碧云寺、成都宝光寺、苏州西园寺、武汉归元寺、昆明筇竹寺等。

(九)方丈室

佛寺住持(方丈)居住、说法与待客之处,有的叫华林丈室(净土宗佛寺),有的叫般若丈室(禅宗寺院)。

(十)藏经楼

一般位于寺院的最后,殿内主要收藏佛教经典书籍,本寺的文物、珍宝也都收藏于此。

(十一)佛塔

中国最早的寺院建筑,原本是以佛塔为主体的,佛塔建在中轴线上,而僧房散建在塔的四周。因为最初建塔是为了供奉佛舍利,有佛塔才有了寺院。中国的第一座寺院——洛阳白马寺,据后汉书上记载,原本是一座多层木结构的高楼,这正是中国后来木塔的样式,可惜现在已不存在了。后来的寺院,中轴线上都以建殿堂为主体,塔就多建在寺院的附近。

第三节 基督教礼仪

一、简况

基督为"基利斯督"的简称,意为上帝差遣的救世主,为基督教对耶稣的专称。现在,基督教是天主教、东正教和新教的统称。

基督教起源于公元 1 世纪亚洲西部巴勒斯坦地区的犹太人中间,相传为拿撒勒人耶稣所创。基督教与犹太民族的宗教犹太教有着血缘关系。最初,基督教是犹太教中的一个下层派别,因此,其信仰者大多为贫民和奴隶。到了公元 1 世纪至 2 世纪时,基督教逐渐脱离犹太教,成为新的独立的宗教。随着一些中上层人士的加入并取得领导地位,基督教的影响越来越大,并渐渐在地中海沿岸各地流传开来。公元 392 年,罗马帝国皇帝狄奥多西一世更是把它奉为国教。欧洲中世纪时,基督教成了占统治地位的精神支柱,并把哲学、政治、法学都置于其控制之下。1054 年,由于争夺教权,基督教发生第一次大分裂,在西欧北欧的教会称为罗马公教,即天主教;而以希腊语为中心的东部教会包括俄罗斯教会则称为正教,亦称东正教。16 世纪时,西部教会内部发生宗教改革运动,分化出了一些新的教派,称为新教。从此以后,就形成了天主教、东正教、新教三足鼎立的局面。

基督教从唐初传入中国以后,其传播的浪潮共有四次。但只是到了近代,在中国封建社会已趋于衰败和解体的时候,同时又在西方列强的炮舰掩护下,才得以打开中国的国门,渗入各地。在我国,新教被称为基督教或耶稣教,罗马公教被称为天主教,信奉东正教的人数不多,多集中在东北和新疆一带。

二、基督教的基本教义

(一)上帝创世说

在《圣经·创世纪》中,基督教认为,在宇宙造出之前,没有任何物质存在,包括时间和空间,只存在上帝及其"道"。上帝就是通过"道"创造一切,包括地球和人。故上帝是全能的,是真善美的最高体现者,是人类的赏赐者。人们必须无条件地敬奉和顺从上帝,否则就要受

到上帝的惩罚。

（二）原罪救赎说

基督教宣称，上帝创造人类的始祖亚当和夏娃，并将他们安置在伊甸园过着无忧无虑的生活。但亚当和夏娃经不起蛇的引诱，偷吃了伊甸园中知善恶树上的禁果，因而被驱逐出园。亚当和夏娃的罪世世代代相传，成为整个人类的原始罪，也是人类一切罪恶和灾难的根源。即使刚出生的婴儿也有原始罪。这种原罪，人类无法自救，只有忏悔，基督即可为之赎罪。

（三）天堂地狱说

天堂，是上帝在天的居所，是极乐世界，信仰上帝而灵魂得救的人，都能升入天堂。地狱，是魔鬼及其邪恶使者的烈火之境，不信仰上帝，不思悔改的罪人，死后灵魂受惩罚下地狱。天主教和东正教认为世人生前犯有未经宽恕的轻罪或已蒙宽恕的重罪及各种恶习，其亡灵在升入天堂之前，必须在炼狱（涤罪所）内暂时受苦，炼净灵魂，罪恶赎完，再升入天堂。

三、经典和标记

基督教的经典为《圣经》，由《旧约全书》和《新约全书》两部分构成。《旧约全书》原是犹太教经典，原文为希伯来文，成书于公元前 400 年左右。《新约全书》共 27 卷，原文为希腊文，成书于公元 1 世纪中叶至 2 世纪末。《旧约全书》记载了人类和世界的起源、犹太民族的历史及人物传记、先知的言论以及一些文学作品；《新约全书》则包括耶稣的传记、早期基督教会的历史以及耶稣的门徒们的神学主张和政治态度等。

基督教标志为十字架，是为了纪念耶稣为替世人赎罪，被钉于十字架上而死。

四、基督教礼仪

（一）基督教称谓

天主教最高首领称教皇，对全世界天主教教会拥有最高管理权；最高级别的主教称枢机主教（俗称红衣主教），参与和辅助教皇管理整个罗马天主教行政及宗教事务；管理一个教区的负责人称主教，主教一般有权祝圣神父，施行一切圣事；管理一个堂区的负责人称神父；离家进修会的男教徒称修士；离家进修会的女教徒称修女。

新教称教区负责人为主教；称教堂负责人为牧师；修士修女称呼同天主教。

东正教最高首领称牧首；重要城市的主教称都主教；地位低于都主教的称大主教；教堂负责人也有称主教或神父的；修士修女称呼同天主教。

（二）基本礼仪

基督教的一些重要礼仪称为圣事或圣礼，其神学意义是借助可见的形式或表象，将不可见的神恩赋予领受者。天主教和东正教规定七种仪式为圣事。

1. 洗礼

基督教入教仪式，其目的是洗去入教者的"原罪"和"本罪"，并赋予"恩宠"和"印号"，使其成为教徒，以后有权领受其他圣事。

2. 坚振

入教者在领受过洗礼一定时间后,再接受主教所行的按手礼、敷油礼,可使"圣灵"降临于其身,以坚定信仰,振奋人灵。

3. 告解

基督教认为告解是耶稣基督为赦免教徒在领受洗礼后对上帝所犯各种"罪",使他们重新获得上帝恩宠而设立的。举行告解时,由教徒向神父告明对上帝所犯的罪过,以表示忏悔。神父对教徒所告各种罪过应严守秘密,并指示应如何做礼赎而为自己赎罪。礼赎指以忏悔、修行的方式赎罪。

4. 圣餐(弥撒)

弥撒分为两部分:祈祷和领圣体。第一部分称预祭,包括诵读《圣经》和讲道;第二部分为圣体圣事,包括奉献(即奉献饼和酒)、弥撒正祭和领圣体圣血。其起源和耶稣最后的晚餐有关。天主教认为举行此仪式,是以不流血的方式,重复进行耶稣在十字架上对圣父的祭献,并认为经过祝圣的饼和酒,实质上已变成了耶稣基督的真正身体和血。

5. 终傅(临终法事)

终傅即临终时敷擦"圣油"。在教徒年迈或病危时,由神父用已经过主教祝圣过的橄榄油,敷擦病人的耳、目、口、鼻和手足,并诵念一段祈祷经文,认为借此可帮助受敷者缓解病痛,赦免罪过,安心去见上帝。

6. 神品

通过主教祝圣仪式领受神职,也称"授神职礼"或"派立礼"。即按照特定仪式,诵念规定经文,主教把手按于领受者头上,以使之圣化而奉献上帝。担任神职者今后有资格主持"圣事"。

7. 婚配

指基督教男女信徒成婚时,要到教堂举行由神父主持的按规定礼仪进行的结婚典礼,以求得上帝的祝福。神父问男女双方是否同意结为夫妻,在双方肯定回答之后,主礼人诵念规定的祈祷经文,宣布"上帝所配合的人,不能分开",并为结婚双方祝福。新教徒结婚也有请牧师证婚的习惯,但不视其为圣事。

8. 礼拜

信徒们在教堂里进行的一项包括唱诗、读经、祈祷、听讲道和祝福的活动,每周一次,由牧师主礼。星期日做礼拜为"主日礼拜",据《圣经·新约》记载,耶稣在这一天复活。另有少数教派规定星期六(安息日)做礼拜,称为"安息日礼拜"。除每周一次的常规礼拜之外,基督教会还举办结婚礼拜、葬礼礼拜、追思礼拜、感恩礼拜和圣餐礼拜等礼拜活动。

五、节日

(一) 圣诞节

圣诞节是基督教纪念耶稣诞生的节日。教会规定,从公元 354 年开始,每年的 12 月 25 日为圣诞节。它的节期延续很长,即从 12 月 24 日的下午至次年的 1 月 6 日。圣诞节不仅是传统的宗教节日,也是各欧美民族最重要的节日。节日这一天,人们举行特别的礼拜仪

式,互相交换礼物,互赠贺卡,全家人共进圣诞晚餐。

(二)复活节

复活节是仅次于圣诞节的基督教第二大节日,纪念耶稣复活的节日。据传,耶稣被门徒犹大出卖,被钉死在十字架后第三日复活。时间在3月21日至4月25日之间,每年春分月圆后的第一个星期日。节日这一天,人们互赠象征生命和繁荣昌盛的复活节彩蛋,寓意耶稣的复活;有些国家还举行庆祝游行活动,气氛热烈欢快;晚上,各家举行复活节晚宴,传统主菜是羊肉和熏火腿。

(三)受难节

受难节是基督教的又一个重要节日,传说耶稣在这一天因门徒犹大出卖而被钉死在十字架上。据《圣经》记载,这一天是星期五,而耶稣于死后第三日复活,所以教会以此规定受难节在复活节前两天。对于耶稣受难日,西方各国习俗不同,有的认为这是个不吉利的日子,不宜洗衣、理发、打扫房间、给马匹钉铁蹄;有的认为,这一天给婴儿断奶会给孩子带来幸福。

(四)主显节

主显节是纪念耶稣曾三次向世人显示其神性的节日。公元4世纪,天主教会正式确定1月6日为主显节。每年这一天,教堂都要举行纪念仪式,并做弥撒。主显节一般随一年一度的圣诞节的结束而结束。

除上述节日外,基督教主要的宗教节日还有圣灵降临节、升天节、棕枝主日和诸圣节等。

六、禁忌

与基督教人士进行具体接触时,应充分注意到其不同流派的差异,具体情况具体对待,切不可将其不同的流派混为一谈。

与基督教信徒交往时,不宜对其尊敬的上帝、圣母、基督以及其他圣徒、圣事说长道短;不宜任意使用其圣像和宗教标志;不应对神职人员表现出不敬之意;数字13、星期五、十字架均是不祥的象征,不应有意让基督徒接触它们;有些教派的基督徒有守斋之习,守斋时他们绝对不吃肉、不饮酒;基督徒忌食带血的食物,不食用蛇、鳝、鳅、鲶等无鳞无鳍的水生动物;就餐之前,基督徒多进行祈祷,非基督徒虽然不必如此,但也不宜抢在前面进食。

在基督教的专项仪式上,讲究着装典雅,神情庄重,举止检点;奇装异服,神态失敬,举止随便者,均不受欢迎;教堂是基督教的圣殿,进入教堂要注意,禁止打闹喧哗,不能妨碍其宗教活动的进行。

同步案例 *都是鳝鱼惹的祸*

背景与情境:某旅行社计调小刘,刚刚调到国际部就接到一个来自法国某小镇的老年团队。为了有一个良好的表现,小刘做了周密的部署。首先在线路的安排上注重老年人的体质,在时间和景点上都做了调整。其次,在娱乐上安排了观看《云南印象》,以最原始的美去感动这批欧洲老人。在饮食上考虑了欧洲人的饮食习惯,在最后一天晚上安排了风味餐,特别加了一道当地的名菜——黄焖鳝鱼。

当团队返程后,小刘所在的旅行社收到了团队意见,信心十足的小刘被经理叫到办公室好好训了一顿。团队的反馈意见是"差",更严重的是该旅行社失去了这个法国小镇的客源。

分析提示:小刘自认为对这次团队安排已经十分周到了,但是他忽略了一个重要的问题。欧洲大多数人信仰基督教,特别是老人,对于宗教信仰更为虔诚。基督教不食用蛇、鳝、鳅、鲶等无鳞无鳍的水生动物,所以一切的努力都毁在了最后一天的风味餐上。可见,对宗教礼仪和禁忌知识的了解和掌握对于旅游接待是必不可少的。

七、信奉的对象

在中国,基督教新教徒对其所信奉之神称为"上帝",天主教则称为"天主"。上帝是天地万物的创造者和主宰,并对人赏善罚恶。基督教宣称,上帝(天主)只有一个,但包括圣父、圣子、圣灵三个位格。三者完全同具一个本体,共同构成上帝的统一整体,而不是三个独立的神。

知识活页

基督教与旅游

国内著名教堂

一、天主教堂

中国天主教堂建筑沿袭了欧洲天主教堂的风格,讲究以造型艺术表达宗教信仰,因此其建筑风格大多为哥特式。

1. 上海徐家汇天主教堂

位于上海市徐家汇,始建于1906年,1910年竣工。是一幢典型的法国哥特式双尖顶建筑,钟楼高约60米,堂内可容纳3000余人。现为天主教上海教区的主教座堂。

2. 上海佘山圣母教堂

位于上海市松江区佘山,初建于清同治十年(1871年),1924年将原堂拆除重建,1935年竣工,新建教堂为文艺复兴时期的罗马风格。教堂内有紫铜圣母像一座,高4.8米,重1200千克。是中国天主教徒在东南沿海的主要朝圣地之一。

3. 北京西什库天主教堂

又名北京北堂,位于北京图书馆的斜对面,建于清光绪十三年(1887年)。西什库天主教堂是一座典型的哥特式建筑,系仿造巴黎圣母院的式样而设计的,是北京地区最大的天主教堂。教堂的顶端有许多高耸挺秀的尖塔,青石墙基,墙身全用城砖砌成。因为该教堂采用中国材料,由中国匠人施工,所以其木雕、石刻等均富有中国气韵。

4. 广州圣心大教堂

建于清同治二年(1863 年),全为石块砌成,故又称"石室"。教堂系法国哥特式建筑,建筑雄伟,雕工精细,可与巴黎圣母院媲美。教堂由法国人设计,中国工匠建造。

二、新教教堂

基督教新教的神学理论注重内心直接与上帝沟通,而不倚求于外在的形象媒介,故建筑不像天主教堂和东正教堂那样注重造型工艺。

1. 上海沐恩堂

沐恩堂又名慕尔堂,位于上海人民广场东侧西藏路上,建于 1929 年。现存建筑面积尚有 4000 余平方米,为一座红砖凹凸墙面的哥特式建筑。教堂原建筑除圣殿大堂与其他为传教服务的附属设施外,还设有阅览室、女校、琴室及幼儿园等。

2. 福建莆田大教堂

建于 1915 年,内设 3000 余座位,是当时亚洲最大的教堂。教堂建筑风格中西合璧,以宏伟坚固而著称。

3. 南京圣保罗教堂

位于南京市太平路,始建于 1922 年。教堂的建筑用材料十分考究,所有的窗座、门扇、钟楼顶屋、城堡式的垛堞和封盖以及堂内柱脚、拱座等全部采用高资山的白石。堂内的圣坛、洗礼池和栏杆柱等也都用白石磨光精制而成。

三、东正教教堂

中国的东正教教堂主要集中在哈尔滨,有近 20 座。其中著名的有尼古拉大教堂、圣母安息教堂、圣母领报教堂和圣索菲亚中央教堂等,尤以尼古拉大教堂最为著名。除哈尔滨外,上海、天津、北京、新疆等地也有少数东正教教堂。

第四节　伊斯兰教礼仪

一、简况

伊斯兰教,在我国俗称回教、清真教等。"伊斯兰"是阿拉伯语音译,本意为"顺服"。从宗教意义上讲,"伊斯兰"是指一种顺服唯一的主宰——安拉的旨意和戒律的宗教。其宗教徒称为"穆斯林",意为顺服安拉意志的人。伊斯兰教创建于公元 7 世纪初,创始人为穆罕默德。穆罕默德是一位宗教家、思想家、政治家和军事家,生于阿拉伯半岛麦加,40 岁时在麦加宣布自己受到天启,被安拉选为使者,受命传播一种新的宗教——伊斯兰教。

伊斯兰教主要有逊尼派和什叶派两大派。逊尼派是伊斯兰教中人数最多的一派,中国穆斯林大多属于逊尼派;什叶派是伊斯兰教中人数较少的一派,主要分布在伊朗、伊拉克、巴基斯坦、也门,我国新疆塔吉克族穆斯林也属于什叶派。伊斯兰教主要分布在西亚、北非、中亚等地区,有二十多个国家将其定为国教。公元 7 世纪中叶,阿拉伯国家通过与唐朝的商业往来和外交活动等渠道,将伊斯兰教传入中国。

二、伊斯兰教的基本教义

伊斯兰教教义由三部分组成:六大信仰、五功和善行。

(一) 六大信仰

1. 信安拉

即真主,为唯一的主宰。

2. 信使者

使者隶属于安拉,是安拉的忠诚使者和人类的朋友;穆罕默德为使者之集大成者,是封印使者。他专门传达主意、开导世人,因此服从安拉的人,应无条件地服从穆罕默德。

3. 信天使

天使是安拉用光创造出来的一种纯粹的精灵和妙体,无性别之分,人的肉眼看不见;他们长有翅膀,飞行神速,神通广大,遍布天上人间。如有传授"天启"的边伯利天使,观察宇宙、掌管人间衣食供养的米卡伊勒天使等等。

4. 信经典

《古兰经》是该教的根本经典,也是伊斯兰教国家立法、道德规范和思想学说的基础,必须无条件信仰,并以此作为最高办事准则。

5. 信前定

世间一切事物均由安拉前定,无法改变,承认和顺从是唯一的出路。

6. 信后世

在今世和后世之间,为世界末日。世界末日来到时,所有死去的人灵魂复活。安拉根据天使的记录,表现好的入天国,表现坏的下地狱。

(二) 五功

1. 念功

念诵"万物非主,唯有真主;穆罕默德是主的使者",以表白自身信仰。中国穆斯林称其为"清真言"。

2. 拜功

一日五次礼拜,即晨拜、晌拜、晡拜、昏拜、宵拜。礼拜必须面向沙特阿拉伯境内的圣城麦加。

3. 斋功

每年伊斯兰教教历 9 月全月斋戒,昼间禁止饮食,并禁房事,病人、旅行者、孕妇、哺乳

者,或延缓补斋,或施舍罚赎。

4.课功

缴纳定量课税。当今,有的国家以自由施舍代之,有的国家以一定税率征收国家宗教税,比如应缴全年结余的 2.5％,用以救济穷人等。

5.朝功

凡身体健康,旅途方便,并具有经济能力的穆斯林,一生中至少应去麦加克尔白朝拜一次,也可由别人代朝拜。

(三)善行

指穆斯林必须遵循的道德规范。

上述"六大信仰",是属于世界观、理论和思想方面的;"五功"、"善行"则属于实践和行为方面,这两方面的结合构成基本教义。

三、经典和标记

伊斯兰教的最高经典是《古兰经》。《古兰经》是穆罕默德在 610 年至 632 年这 23 年的传教活动中,根据宗教和政治的需要,以奉真主颁降的名义,陆续发表的有关宗教和社会主张的言论的汇编。《古兰经》内容相当广泛,包括伊斯兰教基本信仰、宗教制度、社会状况分析、社会主张、道德伦理规范、早期制定的各项政策、穆罕默德及其传教活动、当时流行的历史传说和寓言、神话、谚语等。在伊斯兰教国家,《古兰经》中不少的规定已成为人们日常生活中约定俗成的法则。

伊斯兰教的标记为新月。

四、礼仪习俗

(一)伊斯兰教称谓

伊玛目,即教长。逊尼派用以称穆斯林的领袖,什叶派用以称所拥戴的政教领袖,一般常称清真寺的教长。

阿訇,指主持清真寺教务者,一般有数名。

毛拉,对伊斯兰学者的尊称。新疆地区有些穆斯林对阿訇也称毛拉。

(二)基本礼仪

1.吃饭的礼仪

饭前饭后应净手;吃饭前念太斯米(诵读真主尊名),吃饭完毕,念感谢词;食物端上后,先让年长者开始吃;不要贬斥食物;用右手吃,吃紧挨着自己的食物;不允许靠着吃饭;要赞美食物的可口;吃饭后舔手;应邀赴宴,完毕应向主人祈祷。抓饭是穆斯林传统的进食方式,但要注意用右手进食。

2.喝水的礼仪

太斯米、赞颂,喝水三次;不允许用器皿的口喝水;要坐着喝水;禁止用金银器皿喝水;用右手喝水;如果人多,应先让右边的人喝。

3. 见面问候

穆斯林见面时要互致"色兰",意为"平安"。按照伊斯兰教的习俗,致祝安词时,年轻者先对年长者说,行进者先对伫停者说,站立者先对已坐者说,进门者先对门内者说,少数人先对多数人说,男子先对女子说。男子在对女子致祝安词时,不能与对方握手,应保持一定距离,以示庄重。

4. 礼拜

礼拜是穆斯林敬拜安拉的一种仪式,一般在清真寺中集体举行。另外,家中或郊外,只要是干净的地方就可以举行礼拜。礼拜有多种形式:五时礼拜、主麻礼拜(每周五午后的集体礼拜)、节日礼拜、殡礼礼拜等。

5. 净礼

净礼是穆斯林在做礼拜之前进行的一种宗教仪式,包括沐浴、洁处、净衣等,目的是使自己和礼拜之处都洁净无污。净礼分为大净和小净两种。伊斯兰教规定,成年的男女穆斯林,在封斋之前必须大净,要用净水洗涤全身,要求处处都要洗到,并在净身的每一个动作中默念相关的祷词。如果有一根毛发没有洗到,这次大净便被认为无效。小净是穆斯林在礼拜或功修诵经时必须做的,要用净水洗涤某些肢体和器官。无论大净或小净,都必须采取淋浴方式,不能用盆和桶,更不能在池内洗澡。

在无水或不能洗涤的情况下,可以用洁净的土、砂等作为代用物,举行象征性的净礼。因以土砂为多,故又称"土净"。方法是取净土,一拍抹脸,一拍抹两手和两肘。"土净"是应急时象征性的做法,所以不适用于所有的拜功。

6. 衣着习俗

穆斯林的服饰主要表现在头部。穆斯林妇女要戴"盖头",即用一顶大帽子遮住头发、耳朵、脖子,只露出脸部;面纱从头顶垂到肩上或背心处。男子则多戴无檐小帽,即"礼拜帽"。

五、节日

(一)开斋节

开斋节是伊斯兰教最隆重的节日。在新疆,穆斯林称这一节日为"肉孜节",时间为伊斯兰教历10月1日。9月的全月,是穆斯林封斋的日子,除病人、旅行者、孕妇、乳婴和作战士兵外的穆斯林都必须斋戒一个月。在斋月,每天从日出至日落要禁食和禁房事。斋月最后一天如见新月,次日即行开斋,为开斋节,如不见,则开斋顺延,但一般不会超过3天。开斋节这一天,世界各地的穆斯林均举行庆祝活动,他们穿上整洁的服装,到清真寺做礼拜,互道节日问候并互赠礼物。

(二)宰牲节

宰牲节是穆斯林为纪念先知宰牲献祭的日子,新疆穆斯林称这一节日为"古尔邦节",时间为伊斯兰教历的12月10日,是在朝觐麦加的最后一天举行的庆祝活动。古尔邦节要举行会礼,庆祝活动以宰牲为主要内容。每人都应宰1头羊,或者7人合宰1头牛(或骆驼),所宰的羊应满187天,骆驼应满2年零1天。宰后的肉分成三份,一份自食,一份出散,一份馈赠,不允许出售挣钱。节日期间的三天里,全体穆斯林沐浴盛装,亲朋好友之间相互拜访、

赠送礼品、缅怀先人等,热闹非凡。在新疆哈萨克、柯尔克孜和塔吉克等民族中还举行叼羊、赛马、摔跤等传统体育活动。

(三)圣纪节

时间为伊斯兰教历的3月12日。这一天是穆罕默德的诞生日,据说穆罕默德归真也在这一天,故又称"圣忌日"。中国穆斯林习惯将圣纪与圣忌合并纪念,俗称办"圣会"。这一天要举行集会,在清真寺集体诵经,讲述"圣训"和穆罕默德生平,盛赞穆罕默德功绩。

(四)登霄节

传说穆罕默德52岁时,在伊斯兰教历7月27日的夜晚,由天使哲布勒伊陪同,从麦加到耶路撒冷,又从那里"登霄",遨游七重天,见到了古代先知、天国和火狱等,黎明时返回麦加。从此,耶路撒冷与麦加、麦地那一起成为伊斯兰教三大圣地。

(五)盖得尔夜

盖得尔夜又称"平安之夜",时间为伊斯兰教历的9月27日夜。传说真主安拉于该夜通过哲布勒伊天使开始颁降《古兰经》,据《古兰经》记载,该夜做一件善功胜过平时一千个月的善功。该夜,清真寺张灯结彩,举行礼拜、诵经、赞主、赞圣,发表劝善演说等。穆斯林沐浴佩香,参加庆祝活动,通常彻夜不眠,直至拂晓。中国的穆斯林将该夜庆祝活动称为"坐夜"或"守夜头"。

六、禁忌

严禁崇拜人物、偶像、鬼神;严禁迷信行为(抽签、算命、卜卦、风水);不食猪和不反刍的猫、狗、马、驴、骡、鸟类、没有鳞的水生动物等;不食自死的动物、非穆斯林宰的动物和动物的血;不食生葱、生蒜等有异味的东西;禁止饮酒;不得主动向伊斯兰妇女表示热情;提倡衣着要符合自己的社会地位和身份;在伊斯兰国家,外国女士在着装上应避免袒胸露背,忌穿短裤、短裙和无袖衫,即使在游泳时也决不准穿"三点式"泳衣。

进入清真寺,要注意衣着整齐洁净,不袒胸露背,不穿短裤、短裙和无袖衫,不抽烟,不高声喧哗,不唱歌跳舞,不讲污言秽语。非穆斯林不要进入礼拜大殿,更不能在里面放置有偶像的东西。

同步案例　**把握宗教服务礼仪的尺度**

背景与情境:一佛教代表团到我国某城市来旅游,一天代表团中的两位客人在游览当地一名胜之后乘车返回住宿酒店,接待人员主动上前为他们服务,待他们下车后,协助拉开车门,并将另一手遮住车门框上沿,为客人护顶,以免客人下车时头部碰到车顶门框,但客人对他的服务不仅没有感谢,反而显得很生气。

问题:从宗教文化的角度评析本案例。

分析提示:宗教是一种社会意识形态,是对现实社会中客观存在的一种虚幻反映,是一种唯心主义的世界观。宗教礼仪则是一种文化,是指宗教信仰者对其崇拜对象表示崇拜与恭敬所举行的各种例行的仪式、活动,以及与宗教密切相关的习俗与禁忌。接待人员在服务过程中应掌握客人的宗教信仰及禁忌。

七、信奉的对象

安拉是阿拉伯语"真主"的音译,是伊斯兰教"独一无二的神"。"除安拉外,再无神灵"是伊斯兰教最重要的信条。他是世界的创造者,他在六天内创造了世界万物,升起了天空,伸展了大地,高挂起日月,并在浩渺的天空中饰以群星。安拉使大地生长万物,人也是安拉所造,人的一切皆由安拉恩赐。安拉是世界的主宰者,"天地万物,均属安拉"。安拉又是"特慈"的,他伟大而富有同情心。安拉还是"全能"的,虽然看不到,摸不着,但又无所不在,无所不能,无所不有,不生不灭,永恒存在。

知识活页

伊斯兰教与旅游

泉州清净寺

位于福建泉州,又名"圣友寺"、"麒麟寺",与广州怀圣寺、杭州凤凰寺、扬州仙鹤寺合称中国沿海伊斯兰教四大古寺。清净寺始建于北宋大中祥符二年(1009年),是我国现存最古老的典型的阿拉伯式清真寺,也是沿海清真古寺中规模最大、建筑艺术最好的一座,是全国重点文物保护单位。

广州怀圣寺

又名"狮子寺",俗称"光塔寺",始建年代尚无定论(部分历史学家认为是南宋时代建筑)。该寺尤以高36.6米的仿阿拉伯式邦克塔"光塔"著称于世,是全国重点文物保护单位。

杭州凤凰寺

因原建筑群布局状似凤凰,故名。南宋时已建此寺,元明清屡次重修,以现存元代大殿著称于世。大殿为砖砌,顶作穹隆式,俗称无梁殿。凤凰寺是全国重点文物保护单位。

扬州仙鹤寺

相传为南宋时期穆罕默德十六世孙普哈丁来扬州传教时兴建,明清时重建。寺院属中国传统式建筑,因仙鹤形布局而名。

北京牛街清真寺

始建于辽圣宗统和十四年(996年),元明清均有续建,是北京地区规模最大、历史最悠久的清真寺,也是中国北方最古老的清真寺之一。明时敕名"礼拜寺"。为我国传统式建筑的清真寺,是全国重点文物保护单位。

西安化觉寺

位于陕西西安化觉巷,原名"清修寺",俗称"东大寺",始建年代无定论,一说建于明初。该寺为中国传统式建筑,规模宏大,是我国现存规模最大、保存最完整的清真寺,是全国重点文物保护单位。

喀什艾提尕尔清真寺

位于新疆喀什，传说始建于1426年，系阿拉伯式建筑，是新疆地区最大的清真寺，也是新疆伊斯兰教最高学府所在地。

本章小结

内容提要

本章简要介绍了宗教的产生和发展，对宗教的现状进行了分析，并简单介绍了佛教、基督教、伊斯兰教世界三大宗教的简况、教义、基本礼仪、主要节日以及相关的禁忌。本章内容强调学习宗教礼仪及其对社会生活的影响，并对其有正确的认识，这样旅游从业人员才能更好地开展经贸文化交流工作，才能更好地为客人提供高质量的服务。

核心概念

宗教　宗教类别　基本教义　节日　忌日

重点实务

宗教礼仪知识在旅游服务中的运用。

本章训练

知识训练

一、名词解释

1. 四威仪

2. 洗礼

3. 礼拜

二、简答题

1. 佛教的基本教义是什么？

2. 基督教的主要节日有哪些？

3. 简答中国信仰伊斯兰教的十个少数民族。

能力训练

一、理解与评价

熟练掌握宗教礼仪的基本准则，提高旅游服务质量。

二、案例分析

背景与情境：西藏既有独特的高原雪域风光，又有妩媚的南国风采，而与这种大自然相融合的人文景观,也使西藏在旅行者眼中具有了真正独特的魅力。某中部城市的一个旅行团带队组织去西藏旅行。由于西藏是佛教圣地,佛教有一套独有的风俗习惯和禁忌,这些禁忌很多,像一部不成文的法律,约束着人们的日常行为,因此到西藏旅游,入乡随俗就显得尤为重要。在旅行期间,团队成员小明第一次来西藏,对西藏的一切都非常好奇,戴着帽子就冲进寺院,看到高大庄严的佛像就忍不住抚摸一下,寺院的桌子上放了很多经书,小明胡乱翻了一番,也没看出个所以然。看到藏民在敲钟,小明也跑过去,敲了很多下。这时看管寺院的僧侣非常气愤地找到小明,请他立刻离开寺院。

问题:

1. 本案例中小明的行为触犯了什么宗教禁忌?

2. 你能从小明的实例中得到什么启示?

第九章
习 俗 礼 仪

学习目标

通过本章学习,应当达到以下目标:

职业知识目标:掌握中国部分节日习俗,熟悉中国部分少数民族习俗与禁忌,把握世界部分国家和民族的传统节日习俗,了解世界部分国家习俗与禁忌。

职业能力目标:运用本章专业知识研究相关案例,培养与习俗礼仪相关的旅游服务情境中分析问题能力;通过习俗礼仪知识在旅游服务中应用的实训操练,培养相关专业技能。

职业道德目标:充分认识习俗礼仪的重要性和差异性,培养学习和运用习俗礼仪的积极性,树立尊重他人、关注细节的意识。

引例:入国要问讳

背景与情境:焦雪梅是一名白领丽人,她机敏漂亮,待人热情,工作出色。有一回,焦小姐所在的公司派她和几名同事一道,前往东南亚某国洽谈业务。但是,平时向来处事稳重、举止大方的焦小姐,在访问那个国家期间,竟然由于行为不慎,而招惹了一场不大不小的麻烦。事情的经过是这样的:焦小姐和她的同事一抵达目的地,就受到了东道主的热烈欢迎,在随之为他们特意举行的欢迎宴会上,主人亲自为每一位来自中国的嘉宾递上一杯当地特产的饮料,以示敬意。轮到主人向焦小姐递送饮料之时,一向是"左撇子"的焦小姐不假思索,自然而然地抬起自己的左手去接饮料,见此情景,主人却神色骤变,重重地将饮料放回桌上,扬长而去。

原来在那个国家里,人们的左右手有着明显的分工。右手被视为"尊贵之手",可用于进餐、递送物品以及向别人行礼。而左手则被视为"不洁之手",用左手递接物品,或是与人接触、施礼,在该国被人们公认为是一种蓄意侮辱。焦小姐在这次交往中违规犯忌,说到底是由于她不了解交往国的习俗所致。

第一节　中国部分节日习俗

各个国家、民族、地区的人民都有各自不同的节日以及节日活动形式,世代传袭成俗即为节日习俗。中国重大的传统节日有春节、元宵节、清明节、端午节、七夕节、中秋节、重阳节、冬至节等,并且都具有各自传统风尚、礼节、活动、禁忌等,构成了中国的节日习俗。

一、春节

春节是我国民间最盛大的传统习俗节日,是民族文化传统的集中展示。在千百年的历史发展中,形成了一些较为固定的风俗习惯,相传至今。

(一)扫尘

"腊月二十四,掸尘扫房子",每到腊月末,所有人家都扫尘土、净庭户,表达破旧立新的愿望和辞旧迎新的祈求。

(二)贴春联

春联是由古代的桃木符演变而来的,是我国特有的文学形式和传统民俗文化,借以描绘时代背景、抒发美好愿望。

(三)倒贴"福"字

春节贴"福"字,在我国民间由来已久。"福"字代表福气、福运,寄托人们对幸福生活的向往,对美好未来的祝愿。人们通常将"福"字倒过来贴,寓意"福已到"。民间还有将"福"字描绘成寿星、寿桃、鲤鱼跳龙门、五谷丰登、龙凤呈祥等图案的。

(四)年画

年画是我国一种古老的民间艺术,始于古代的"门神画",清光绪年间,正式称为年画,是中国特有的一种绘画体裁,也是中国农村老百姓喜闻乐见的艺术形式,含有祝福新年吉祥喜庆之意。

知识活页

年画闲谈

中国年画以产地分为三大流派,即苏州桃花坞、天津杨柳青和山东潍坊。南宋的木刻年画《随朝窈窕呈倾国之芳容》,是现今我国收藏最早的年画,画的是古代四大美人王昭君、赵飞燕、班姬和绿珠。《老鼠娶亲》年画是民间流传最广的一幅,描绘了老鼠依照人间的风俗迎娶新娘的有趣场面。民国初年,上海郑曼陀将月历和年画二者结合起来形成了年画的一种新形式,以后发展成挂历,至今风靡全国。

（五）守岁

除夕守岁是最重要的年俗活动之一。除夕之夜，全家团聚在一起，吃年夜饭，边吃边聊边玩，通宵守夜，等着新的一年到来。唐太宗李世民写有"守岁"诗："寒辞去冬雪，暖带入春风"。直到今天，人们还习惯在除夕之夜守岁迎新。

（六）爆竹

"爆竹声中一岁除"，除夕之夜，无论是城市还是农村，噼噼啪啪的爆竹声此起彼伏，创造出喜庆热闹的气氛。燃放爆竹辞旧迎新，给人们带来欢愉和吉利。随着时间的推移，爆竹的应用日益广泛，品种花色也日见繁多，每逢重大节日、喜事庆典，以及婚嫁、建房、开业等，都要燃放爆竹以示庆贺，图吉利。

（七）拜年

春节拜年是一种极富人情味的礼仪习俗。新年的初一及邻近的几天里，人们走亲访友，相互拜年，恭祝新年大吉大利，联络感情。拜年的习俗各地不尽相同，有"初一崽，初二郎，初三初四拜团坊"的说法。可以族长带领若干人挨家挨户地拜年，也可以同事相邀几个人去拜年，亦可团拜。现使用最多的是电话拜年、手机短信拜年、电子邮件拜年等形式。

春节拜年时，晚辈要先给长辈拜年，祝长辈长寿安康，长辈可将事先准备好的压岁钱分给晚辈，据说压岁钱可以压住邪祟，因为"岁"与"祟"谐音，晚辈得到压岁钱就可以平平安安度过一岁。现在长辈为晚辈分送压岁钱的习俗仍然盛行。

（八）春节食俗

年夜饭，真正过年的前一夜叫年夜，离家在外的游子都要不远千里赶回家来，以求团团圆圆。这一天的晚饭是一年中最丰盛的一顿饭，各地年夜饭菜中都会有鸡、鱼，谓之"大吉大利"、"年年有余"，大家都喝点酒以图吉利。

包饺子，全家人围坐在一起包饺子过年是必不可少的。饺子的做法是先和面做成饺子皮，再用皮包上馅；馅的内容五花八门，各种肉、蛋、海鲜、时令蔬菜等都可入馅；清水煮熟后沾着以醋为主的佐料吃。和面的"和"字就是"合"的意思；饺子的"饺"和"交"谐音，"合"和"交"又有相聚之意，所以用饺子象征团聚合欢；又取更岁交子之意，非常吉利；此外，饺子因为形似元宝，过年时吃饺子，也带有"招财进宝"的吉祥含义。

蒸年糕，年糕因为谐音"年高"，意为年年高升。年糕口味变化多端，深受大江南北欢迎，过年时几乎家家必备。年糕的式样有方块状的黄、白年糕，象征着黄金、白银，寄寓财源滚滚的意思。

二、元宵节

元宵节是中国的传统节日，"元"，即开始，一年之始为元月；"宵"，即夜。"元宵"意指一年中的第一个月圆之夜。全国大部分地区的习俗差不多，但各地也还是有自己的特点。

（一）吃元宵

"元宵"，即"汤圆"。正月十五吃元宵，在我国已是传统。元宵以糯米粉为皮，内裹以白糖、玫瑰、芝麻、豆沙、黄桂、核桃仁、果仁、枣泥等为馅，包成圆形。有的汤圆不是包的，而是在糯米粉中"滚"成的。"元宵",有团圆美满之意。家家团团坐,元宵圆圆美,寓示着生活美满,家人团圆。

(二) 观灯、猜灯谜

元宵放灯的习俗,在唐代发展成为盛况空前的灯市。中唐以后,已发展成为全民性的狂欢节。宋代,元宵灯会的规模和灯饰的奇幻精美都胜过唐代,而且活动更为民间化,民族特色更强。以后历代的元宵灯会不断发展,灯节的时间也越来越长。唐代的灯会是"上元前后各一日",宋代又在十六之后加了两日,明代则延长到由初八到十八整整十天。到了清代,满族入主中原,宫廷不再办灯会,民间的灯会却仍然壮观。日期缩短为五天,一直延续到今天。

猜灯谜,是元宵节后增加的一项活动,最早是由谜语发展而来的,起源于春秋战国时期。把谜语写在纸条上,贴在五光十色的彩灯上供人猜,开始于南宋。因为谜语能启迪智慧又饶有兴趣,所以深受社会各阶层的欢迎。

(三) 走百病

走百病,也称散百病、游百病。十四、十五、十六男女老少都要出门游赏,谓之祛病强身除灾,称为"走百病"。

随着时间的推移,元宵节的活动越来越多,不少地方节庆时增加了耍龙灯、耍狮子、踩高跷、划旱船、扭秧歌、打太平鼓等活动。

知识活页

元宵节民间活动

正月十五元宵节还有一些鲜为人知、已经失传的民间活动,这里列举二三。

1. 祭门、祭户

古代有"七祭",祭门、祭户是其中的两种。祭祀的方法很简单,把杨树枝插在门户上方,在盛有豆粥的碗里插上一双筷子,或者直接将酒肉放在门前。

2. 逐鼠

这项活动主要盛行于养蚕人家之中。因为老鼠常在夜里把蚕大片大片地吃掉,人们听说正月十五用米粥喂老鼠,它就可以不吃蚕了。于是,这些人家在正月十五熬上一大锅黏糊糊的粥,有的还在上面盖上一层肉,将粥用碗盛好,放到老鼠出没的顶棚、墙角,边放嘴里还边念念有词,诅咒老鼠再吃蚕宝宝就不得好死。

3. 迎紫姑

紫姑是民间传说中一个善良、贫穷的姑娘。正月十五,紫姑因穷困而死。百姓们同情她、怀念她,有些地方便出现了"正月十五迎紫姑"的风俗。每到这一天夜晚,人们用稻草、布头等扎成真人大小的紫姑肖像。妇女们纷纷站到紫姑常做活的厕所、猪圈和厨房旁边迎接她,像对待亲姐妹一样,拉着她的手,跟她说着贴心话,流着眼泪安慰她,情景十分生动,真实地反映了劳苦民众善良、忠厚、同情弱者的思想感情。

三、清明节

清明是二十四节气之一，原本是一个播种的节日，后来变成扫墓祭祖的日子。习俗内容丰富有趣，除了禁火、扫墓，还有踏青、荡秋千、蹴鞠、打马球、插柳等一系列风俗活动。这个节日中既有祭扫新坟生别死离的悲酸泪，又有踏青游玩的欢笑声，是一个富有特色的节日。

（一）荡秋千

荡秋千是我国古代清明节习俗。秋千的历史很古老，最早叫千秋，后为了避忌讳，改为秋千。荡秋千能够锻炼人的意志，培养勇敢精神，至今为人们特别是儿童所喜爱。

（二）蹴鞠

"蹴"即用脚踢，"鞠"系皮制的球，球内用毛塞紧，鞠是中国最早的足球。蹴鞠，就是用足去踢球，是古代清明节时人们喜爱的一种运动游戏。相传是黄帝发明的，最初目的是用来训练武士。

（三）踏青

踏青就是去郊外春游，它是将扫墓与娱乐融为一体的节日活动。三月清明，春回大地，芳草吐绿，杨柳抽丝，清风习习，正是郊游的大好时光。我国民间长期保持着清明踏青游玩的习惯。

（四）植树

清明前后是种植树苗的最佳时机，此时种树，树苗成活率高，成长快。因此，自古以来，我国就有清明植树的习惯，一直流传至今。1979 年，人大常委会规定，每年三月十二日为我国植树节。这对动员全国各族人民积极开展绿化祖国的活动，有着十分重要的意义。

（五）放风筝

放风筝也是清明时节人们所喜爱的活动。清明时节，春风徐徐，非常适合放风筝。民间还有说将风筝送上天空，将线剪断，任其飘逝，将把一年的病痛和烦恼一同带走，给自己带来好运。

四、端午节

端午节，又称端阳、重午，是我国民间较为隆重的节日，庆祝的活动也是各种各样，各地人民过节的习俗还是同多于异的。比较普遍的活动有以下几种。

（一）赛龙舟

赛龙舟，是端午节的主要习俗。相传起源于古时楚国人因舍不得贤臣屈原投江死去，许多人划船追赶拯救。之后每年农历五月五日划龙舟以纪念之。

后来，赛龙舟除纪念屈原之外，在不同地区还赋予了不同的寓意。

江浙地区划龙舟，兼有纪念当地出生的近代女民主革命家秋瑾的意义。夜龙船上，张灯结彩，来往穿梭，水上水下，情景动人，别具情趣。不同民族、不同地区，划龙舟的传说有所不同。直到今天，在南方的不少临江河湖海的地区，每年端节都要举行富有特色的龙舟竞赛活动。

知识活页

赛 龙 舟

1980 年,赛龙舟被列入中国国家体育比赛项目,并每年举行"屈原杯"龙舟赛。1991 年 6 月 16 日(农历五月初五),在屈原的第二故乡——中国湖南岳阳市,举行首届国际龙舟节。在竞渡前,举行了既保存传统仪式又注入新的现代因素的"龙头祭"。龙头被抬入屈子祠内,由运动员给龙头"上红"(披红带)后,主祭人宣读祭文,并为龙头"开光"(即点睛)。然后,参加祭龙的全体人员三鞠躬,龙头即被抬去汨罗江,奔向龙舟赛场。此次参加比赛、交易会和联欢活动的多达 60 余万人,可谓盛况空前。尔后,湖南便定期举办国际龙舟节。赛龙舟盛传于世。

(二)端午食粽

粽子是端午节的应节食品,家家互赠,人人必食。端午食粽是中国人民的又一传统习俗。晋代,粽子被正式定为端午节食品。这时,包粽子的原料除糯米外,还添加中药益智仁,煮熟的粽子称"益智粽"。南北朝时期,出现杂粽。米中掺杂禽兽肉、板栗、红枣、赤豆等,品种增多。粽子还用作交往的礼品。

元、明时期,粽子的包裹料已从菰叶变革为箬叶,后来又出现用芦苇叶包的粽子,附加料已出现豆沙、猪肉、松子仁、枣子、胡桃等等,品种更加丰富多彩。

一直到今天,每年五月初,中国百姓家家都要浸糯米、洗粽叶、包粽子,其花色品种更为繁多。从馅料看,北方多包小枣;南方则有豆沙、鲜肉、火腿、蛋黄等多种馅料,其中以浙江嘉兴粽子为代表。吃粽子的风俗,千百年来,在中国盛行不衰。

(三)佩香囊

端午节佩香囊,传说有避邪驱瘟之意,也用于襟头点缀装饰。香囊内有朱砂、雄黄、香药,外包以丝布,清香四溢,再以五色丝线弦扣成索,作各种不同形状,结成一串,形形色色,玲珑可爱。

(四)悬艾叶、菖蒲

在端午节,人们把插艾和菖蒲作为重要内容之一。家家都洒扫庭除,以菖蒲、艾条插于门楣,悬于堂中;或制成花环、佩饰,美丽芬芳,妇人争相佩戴,用以驱瘴。

端午节也是自古相传的"卫生节",人们在这一天洒扫庭院,挂艾枝,悬菖蒲,洒雄黄水,饮雄黄酒,激浊除腐,杀菌防病。这些活动也反映了中华民族的优良传统。

知识活页

端午节由来的传说

关于端午节的由来,说法甚多,诸如:纪念屈原说,纪念伍子胥说,纪念曹娥说,民族图腾祭说等等。以上各说,各本其源。据学者闻一多先生的《端午考》和《端午

的历史教育》列举的百余条古籍记载及专家考古考证，端午的起源，是中国古代南方吴越民族举行图腾祭的节日，比屈原更早。但千百年来，屈原的爱国精神和感人诗歌，已广泛深入人心，故人们"惜而哀之，世论其辞，以相传焉"，因此，纪念屈原之说，影响最广最深，占据主流地位。在民俗文化领域，中国民众把端午节的龙舟竞渡和吃粽子等，都与纪念屈原联系在一起。

这里介绍几种常见的说法。

1. 源于纪念屈原

据《史记·屈原贾生列传》记载，屈原，是春秋时期楚怀王的大臣。他倡导举贤授能，富国强兵，力主联齐抗秦，遭到贵族子兰等人的强烈反对，屈原遭谗去职，被赶出都城，流放到沅、湘流域。他在流放中，写下了忧国忧民的《离骚》《天问》《九歌》等不朽诗篇，独具风貌，影响深远（因而，端午节也称诗人节）。公元前278年，秦军攻破楚国京都。屈原眼看自己的祖国被侵略，心如刀割，但是始终不忍舍弃自己的祖国，于五月五日，写下了绝笔作《怀沙》之后，抱石投汨罗江身死，以自己的生命谱写了一曲壮丽的爱国主义乐章。

传说屈原死后，楚国百姓哀痛异常，纷纷涌到汨罗江边去凭吊屈原。渔夫们划起船只，在江上来回打捞他的真身。有位渔夫拿出为屈原准备的饭团、鸡蛋等食物，"扑通、扑通"地丢进江里，说是让鱼龙虾蟹吃饱了，就不会去咬屈大夫的身体了。人们见后纷纷仿效。一位老医师则拿来一坛雄黄酒倒进江里，说是要药晕蛟龙水兽，以免伤害屈大夫。后来怕饭团为蛟龙所食，人们想出用楝树叶包饭，外缠彩丝的办法，以后就发展成粽子。

以后，每年的农历五月初五，就有了龙舟竞渡、吃粽子、喝雄黄酒的风俗，以此来纪念爱国诗人屈原。

2. 源于纪念伍子胥

端午节的第二个传说，在江浙一带流传很广，是纪念春秋时期（公元前770年至公元前476年）的伍子胥。伍子胥，名员，字子胥，楚国人，父兄均为楚王所杀，后来子胥投奔吴国，助吴伐楚，五战而入楚都郢城。当时楚平王已死，子胥掘墓鞭尸三百，以报杀父兄之仇。吴王阖庐死后，其子夫差继位，吴军士气高昂，百战百胜，越国大败，越王勾践请和，夫差许之。子胥建议，应彻底消灭越国，夫差不听，吴国大宰，受越国贿赂，谗言陷害子胥，夫差信之，赐子胥宝剑，子胥以此死。子胥本为忠良，视死如归，在死前对邻舍人说："我死后，将我眼睛挖出悬挂在吴京之东门上，以看越国军队入城灭吴。"自刎而死，夫差闻言大怒，令取子胥之尸体装在皮革里于五月五日投入大江。因此相传端午节亦为纪念伍子胥之日。

3. 源于纪念孝女曹娥

端午节的第三个传说，是为纪念东汉（公元23年至公元220年）孝女曹娥救父投江。曹娥是东汉上虞人，父亲溺于江中，数日不见尸体，当时孝女曹娥年仅十四岁，昼夜沿江号哭。过了十七天，在五月五日也投江，五日后抱出父尸。就此传为神话，继而相传至县府知事，县令度尚为之立碑，让他的弟子邯郸淳作诔辞颂扬。

孝女曹娥之墓，在今浙江绍兴，后传曹娥碑为晋王义所书。后人为纪念曹娥的孝节，在曹娥投江之处兴建曹娥庙，她所居住的村镇改名为曹娥镇，曹娥殉父之处定名为曹娥江。

4. 源于百越民族图腾祭

近代大量出土文物和考古研究证实，长江中下游广大地区，在新石器时代，有一种以几何印纹陶为特征的文化遗存。该遗存的族属，据专家推断是一个崇拜龙图腾的部族——百越族。出土陶器上的纹饰和历史传说表明，他们有断发文身的习俗，生活于水乡，自比是龙的子孙。其生产工具，大量的还是石器，也有铲、凿等小件的青铜器。作为生活用品的坛坛罐罐中，烧煮食物的印纹陶鼎是他们所特有的，是他们族群的标志之一。直到秦汉时代尚有百越人，端午节就是他们创立用于祭祖的节日。在数千年的历史发展中，大部分百越人已经融合到汉族中了，其余部分则演变为南方许多少数民族，因此，端午节成了全中华民族的节日。

五、七夕节

相传七夕节源于"牛郎织女"这段美丽的传说。每逢七夕夜，人们纷纷走出家门看牛郎织女在银河相会。由于人们羡慕织女织布技巧，于是就趁牛郎织女相会高兴的时候乞求赐予巧手艺，俗称"乞巧"。慢慢"乞巧"又演变为技艺交流和比试，后来保存下来的习俗，就是妇女们在农历七月初七的夜晚进行的各种乞巧活动。

乞巧的方式大多是姑娘们穿针引线验巧，做些小物品赛巧，摆上些瓜果乞巧，各个地区的乞巧方式不尽相同，各有趣味。

鲁中、鲁北等地的乞巧活动主要是求赐手艺，只是露天陈列瓜果乞巧，如有喜蛛结网于瓜果之上，就意味着乞得巧了。鲁西南等地演变为吃巧巧饭乞巧，七个要好的姑娘凑份子包饺子，分别将一枚铜钱、一根针和一个红枣包到三个水饺里，之后一起吃水饺，据说吃到钱的有福，吃到针的手巧，吃到枣的早婚。

竞技型乞巧，类似于斗巧。近代的纤维手工制品、精美的民间面食、巧芽汤、面塑、剪纸、彩绣等形式做成的装饰品等就是斗巧风俗的演变。

杭州、宁波、温州等浙江各地用面粉制成各种"巧果"，晚上在庭院内陈列巧果、莲蓬、白藕、红菱等。女孩则对月穿针，以祈求织女能赐以巧技，或者捕蜘蛛一只，放在盒中，第二天开盒，如已结网称为得巧。

绍兴等地的农村，许多少女夜里会偷偷躲在生长得茂盛的南瓜架下，据说能够听到牛郎织女相会时的悄悄话。

浙江金华一带，七月七日家家都要杀一只鸡，希望这夜牛郎织女相会时无公鸡报晓，让他们永不分开，以表达希望牛郎织女能天天过上美好幸福生活的愿望。

广西西部，有七月七日晨仙女下凡洗澡的传说，喝其洗澡水可避邪祛病延寿，谓之"双七水"。人们在这天鸡鸣时，去河边取水，用新瓮盛起来，待日后使用。

广州乞巧节时，姑娘们预先备好奇巧的小玩意和"拜仙禾"，从初六晚开始至初七晚，一连两晚穿新衣服，戴新首饰，焚香点烛，对星空"迎仙"七次跪拜。拜仙之后，姑娘们手执彩线对着灯影将线穿过针孔，如一口气能穿七枚针孔者谓之得巧。

福建七夕节时要让织女欣赏、品尝瓜果，以佑来年瓜果丰收。一般是斋戒沐浴后，大家轮流在供桌前焚香祭拜，默祷心愿。女人们可以乞巧、乞子、乞寿、乞美或乞爱情。而后，大家进行"卜巧"，即用卜具问自己是巧是笨；还有赛巧，即比谁穿针引线快，输者要将事先准备好的小礼物送给得巧者。

直到今日，七夕仍是一个富有浪漫色彩的传统节日，那象征忠贞爱情的牛郎织女的传说，一直流传民间。

六、中秋节

古代以农历七、八、九三月为秋季，八月十五正居仲秋之中，故称中秋节。中秋佳节，人们最主要的活动是赏月和吃月饼。

（一）赏月

中秋之际，天高气爽，昼夜等长，阳光直射到月亮上，所以"月到中秋分外明"，此时的月亮最亮最圆。人们或设家宴于月下，或盛果品于庭院、楼台，全家人一边赏月攀谈，一边品尝节日佳品。

（二）吃月饼

月饼为圆形，陷儿甜，寓意家人团圆，生活甜美。我国城乡居民过中秋都有吃月饼的习俗。在月饼的外面还印有各种精美的图案，如"嫦娥奔月"、"银河夜月"、"玉兔捣药"等。以月之圆兆人之团圆，以饼之圆兆人之常生，用月饼寄托思念故乡、亲人之情。人们还将月饼赠送亲友，联络感情。

（三）其他中秋节的习俗

中国地缘广大，人口众多，风俗各异，中秋节的过法也多种多样，一些地方还形成了很多特殊的中秋习俗，带有浓厚的地方特色。如香港的舞火龙、安徽的堆宝塔、广州的树中秋、晋江的烧塔仔、傣族的拜月、苗族的跳月、侗族的偷月亮菜、高山族的托球舞等。

七、重阳节

我国古代把九叫做"阳数"，农历九月九日，两九相重，都是阳数，因此称为"重阳"。重阳节又称登高节，在这一天，人们登高望远，思念亲人。重阳佳节，金秋送爽，丹桂飘香，活动丰富，情趣盎然，有登高、赏菊、喝菊花酒、吃重阳糕、插茱萸等。

（一）登高

古人登高的真正目的在于秋游，以寄托秋思，也在于做健身活动。登高所到之处，没有划一的规定,年轻力壮的可以登高山,年老体弱的可以登高塔。

(二)吃重阳糕

重阳糕是以葛根粉和米粉制作的糕,讲究的重阳糕要做成九层,像座宝塔,上面还做成两只小羊,以符合重阳(羊)之义。"糕"与"高"谐音,"吃糕"寓意"登高",象征步步登高。

(三)赏菊并饮菊花酒

农历九月为"菊月",在菊花傲霜怒放的重阳节里,观赏菊花成了节日的一项重要内容。菊花酒是采集生长期菊花的茎叶,配以黍米酿制而成。重阳之日,人们或于菊前饮酒吃重阳糕,或携酒邀友登高赏菊,惬意无比。

(四)插茱萸

重阳节插茱萸是传统风俗,茱萸为药用植物,有驱蚊杀虫的功效,把茱萸插在头上或放在香袋里佩带可以避难消灾。此情此景有唐诗为证:"遥知兄弟登高处,遍插茱萸少一人。"

(五)各地过重阳节的风俗

除了以上较为普遍的习俗外,各地还有些独特的过节形式。

在陕北,重阳节是正式收割的季节,重阳夜,月上树梢,人们喜爱享用荞面熬羊肉,晚饭后,人们爬上附近山头,点上火光,谈天说地,鸡叫才回家。登山时许多人都摘几把野菊花,回家插在女儿的头上,以之避邪。

在福建莆仙,人们沿袭旧俗,要蒸九层的重阳米果,此米果分九层重叠,可以揭开,切成菱角,四边层次分明,呈半透明体,食之甜软适口,又不粘牙,堪称重阳敬老的最佳礼馈。

莆仙人常利用重阳登山的机会,祭扫祖墓,纪念先人。以重阳祭祖者比清明为多,故俗有以三月为小清明,重九为大清明之说。由于莆仙沿海,九月初九也是妈祖的忌日,乡民多到妈祖庙祭祀,求得保佑。

1989年,我国将重阳节定为老人节。重阳节之日,各地都要组织老年人登山秋游,锻炼身体,开阔视野,培养人们热爱祖国大好山河的高尚品德。

八、冬至节

冬至是中国农历中一个非常重要的节气,也是中华民族的一个传统节日,这一天是北半球全年中白天最短、夜晚最长的一天。冬至经过数千年发展,形成了独特的节令食文化。

俗话说"冬至馄饨夏至面",北方大部分地区多食用馄饨、饺子等食品。馄饨发展至今,名号繁多,江浙等大多数地方称馄饨,而广东称云吞,湖北称包面,江西称清汤,四川称抄手,新疆称曲曲等。

吃汤圆也是冬至的传统习俗,在江南尤为盛行,寓意"团圆"、"圆满",冬至吃汤圆又叫"冬至团"。民间有"吃了汤圆大一岁"之说。

北方还有不少地方,在冬至这一天有吃狗肉和羊肉的习俗,以求来年有一个好兆头。

第二节　中国部分少数民族的习俗与禁忌

民族习俗，指的是一个民族的人们在生产、居住、饮食、衣着、婚姻、丧葬、节日、庆典、礼仪等物质文化生活上的共同喜好、习尚和禁忌。由于自然环境、社会条件、经济水平的差异，中国各民族在饮食、服饰等方面形成了各自独特的习俗与禁忌。

一、藏族

藏族分布在西藏、青海、甘肃、四川、云南等地。藏族人主要从事畜牧业，兼营农业，多信喇嘛教。

敬献哈达是藏族对客人最普遍、最隆重的礼节，献的哈达越宽长，表示敬意越深厚。对尊者、长辈献哈达的时候要双手举过头，身体略向前倾，把哈达双手捧献于对方手里、献放在方桌上或通过代理人转献，对方通常并不回赠哈达；平级、同辈之间则把哈达捧送对方手中，接受者将哈达顺手绕过头顶挂在自己颈上，往往还当场回献一条哈达，以重礼尚往来；对晚辈或下属，一般要把哈达系于对方脖子上。如果不鞠躬或用单手送，都是不礼貌的。接受哈达的人最好做和献哈达的人一样的姿势，并表示谢意。

藏民们见到长者或尊贵的客人，要脱帽躬身45度，帽子拿在手上接近地面；见到平辈，头稍低就行，帽子拿在胸前，以示礼貌。有客人来拜访，藏民们等候在帐外目迎贵客光临。男女分坐，并习惯男坐左女坐右。

藏民对客人有敬献奶茶、酥油茶和青稞酒的礼俗。敬酒时，客人须先啜三口，每喝一口主人都要加满，最后再喝干一满杯。敬献客人喝茶时，客人坐在藏式方桌边，主妇或子女会来倒酥油茶，客人必须等主人把茶捧到面前才能伸手接过饮用，这样才算礼貌。

藏族人家生孩子或生病时，须在门口放堆火或挂红布条、插树枝，用以谢绝外人进入。藏民禁止一切对经典、寺庙和喇嘛的不敬重，最忌讳别人用手抚摸佛像、经书、佛珠和护身符等圣物，认为是触犯禁规，对人畜不利。

藏历年、雪顿节等是藏族的传统节日，其中藏历年最为重要，相当于汉族的春节。

二、维吾尔族

维吾尔族主要居住在新疆维吾尔自治区，主要从事农业，善种粮棉和瓜果，信奉伊斯兰教。

维吾尔族非常重视礼貌，见到长者或尊敬的客人时，要以右臂抚胸行抚胸礼，身体前倾30度，然后握手，并连声说："撒拉木"或"亚贺西姆塞斯"，意为你好、你们好。

到维吾尔族人家里做客时，进门前和用餐前女主人要用水壶给客人冲洗双手，一般洗3次。在屋里就座的时候，要跪坐。接茶碗时要用双手，吃烤馕时要先把馕掰碎、小块而食。

吃完饭后由长者领着行"接都瓦",来为亲友祈祷祝福。

维吾尔族人以面食为主,食牛羊肉,忌食猪、狗、驴、骡、马及一切猛禽之肉。烤羊肉串是这个民族最出名的风味小吃,烤全羊是维吾尔族节日和招待贵宾的上等食品。

院落的大门禁忌朝西开,睡觉时忌讳头朝东脚朝西,忌随便走近灶台、水缸等。衣忌短小,上衣一般过膝,裤脚到脚面,最忌讳户外穿着短裤。

肉孜节、古尔邦节是维吾尔族传统的盛大节日,其中以古尔邦节最为隆重。

三、蒙古族

蒙古族,主要居住在内蒙古、新疆等地,以畜牧业为主,兼营农业,信仰喇嘛教,多住蒙古包。

蒙古族传统礼节,主要有献哈达、递鼻烟壶、敬茶和敬烟等。献哈达的礼仪和藏族一样。蒙古族牧民十分热情好客,即使主人不在,也可自己进入蒙古包内进餐。客人到来时,主人要迎出门外;进入蒙古包时,主人立在门外西侧,右手放在胸部微微躬身,请客人先进。沏新茶,以示尊重客人,以"满杯茶"为敬。敬茶之后敬烟。蒙古族人多以奶制品和手抓羊肉招待来客,全羊席是最隆重的待客礼仪。送客的时候,主人送客人到蒙古包外面或本地边界。

客人接过主人的马奶酒时,最得体的方式是,左手捧杯,用右手的无名指蘸一滴酒弹向头上方,表示祭天,第二滴弹向地,表示祭地,第三滴酒弹向前方,表示祭祖先,随后把酒一饮而尽。

路过蒙古包,要轻骑慢行。进蒙古包前,要把马鞭子放在门外,从左边进门,入包后坐在右边,离包时走原来的路线。出蒙古包后,应步行一段路,等主人回去后,再上马上车。

蒙古包内有病人时,要在蒙古包前左侧缚一条绳,绳子的一头埋在地下,表示谢绝会客。蒙古人不吃鱼、飞禽和马肉,忌讳打狗,蒙古人以火为神,不得跨越火盆,不得在火盆内乱拨。在寺院不能乱摸、乱动、大声喧哗。

那达慕大会是蒙古族的传统节日,一般在农历七、八月份举办,是蒙古族庆祝丰收、进行物资交流和举行民间体育活动的隆重集会。

四、回族

回族主要聚居在宁夏、甘肃、新疆等地,其余散居在全国各地,信奉伊斯兰教。

回族人尊敬长者,非常重视礼貌。回族有尚右的习俗,以右为尊。如施礼时要以右手抚胸,进门时要先迈右脚,睡觉以右侧着床等。

回族人日常很注意卫生,忌讳不洁。取水前一定要洗手,凡供人饮用的水井、泉眼,不许牲畜饮水,也不许任何人在附近洗脸、洗衣服。剩水不能倒回井里或水缸中。

回族人在肉食方面禁忌极严,忌食猪、狗、驴、骡、马及一切猛禽之肉,只吃阿訇宰的牛羊肉。禁止抽烟、喝酒。吃饼、馍等块状食物时,必须掰开,小块而食。一般实行族内通婚,但限制同族兄弟姐妹结婚。

回族主要节日有开斋节、古尔邦节和圣纪节,其中开斋节为回族的法定假日。茶叶和红糖是回族人的节日佳品。

五、壮族

壮族是我国少数民族人口最多的,主要分布在广西壮族自治区以及云南、广东、贵州三省。壮族信仰原始宗教,祭祀祖先,部分人信仰天主教和基督教。

壮歌久负盛名,定期举办对歌赛歌的"歌圩"盛会;五色糯米饭是壮族的传统美食,壮族的刺绣、竹芒编及"干栏"建筑艺术等也远近闻名。

壮族人待客热情。客人来访时,由主人出面让座递烟,双手奉茶。有客人在家,不可以大声讲话,进出要从客人身后绕行。和客人共餐,要两腿落地,与肩同宽。

尊老爱幼是壮族的传统美德。杀鸡时,鸡头、鸡翅必须敬给老人。用餐时须等最年长的老人入席后才能开饭,长辈未动的菜,晚辈不得先吃,端茶、盛饭时,必须双手捧给,不能从背后传递,晚辈不能落在全桌人之后吃饭。

壮族是稻作民族,爱护青蛙,所以忌食蛙肉。火塘、灶塘是壮族家庭最神圣的地方,禁止用脚踩踏。忌讳戴着斗笠和扛着锄头或农具的人进入自己家。做客留宿时,是夫妻也不能同床而卧。

忌讳怀孕妇女看新娘、参加婚礼,怀孕妇女不能进入产妇家。壮族人家生孩子时,须在屋前或门上插树枝,用以谢绝外人进入。忌讳生孩子尚未满月的妇女到家里串门。

壮族主要节日有"三月三"歌节、中元鬼节、牛魂节等,最隆重的节日莫过于春节。

六、满族

满族人大部分聚居在东北三省,以辽宁省最多。主要从事农业,兼营渔牧业,信仰萨满教。

满族非常重礼节,是一个尊老、敬上、好客的民族。请安礼是满族人日常相见的礼节。如果遇到长辈,要请安后才能说话。最隆重的礼节是抱腰礼。其他相见礼节还有执手礼、顶头礼、叩头礼等。

满族人家重客,每逢年节必宴请宾客。待客不避内眷。如果接受妇女的敬酒,就必须沾唇一饮而尽。饮酒结束后才进食。满族人家里一般一房西、南、北三面都是土炕,以西炕最尊贵,用来供奉祖先。留宿客人时,让客人宿南炕,自家人宿北炕。

满族以稻米面粉为主食,肉食以猪肉为主,喜吃酸菜,酸菜馅饺子是满族人春节必吃的食品。他们还保留了饽饽、酸汤子、沙琪玛等有民族特色的食品。

满族最突出的禁忌是不准打狗、杀狗、吃狗肉,不使用狗制品,禁穿戴带有狗皮的衣帽。

忌讳在西炕或北炕死人,人死入棺后不能从门抬出。

传统节日有春节、元宵节、二月二、端午节和中秋节。颁金节是满族"族庆"之日,1989年10月,正式把每年的12月3日定为颁金节。

七、其他民族的习俗忌讳

彝族的禁忌:禁食狗、马、熊等动物的肉,妇女忌食难产而死的家畜之肉。忌讳以脚踢踏或跨越火盆。忌用餐后把汤匙扣于碗盆的边沿上。忌讳女人跨过男人的衣物,更不能从男子身上、头上跨过。男人最忌讳他人触摸自己头上的蓄发。

傣族的禁忌:忌讳外人骑马、赶牛、挑担和蓬乱着头发进寨子。进入傣家竹楼,要把鞋脱在门外,不能进入主人内室,不能坐门槛。不能移动火塘上的三脚架,也不能用脚踏火。不准用衣服当枕头或坐枕头。晒衣服时,上衣要晒在高处,裤子和裙子要晒在低处。忌讳摸小和尚的头以及佛像、旗幡等佛家圣物。

佤族的禁忌:忌讳骑马进寨,须在寨门口下马。忌讳将青树叶及其他绿色物品带入室内。忌摸别人的头和耳朵。忌送人辣椒和鸡蛋,忌讳送少女装饰品。若门前放一木杆,说明家里有病人,忌外人进入。女性不准随便乱抓男性的头发,男性不能触女性的脚。

苗族的禁忌:不许在家或夜间吹口哨,禁止在村寨周围挖土或砍伐古树。忌跨小孩头顶,禁忌妇女与长辈同坐一条长凳。忌杀狗、打狗、吃狗肉。嬉闹时不许用带捆苗家人;遇门上悬挂草帽、树枝时,不得进屋。忌讳迎亲途中扭伤腿脚,认为不吉利。

哈萨克族的禁忌:年轻人不能当着老人的面喝酒、吸烟,不准乱丢食物,不准跨越或踏过餐具。忌讳当面数主人家的牲畜,不能跨过拴牲畜的绳子,不能骑马入羊群。做客时应跪坐或盘膝而坐,禁止脱鞋、脚板朝人。忌食猪肉、狗肉、驴肉、骡肉和自然死亡的畜禽肉及动物血。

瑶族的禁忌:禁止当着女人的面讲粗话。忌用脚踏火炉,忌在火炉里烧有字的纸张。忌坐门槛,进入瑶家忌穿白鞋和戴白帽,穿草鞋不能上楼。不能坐主妇烧火的凳子,男人不能坐在碗柜前面。妇女生孩子满月前,忌外人进家。祭神忌用狗、蛇、猫、蛙肉。

羌族的禁忌:妇女分娩时在门外挂枷单或背篼,忌外人入内。家有病人时在门上挂红纸条,忌外人来访。不能跨火塘或用脚踩三脚架,也不能在三脚架上烘烤鞋袜衣物。忌坐门槛和楼梯。饭后不把筷子横在碗上,也不能倒扣酒杯。

布依族的禁忌:忌讳外来客人在主人家同宿,不得触动神龛和供桌。不能跨火塘或用脚踩三脚架。布依族村寨的山神树和大罗汉树,禁止任何人触摸和砍伐。布依族送礼必须送双数。

高山族的禁忌:忌讳怀孕妇女动用刀斧。忌食猿肉、山猫肉、穿山甲肉和并蒂果实等。男人不能随便碰触妇女用的织布机。

 ## 第三节 世界部分国家和民族的传统节日习俗

一、韩国传统节日

韩国的重要节日有农历新年,即农历正月初一,是最盛大的节日。全家人齐聚一堂,祭祖,然后享用丰盛的家宴。其他重要节日包括元宵节,即农历每年的第一个满月;端午节,公历五月初五;中秋节,农历八月十五;浴佛节,农历四月初八。

有几个家庭节日对韩国人来说很重要,分别是百日、周岁、花甲和古稀。

二、新加坡卫塞节

农历四月十五日,是佛祖释迦牟尼的诞辰、成道及涅槃纪念日。新加坡佛教总会在节日的前几天就开始举行一连串的庆祝活动,各佛教团体及寺庙也张灯结彩,寓意佛陀的光辉世世代代照耀人间。

三、伊朗人"跳火"迎新年

伊朗的历法是每年的 3 月 21 日过春节。伊朗人视火为吉祥的象征,因此,除夕之夜,家家要举行"跳火"的活动以驱邪逐厄,迎来福神。人们在门口点燃"祝火",老老少少都要从"祝火"上跳来跳去,口中还要念念有词,祝福来年幸福安康。

四、缅甸的泼水节

缅甸人在 4 月中旬过年,他们用泼水来辞旧迎新,庆祝新年,所以新年也叫泼水节。节日当天,人们相互泼水,表示涤旧除污,迎新纳福。

五、马来人的开斋节

马来人最重要的节日当属开斋节,每年回历九月,回教徒从拂晓前到日落都要禁食,戒食一个月后见到新月才可开斋。为庆祝一个月的斋功圆满完成,人们拂晓即吃食物,以示开斋。

六、印度人的灯节

灯节是印度教四大节日之一。传说这一天财富女神下凡,人们点灯以吸引女神的目光,表达对财富和美好生活的向往。节日当天,人们换上盛装,白天斋戒,晚上燃灯,彻夜灯火通明,人们载歌载舞,欢庆节日。

七、德国慕尼黑啤酒节

在德国的传统节日中,慕尼黑啤酒节是个人人皆知、载誉全球的特色节日。

慕尼黑啤酒节每年举办一次,从 9 月倒数第二个星期六至 10 月的第一个星期日,也称"十月节"。

德国的十月是大麦和啤酒花丰收的季节,人们以种种欢乐的形式喜庆丰收,表达喜悦之情。啤酒节期间除畅饮啤酒之外,还举行一系列丰富多彩的娱乐活动,如游戏、赛马、射击、杂耍、戏剧演出、民族音乐会等。

知识活页

2001 年慕尼黑啤酒节

2001 年的慕尼黑啤酒节开幕五天来,处处显示出不足。

开幕的前三天,光顾啤酒节的共有 75 万人。这个数字听起来其实已经相当壮观了,但比起去年却差得远了,至少少了 5 万人。不论是卖酒还是表演、娱乐,都会有不小的影响。在所有想借此机会小赚一笔的生意人中,最惨的应该是经营儿童汽车游戏的,估计销售额将会比去年下降 90%。

尽管参加啤酒节的人数少了,可喝得烂醉如泥等着人抬的贪杯者却有增无减。三天之内,巡逻队花了大把时间叫醒了 104 个醉汉,送 820 人到医院,还有 155 人因为醉酒而受了伤。警察们的日子也不好过,借酒滋事的有,趁乱偷窃的有,三天时间已经拘捕了 30 人。政府方面只得站出来,提醒学校和幼儿园的学生、小朋友不要到啤酒节上去玩。

八、苏格兰人的新年习俗

英国的苏格兰人相信来年的运气好坏取决于"第一只脚",即午夜后第一个走进屋子的人。如果来的是一位浅黄色头发的女性便是坏兆头;如果来的是一位黑眼珠、黑头发、肤色黝黑、年轻漂亮而又健壮的客人,那便是大吉大利的好兆头。元旦那天,人们要"卜蛋",即将蛋清放入清水中,从蛋清的形状来卜吉凶。新年里到别人家去做客,要带上一块煤,烧旺主人的炉火。炉火烧得越旺,主人会越高兴,因为这预示着主人一家驱逐了所有的妖孽,将在新的一年里事事如意。

九、美国的感恩节

在美国,每年 11 月的最后一个星期四为感恩节,是美国人民独创的一个古老节日,也是美国人合家欢聚的节日。感恩节的传统食物有红梅苔子果酱、甜山芋、南瓜饼、自制面包等,而火鸡更是节日中不可缺少的食物。

十、其他国家传统民间节日

(一)巴西的狂欢节

巴西被世界公认为"狂欢节之乡",每年 2 月中下旬的巴西狂欢节被称为世界上最大也是最奔放的狂欢节,庆祝活动以里约热内卢最为壮观。期间,市内的男女老少个个浓妆艳抹,潮水般涌向街头、广场,狂歌劲舞。盛大的桑巴游行是狂欢节的高潮。艳丽的服饰、强劲的音乐、火辣辣的桑巴舞和风光旖旎的巴西美女让人流连忘返。

(二)日本的筷子节

每年的 8 月 4 日为日本的筷子节,意在感谢筷子一日三餐辛勤地为人们服务。当天,家家户户都热热闹闹地庆祝一番。此外,农村在播种、插秧、收获、生日或婚嫁等的喜庆筵席上,都要换上新筷子,以表达喜悦之情。

（三）泰国的宋干节

每年 4 月 13 日至 15 日是泰国的宋干节。这一天，人们都到河边洗浴，洗去一切污秽和邪恶，放生以行善事，堆沙塔祈佑平安、五谷丰登。人们为佛像洒水洗尘，青年人身穿节日盛装，载歌载舞。此外，节日期间还举办游行、庙会、文艺演出、选美等丰富多彩的活动，使节日气氛异常浓烈。

（四）西班牙的西红柿狂欢节

每年 8 月 29 日为西班牙城市布尔尼奥尔西红柿节，其主要庆祝活动是人们互掷西红柿取乐。当天，人们都会穿上泳衣，戴上潜水镜和浴帽涌上街头，互相投掷熟透的西红柿，欢度西红柿狂欢节。狂欢结束后，居民和"西红柿斗士"们一起清洁街道。

（五）情人节

情人节起源于古代罗马，于每年 2 月 14 日举行，现已成为欧美各国青年人喜爱的节日。人们在每年的这一天向朋友传递爱的信息，将一支半开的红玫瑰作为礼物送给女孩是最好的情人节礼物，而姑娘则以一盒心形巧克力作为回赠礼物。

情人节也已经悄悄渗透到了无数中国年轻人的心目当中，成为中国传统节日之外的又一个重要节日。

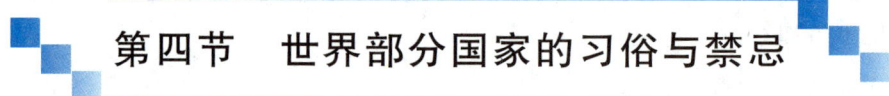

第四节　世界部分国家的习俗与禁忌

当今社会，任何国家、民族、地区都无一例外地与国际接轨，因此，在国际交往中，熟悉和了解交往对象的习俗礼仪是非常重要的，能让你在国际交往中得心应手。

一、东方国家习俗礼仪

（一）日本

日本大多数居民属于大和民族，主要信奉道教和佛教，少数信奉基督教和天主教。

日本是一个注重礼仪的国家。在日常生活中，都互致问候，脱帽鞠躬，在行鞠躬礼时有深浅之分，越深表示越尊敬、越亲切。如果需要谈话，应到休息室或房间交谈，日本人习惯低声交谈。

日本人的民族服装为和服，在本民族的重大节日或活动时要穿和服。在正式场合一般穿礼服，多为成套的深色西服，平时则可穿便服。不可随便脱衣服，如果需要，要先征得主人的同意。

茶道，是日本人特有的沏茶、品茗的高尚技艺，是一种讲究礼仪、陶冶情操的民间习俗。他们喝茶时把茶叶放到小巧玲珑的茶壶里，倒的时候，用小过滤网防止茶叶进入杯里，而且以半杯为敬，一般不再续茶。

日本人的座位都有等级,一般听从主人的安排就行。赠送礼品时,也应注重阶层或等级,不可送太昂贵的礼品,以免他们误会你的身份比他们高。

日本不太流行付小费,需要时则把钱放在信封里或用纸巾包裹着,因为他们认为收现钞是一件很难堪的事。

日本人最喜欢吃鱼类食品,对中国的绍兴酒、茅台酒非常感兴趣。用筷子也很讲究,筷子都放在筷托上,忌用同一双筷子让大家依次夹取食物,也不能把筷子垂直插在米饭里。

日本人有很多禁忌,如不能用黑白相间的颜色,对绿色、紫色、黄色也很忌讳;忌荷花图案;忌"4"、"6"、"9"、"14"、"42"、"44"等数字,赠送礼品和安排食宿时,要注意回避;不用香烟招呼客人等。

(二)韩国

韩国居民是单一的民族,佛教徒占全国人口的 1/3。

韩国人讲究礼貌,初次见面时,经常交换名片。男士之间见面时一定要打招呼。会客时,一般用咖啡、不含酒精的饮料或大麦茶招待客人,有时加适量的糖和淡奶,这些茶点客人必须接受。

韩国人注重服饰,男子以西服着装最普遍,女士穿连衣裙居多。

被邀请到韩国人家里做客时,应携带一束鲜花或一份小礼物,双手奉上。主人不要当面把礼物打开。要把鞋子脱掉留在门口,然后进到室内。

在韩国,妇女十分尊重男子,双方见面时,女性总会先向男性行鞠躬礼、致意问候;男女同座时,总是男性在上座,女性在下座;男女同行时,也是男的在前,女的在后。韩国的家教也很严格,在家庭里,儿女服从父母,妻子服从丈夫,小辈服从长辈。

韩国人以大米、白面为主食,酱菜和泡菜是韩国人最喜欢吃的,汤也是每餐必不可少的。韩国人还对边吃饭边谈话非常反感。

韩国的农历节日和我国差不多,也有春节、清明节、端午节、中秋节。农乐舞是韩国农村很流行的一种民俗。

韩国人忌讳的数字是"4"。许多楼房、医院、军队忌用"4"字编号。韩国人也不喜欢双数,而是喜爱单数。在喝茶或喝酒的时候,主人总是以"1"、"3"、"5"、"7"的数字单位来敬酒、敬茶、布菜。

(三)新加坡

新加坡总人口中华人占 76.9%,华裔多信奉佛教。国语为马来语,官方语言为英语、华语、马来语和泰米尔语。新加坡人不同民族有不同的礼节。新加坡华裔在礼仪方面和我国相似,保留了中国古代传统,通常的见面礼节是鞠躬、握手。印度血统的人仍保持印度的礼节和习俗,见面时合十致意。马来血统的人则先接触双手,再把手收回到自己胸前。新加坡尊重各个民族,重视民族平等,各个民族的重要节日都要全国放假。在新加坡随地吐痰、扔弃物都要受到法律制裁。新加坡忌讳的数字是"7"、"13"。在新加坡不能用食指指人,不能双手叉腰,不能触摸别人的头部。

(四)泰国

泰国是多民族国家,泰语为国语,佛教为其国教。

泰国人的待人接物,有许多约定俗成的规矩。人们相见时行合掌礼。双手举得越高,表示尊重程度越高,依次的高度为:过头顶、前额处、鼻子以下处、胸前。年纪大或地位高的人还礼时,双手不必高过前胸。此外还有跪拜礼、爬行礼等。

泰国是王国制,国王及王室重要成员都享有特权。泰国等级制度严格。

泰国人认为头颅顶端是灵魂出入之地,是神圣不可侵犯的。传递东西时不能超过头顶。脚被认为是低下的,忌讳用脚踢门,不能把鞋底对着别人。不能用红笔签字。不能用左手接物递物。在泰国,男女仍然遵守授受不亲的戒律,所以男女不能过于亲近。忌讳褐色。

(五)印度尼西亚

印度尼西亚素称"千岛之国",居民多信奉伊斯兰教,其余信奉基督教、天主教、印度教、佛教等。

印尼人好客热情,常用礼仪是握手、拥抱、贴脸、拍打对方肩膀等。印尼人大多数信奉伊斯兰教,他们认为左手是拿"不干净"东西的,所以在接、递物品时,都用右手而不用左手,也不用双手。忌讳吃猪肉食品,忌饮烈性酒。

拜见印尼人时,注意不要打扰各种教徒的宗教活动。做客要带礼物,要事先约好,经主人同意后再进屋。客厅如果铺有地席,男士要盘腿而坐,女士要跪地而坐。参观庙宇或清真寺,不能穿短裤、无袖服、背心或裸露较多的衣服。进入圣地特别是进入清真寺,一定要脱鞋。

印尼人的主食是大米,喜欢吃辛辣食品,吃饭习惯是用手抓着吃。

印尼人有一种习俗是很爱借钱,而且很讲信用,到期还款。

同泰国人一样,印尼人同样认为头部是神圣不可侵犯的。忌讳乌龟和老鼠。认为裸体太阳浴是非法的。

二、西方国家习俗礼仪

(一)奥地利

奥地利居民多信奉天主教,德语为官方语言。

奥地利人守时重诺。拜访前必须事先约定,做客时可带一束鲜花或一盒巧克力。

奥地利最著名的节日有国庆节和维也纳新年音乐会。奥地利是一个天主教国家,人们结婚都要到教堂举行婚礼。

与奥地利人交谈,可谈历史、文化,但不要谈有关钱财、政治、宗教等的话题。

奥地利人喜欢绿色,大多数人忌讳"13"和星期五。

(二)荷兰

荷兰人多为荷兰族,荷兰语为官方语言。

荷兰人见面时一般行握手礼,喜欢按照精确的日程表,有计划地工作和生活。

荷兰人好客,没有事先约好也可登门拜访。

荷兰人喜欢黄色,忌讳数字13和星期五。在相互交往中,他们不愿谈论政治、经济和物价等问题。忌讳别人对他们拍照。

（三）捷克

捷克居民多为捷克族,捷克语为官方语言,主要宗教是天主教。

捷克旅游业发达,所有的名胜古迹都开放,有"中欧花园"之称。

每年新年开始,捷克都要举行迎接新生儿的传统仪式,于元月 3 日选出新年里的第一批婴儿公民,选中的婴儿将得到奖品。当地人的婚礼在教堂举行。

捷克民族视玫瑰花为国花,忌讳红三角图案。

（四）冰岛

冰岛的国语为冰岛语,国教为基督教。

冰岛位于北极圈南部,有"欧洲尽头之国"之称,境内多火山、冰川、温泉和瀑布,旅游业发达。冬天白昼很短,夏天则几乎都是白昼。在秋季和初冬,可以看到北极光。

在冰岛,男子忌问女子的年龄,并忌与她们开玩笑。冰岛人忌讳数字 13 和星期五。

（五）法国

法国居民多为法兰西人,多信奉天主教,鸢尾为国花,公鸡为国鸟。

法国人具有骑士风度,极其尊重妇女。法国人的见面礼节主要是握手、拥抱和吻面颊。法国人注重人情味,收到礼物应立即表示感谢并打开看。

法国人讲究饮食,出产名酒。

法国节庆日较多,除了国庆节、圣诞节、复活节和狂欢节等外,还有愚人节。

法国人忌讳数字 13 和星期五,送花宜送单数。忌讳询问个人私事,禁邮一切避孕药物。

（六）英国

英国全称为大不列颠及北爱尔兰联合王国。居民由英格兰人、苏格兰人、威尔士人、爱尔兰人等组成。居民绝大部分信奉基督教。国花为玫瑰花。

英国是绅士之国,讲究文明礼貌,注重修养,注意衣着打扮,不轻易动感情或表态。同时也要求别人对自己有礼貌。人们交往时常用"请"、"对不起"、"谢谢"等礼貌用语,即使家庭成员之间也一样。称呼尊长、上级和不熟悉的人时用尊称,并在对方姓名前面加上职称、衔称或先生、女士、夫人、小姐等称呼。亲友和熟人之间常用昵称。他们认为夸夸其谈是缺乏教养的,自吹自擂是低级趣味。

英国的国菜是"烤牛肉加约克郡布丁"。他们普遍喜爱喝茶、啤酒和威士忌酒,尤其嗜茶。不喝清茶,要在杯里倒上冷牛奶或鲜柠檬,加点糖,再倒茶制成奶茶或柠檬茶。认为先倒茶后倒牛奶是缺乏教养的。彼此间不劝酒。

12 月 25 日圣诞节是一年中最重要的节日,4 月的复活节是仅次于圣诞节的第二大传统节日。此外还有情人节、愚人节、降灵节等。

忌讳用大象、孔雀作服饰图案和商品装潢,忌讳数字 3、13,忌讳送人百合花。忌讳当着他们的面耳语和拍打肩背,忌讳有人用手捂着嘴看着他们笑,认为这是嘲笑人的举止。与英国人座谈忌讳两腿张得过宽,不能跷二郎腿。站着谈话不能把手插入衣袋。

（七）德国

德国居民绝大多数是德意志人。居民信奉基督教或天主教。

循规蹈矩是德国人的民族性格，表现为纪律严明，讲究信誉。德国人待人热情，注重感情。重视称呼，是德国人在人际交往中的一个鲜明特点。在德国，称"您"表示尊重，称"你"则表示地位平等、关系密切。

德国人注意衣着打扮，穿衣风格庄重、朴素、整洁。德国人对发型较为重视，男士不宜剃光头，少女的发式多为短发或披肩发，烫发的妇女大半都是已婚者。

宴席上，男子坐在妇女和地位高的人的左侧，请德国人进餐，事先必须安排好。德国人最爱吃猪肉，其次是牛肉，忌讳吃核桃。如果同时喝啤酒和葡萄酒，要先喝啤酒，然后再喝葡萄酒，否则被视为有损健康。

德国人的业余爱好多为体育活动。和他们交谈最好谈原野风光。蔷薇专用于悼亡。忌讳茶色、红色、深蓝色。服饰和其他商品包装上忌用纳粹标志。

（八）意大利

意大利居民主要是意大利人，居民多信奉天主教。

意大利人热情好客，说话喜欢靠得近一些。在正式场合，穿着十分讲究。见面礼是握手或招手示意。和意大利人谈话要注意分寸，一般谈论工作、新闻、足球；不要谈论政治和美国橄榄球。女士受到尊重，特别是在各种社交场合，女士处处优先。

意大利人有早晨喝咖啡、吃烩水果、喝酸牛奶的习惯。葡萄酒是意大利人最爱的饮料，意大利人嗜酒，但不劝酒。

意大利喜欢蓝色、绿色、黄色，忌讳菊花，忌以手帕送人。

（九）俄罗斯

俄罗斯居民主要是俄罗斯人，主要宗教是东正教。

俄罗斯人比较开放。他们和人见面时，大都行握手礼，有时行拥抱礼和吻礼，但吻礼在不同场合、不同人员之间也有一定的区别：一般朋友或长辈对晚辈之间，以吻面颊者为多；男子对特别尊敬的已婚女子，一般多行吻手礼，以示谦恭和崇敬。吻唇礼则只是在夫妇或情侣间流行。

和俄罗斯人说话，要坦诚相见，不能在背后议论他人。对妇女要十分尊重。

面包是俄罗斯人最普遍的食物，主人给客人吃面包和盐，是最殷勤的表示。俄罗斯人乐于品尝不同风味的菜肴，菜肴喜欢熟透和酥烂，且俄罗斯人非常喜欢中餐。

俄罗斯人偏爱"7"，把红色视为美丽和吉祥的象征。应邀做客时可带上鲜花或烈性酒，送艺术品或图书作为礼品同样是受欢迎的。女主人喜欢单数鲜花，而男主人则喜欢高茎、艳丽的大花。

他们重视文化教育，决不能在街上丢弃任何东西，喜欢艺术品和艺术欣赏。对盐十分崇拜，并视盐为珍宝，认为盐具有驱邪除灾的力量，认为打翻盐罐或是将盐撒在地上是家庭不和的预兆，应将打翻在地的盐拾起来撒在自己的头上以摆脱凶兆。认为兔子是不祥的兆头。忌讳黑色，对黑猫更为厌恶，视黑猫为不幸的象征。

（十）美国

美国是移民国家，居民80％以上是欧洲移民的后裔。一半的居民信奉基督教和天主教，其他人信仰犹太教和东正教。

美国人热情开朗、不拘礼节。同外人见面多以点头、微笑为礼。被邀请去朋友家做客时,应预备小礼物;做客时,打长途电话要经过主人同意,并且离开的时候要留下电话费。

美国人一般乐于在自己家里宴请客人,喜食"生"、"冷"、"淡"的食物,外出就餐时往往各付各账。不时兴向别人借钱。

美国人偏爱山楂花和玫瑰花,喜欢白色,认为是纯洁的象征;偏爱黄色,认为是和谐的象征;喜欢蓝色和红色,认为是吉祥如意的象征;认为白猫可以给人带来运气。

美国人忌讳数字3、13,不喜欢星期五。不适宜的礼品有香烟、香水、内衣等。讨厌蝙蝠,忌讳黑色。忌讳问个人收入、财产、年龄等私事。

(十一)加拿大

加拿大人大部分是英法等国家移民的后裔,主要信奉天主教和基督教。

加拿大人朴实热情,即使互不相识,相遇时也会主动打招呼问好。握手被认为是一种友好的表示,一般在见面和临别时握一下就行。

因受欧洲移民的影响,在日常生活中,加拿大人着装以欧式为主。上班时一般要穿西服、套装。参加社交活动时往往穿礼服或时装。在休闲场合则自由穿着。

加拿大人对法式菜肴特别偏爱,以肉食为主,特别爱吃奶酪和黄油。他们有邀请朋友到自己家中共进晚餐的习惯。被邀时应送鲜花给主人,但白色的百合花除外。

加拿大人视白雪为吉祥的象征和辟邪之物,忌讳数字13和星期五。

(十二)澳大利亚

澳大利亚95%的居民是英国和其他欧洲国家移民的后裔,居民多信奉基督教,其余信奉犹太教、佛教和伊斯兰教。

澳大利亚人朴实厚道,办事认真爽快,喜欢直截了当,崇尚友善,重视公共道德,时间观念强,赴约准时并珍惜时间。拜访澳大利亚人应提前约定,不可突然拜访。澳大利亚的基督教徒有"周日作礼拜"的习惯,应避免在这天和他们邀约。做客可以赠送葡萄酒和鲜花。

澳大利亚人口味清淡、不喜欢辣味。当地的名菜是野牛排,啤酒是最受欢迎的饮料,其中达尔文城的居民以喝啤酒闻名。对于中餐,澳大利亚人偏爱广东菜。

澳大利亚人认为邀请友人一同外出游玩是密切双边关系的捷径之一,所以,如果拒绝的话,会被他们理解成不给面子。

澳大利亚人喜欢体育活动,偏爱游泳和日光浴。和澳大利亚人谈论跑马,是非常受欢迎的话题。澳大利亚人特别忌讳兔子,认为碰到兔子是厄运将临的预兆。

教学互动

宗教文化不仅是人类文化的组成部分,而且是有特色、有吸引力的人文旅游资源,极具旅游价值。对宗教文化资源的利用和开发,有利于形成有特色的旅游产品,开拓新的旅游市场,吸引游客,对旅游业的发展具有重要的意义。目前,各种宗教信徒总数约占世界人口的60%以上,许多国家都非常重视宗教文化资源的开发,以朝圣、做弥撒、烧香拜佛、考察研究为主要内容。

　　　结合上述现象谈谈在国际交往中宗教文化方面应该注意哪些事项。
　　　要求：
　　　1. 教师不直接提供上述问题的答案，而引导学生结合本章教学内容就这些问题进行独立思考、自由发表见解，组织课堂讨论。
　　　2. 教师把握好讨论节奏，对学生提出的典型见解进行点评。

本章小结

内容提要

　　本章重点介绍了中国重大的传统节日如春节、元宵节、清明节、端午节、七夕节、中秋节、重阳节、冬至节等的习俗。简要介绍了中国部分少数民族的民族习俗和禁忌。熟悉和了解中国各民族的习俗礼仪和禁忌是非常重要的，可以促进各民族的交流与合作，对促进各民族大团结具有重要意义。

　　本章还简要介绍了世界部分国家和民族的传统节日习俗，如缅甸的泼水节、德国慕尼黑啤酒节、巴西的狂欢节等，以及世界部分国家如韩国、日本、法国、英国、澳大利亚等国家的习俗与禁忌。在当今社会，任何国家、民族、地区都无一例外与国际接轨，因此，熟悉和了解交往对象的习俗礼仪在国际交往中是非常重要的，能让你在国际交往中得心应手。

核心概念

民族习俗　节日习俗

重点实务

中国部分民族的节日习俗与禁忌；世界部分国家和民族的传统节日习俗与禁忌。

本章训练

知识训练

一、名词解释

1. 民族习俗

2. 节日习俗

二、简答题

1. 简要说明中国传统节日中秋节有哪些习俗。

2. 简要说明回族有哪些民族习俗与禁忌。

3. 简要说明英国的国家习俗与禁忌。

能力训练

一、理解与评价

熟练掌握习俗礼仪的特点,提高旅游接待服务质量。

二、案例分析

恰当的解释

背景与情境:西方游客在游览河北承德时,有人问:"承德以前是蒙古人住的地方,因为它在长城以外,对吗?"导游员答:"是的,此刻有些村落还是蒙古名字。"游客又问:"那么,是不是能够说,此刻汉人侵略了蒙古人的地盘呢?"

导游答道:"不应这么说,而应叫民族融合。中国的北方有汉人,同样南方也有蒙古人。就像法国的阿拉伯人一样,是由于历史的原因造成的,并不是侵略。此刻的中国不是哪一个民族的国家,而是一个统一的多民族国家。"客人听了都连连点头。

问题:

1. 本案例中,导游员的解释涉及本章的哪些知识点?

2. 你能从该导游的做法中得到什么启示?

主要参考文献 References

［1］ 李晓阳.旅游礼仪［M］.北京：旅游教育出版社,2011.
［2］ 胡玲.旅游礼仪［M］.重庆：重庆大学出版社,2015.
［3］ 牟红,杨梅.旅游礼仪实务［M］.2版.北京:清华大学出版社,2015.
［4］ 路银芝,王中雨.旅游礼仪［M］.北京:北京师范大学出版社,2010.
［5］ 金丽娟.旅游礼仪［M］.天津:天津大学出版社,2011.
［6］ 熊鹤群.旅游礼仪［M］.北京:中国财政经济出版社,2007.
［7］ 雷晶.旅游礼仪［M］.武汉:武汉理工大学出版社,2010.
［8］ 党可利.旅游礼仪［M］.北京：北京师范大学出版社,2013.
［9］ 李丽.旅游礼仪［M］.北京:中国轻工业出版社,2012.
［10］ 杨红波.旅游礼仪［M］.重庆:重庆大学出版社,2009.
［11］ 王琦.旅游礼仪［M］.北京:机械工业出版社,2009.
［12］ 袁平.旅游礼仪实务［M］.上海:上海交通大学出版社,2012.
［13］ 裴玉昌,郝全越.旅游礼仪［M］.长春:吉林大学出版社,2009.
［14］ 刘亚轩,王中雨.旅游礼仪［M］.北京:中国商业出版社,2014.

教学支持说明

全国高等职业教育旅游大类"十三五"规划教材系华中科技大学出版社"十三五"规划重点教材。

为了改善教学效果，提高教材的使用效率，满足高校授课教师的教学需求，本套教材备有与纸质教材配套的教学课件（PPT 电子教案）和拓展资源（案例库、习题库、视频等）。

为保证本教学课件及相关教学资料仅为教材使用者所得，我们将向使用本套教材的高校授课教师和学生免费赠送教学课件或者相关教学资料，烦请授课教师和学生通过邮件或加入旅游专家俱乐部 QQ 群等方式与我们联系，获取"教学课件资源申请表"文档并认真准确填写后发给我们，我们的联系方式如下：

地址：湖北省武汉市东湖新技术开发区华工科技园华工园六路

邮编：430223

电话：027-81321911

传真：027-81321917

E-mail：lyzjjlb@163.com

旅游专家俱乐部 QQ 群号：306110199

旅游专家俱乐部 QQ 群二维码：

群名称：旅游专家俱乐部
群　号：306110199

教学课件资源申请表

1. 以下内容请教师按实际情况写，★为必填项。
2. 学生根据个人情况如实填写，相关内容可以酌情调整提交。

★姓名		★性别	□男 □女	出生年月		★职务	
						★职称	□教授 □副教授 □讲师 □助教
★学校				★院/系			
★教研室				★专业			
★办公电话		家庭电话			★移动电话		
★E-mail（请填写清晰）					★QQ 号/微信号		
★联系地址					★邮编		

★现在主授课程情况	学生人数	教材所属出版社	教材满意度
课程一			□满意 □一般 □不满意
课程二			□满意 □一般 □不满意
课程三			□满意 □一般 □不满意
其　他			□满意 □一般 □不满意

教 材 出 版 信 息				
方向一		□准备写 □写作中 □已成稿 □已出版待修订 □有讲义		
方向二		□准备写 □写作中 □已成稿 □已出版待修订 □有讲义		
方向三		□准备写 □写作中 □已成稿 □已出版待修订 □有讲义		

　　请教师认真填写表格下列内容，提供索取课件配套教材的相关信息，我社根据每位教师/学生填表信息的完整性、授课情况与索取课件的相关性，以及教材使用的情况赠送教材的配套课件及相关教学资源。

ISBN（书号）	书名	作者	索取课件简要说明	学生人数（如选作教材）
			□教学 □参考	
			□教学 □参考	

★您对与课件配套的纸质教材的意见和建议，希望提供哪些配套教学资源：